中国-上海合作组织国际司法交流合作培训基地学术文库

欧亚经济联盟主要成员国能源贸易立法政策研究

——基于"一带一盟"能源合作的分析框架

贾少学◎著

中国政法大学出版社

2023·北京

图书在版编目（ＣＩＰ）数据

欧亚经济联盟主要成员国能源贸易立法政策研究：基于"一带一盟"能源合作的分析框架/贾少学著. —北京：中国政法大学出版社，2023.10
ISBN 978-7-5764-1171-3

Ⅰ.①欧… Ⅱ.①贾… Ⅲ.①能源经济－国际贸易－贸易法－研究 Ⅳ.①D996.1

中国国家版本馆 CIP 数据核字(2023)第 213296 号

出 版 者　　中国政法大学出版社
地　　址　　北京市海淀区西土城路 25 号
邮寄地址　　北京 100088 信箱 8034 分箱　邮编 100088
网　　址　　http://www.cuplpress.com (网络实名：中国政法大学出版社)
电　　话　　010-58908285(总编室) 58908433 （编辑部） 58908334(邮购部)
承　　印　　固安华明印业有限公司
开　　本　　720mm×960 mm　1/16
印　　张　　13
字　　数　　210 千字
版　　次　　2023 年 10 月第 1 版
印　　次　　2023 年 10 月第 1 次印刷
定　　价　　62.00 元

一、问题与缘起

欧亚经济联盟于 2015 年成立，是一个新兴的区域性国际组织。欧亚经济联盟（Евразийский экономический союз）是在全球呈现出区域一体化趋势的大背景下成立的，是由俄罗斯主导建立的区域经济合作体系。在欧亚大陆地缘意义上，通过欧亚经济联盟的建立，欧洲与亚洲的两大经济区域形成了共生的空间。[1] 欧亚经济联盟的成立对世界能源格局及相应国家和区域产生的影响不容忽视，其本身的能源建设现实状况和发展前景也备受各国关注。欧亚经济联盟与中国存在重要的经济联系，其以一个具体且明确的长期经济发展规划作为自身建设发展的指引，是中国周边区域推进一体化进程的国际组织新成员。欧亚经济联盟成员国包括俄罗斯、白俄罗斯、哈萨克斯坦、亚美尼亚和吉尔吉斯斯坦五国，是丝绸之路经济带建设中的重要合作伙伴。涉及欧亚经济联盟相关的能源合作问题关系到中国等周边国家的社会生活、政治稳定、经济发展。俄罗斯和哈萨克斯坦油气资源十分丰富，扮演了重要的能源生产国和能源出口国的角色，具有丰富的能源经济优势，但能源输出长期受困于落后的基础设施体系，造成能源产品处于价值链低端位置。在欧亚经济联盟中俄罗斯和哈萨克斯坦是具有丰富的可开发利用的油气资源国家，因而中国与欧亚经济联盟成员国之间的能源领域合作主要是围

---

　　[1]　欧亚经济联盟（Евразийский экономический союз）是一个横跨欧亚大陆，具有 1.8 亿人口、900 亿桶石油储备、GDP 总量达 2.2 万亿美元的共同市场，对区域经济一体化发展必将起到积极作用，俄罗斯和哈萨克斯坦是其中最大的两个经济体。

绕俄罗斯和哈萨克斯坦两国的油气资源展开的，对于中国有着十分重要的能源安全意义。[1]亚美尼亚、白俄罗斯与吉尔吉斯斯坦等其他成员国国内油气资源并不丰富且依赖俄罗斯和哈萨克斯坦两国，这导致亚美尼亚、白俄罗斯和吉尔吉斯斯坦三国与中国并无直接的油气能源贸易合作，而是更多地参与"一带一路"相关的基础建设、货物贸易、通信技术、商品加工等项目的合作。[2]

2015年5月8日，中国国家主席习近平和俄罗斯总统普京在莫斯科共同签署并发表了《中华人民共和国和俄罗斯联邦关于丝绸之路经济带建设与欧亚经济联盟建设对接合作的联合声明》。[3]由此，中国打造了新的区域能源经济发展平台，中国现今是欧亚经济联盟第一大贸易合作伙伴和主要投资来源国，通过"一带一盟"经济合作的桥梁纽带，深化了"一带一路"倡议实施。同时，欧亚经济联盟国家也在谋求转型发展，对油气炼化、管道运输、工程服务、科研开发等环节的合作、开发和利用方面需求迫切。欧亚经济联盟正在推进的一个重要议题是努力寻求联盟内外部的能源合作，保障自身能源安全，未来推动建立能源市场一体化。通过"一带一盟"合作，提升区域能源开发利用水平，也是各国增强相互信赖与合作的一个普遍关心的问题。探讨欧亚经济联盟主要成员国能源立法政策的目的、主要内容、法律措施以及对于区域能源合作所形成的制度障碍，可为中国"一带一盟"区域合作的对策研究提供独特的理论视角。

党的二十大报告着重指出，"世界又一次站在历史的十字路口，何去何从取决于各国人民的抉择。中国始终坚持维护世界和平、促进共同发展的外交

---

　　〔1〕　进入中国的石油资源以海路为主，主要依靠中东和非洲进口，通道过于单一。同时，中国与世界上其他重要资源生产国的合作还不深入，进口渠道尚未多样化，经贸合作的广度有待加强，因而建立多元化的中国油气供给路线具有战略意义。

　　〔2〕　其中俄罗斯、哈萨克斯坦和吉尔吉斯斯坦是上海合作组织的成员国，白俄罗斯是上海合作组织的观察员国，亚美尼亚是上海合作组织的对话伙伴国，由于欧亚经济联盟与中国所主导发起设立的上海合作组织在参与国家合作上存在天然的密切联系，关注欧亚经济联盟问题研究对于推进"一带一盟"建设、发挥上海合作组织的平台作用显得尤为重要。

　　〔3〕　依照该声明，俄方支持丝绸之路经济带建设，愿与中方密切合作，推动落实该倡议。中方支持俄方积极推进欧亚经济联盟框架内一体化进程，并将启动与欧亚经济联盟经贸合作方面的协议谈判。双方将协商，努力将丝绸之路经济带建设和欧亚经济联盟建设相对接，确保地区经济持续稳定增长，加强区域经济一体化，维护地区和平与发展。

政策宗旨，致力于推动构建人类命运共同体。"〔1〕中国是一个传统的大国，是联合国的创始成员，也是联合国五大常任理事国之一。在能源领域，中国不仅是能源消费大国，而且是能源生产大国。因此，在当前国际秩序除旧立新之际，中国应该主动承担大国责任，维护大国形象，展示大国担当，发挥大国影响，以"中国方案"参与到全球治理过程之中，为促进全球共同发展贡献"中国智慧"。"人类命运共同体"思想是中国提出的一个全新的全球治理理念，有着自身独特的内涵，即"建设持久和平、普遍安全、共同繁荣、开放包容、清洁美丽的世界"。习近平主席特别指出："世界那么大，问题那么多，国际社会期待听到中国声音、看到中国方案，中国不能缺席。"〔2〕构建人类命运共同体具体要从政治、安全、经济、文化、生态等5个方面加以推动，最终建设"各美其美、美人之美、美美与共、天下大同"的美好世界。〔3〕中国是人类命运共同体的倡导者，有能力承担起国际社会的责任，"一带一盟"能源合作的根本发展目标是能源命运共同体的塑造，是中国对于世界能源合作秩序的思考。人类命运共同体的理念不断在全球范围内得到认可与践行，"一带一盟"合作关系的确立，可被视为是构建能源命运共同体的重要基础和步骤，有利于在"一带一盟"对接合作下加强能源领域合作的共识的达成，将为推动共同发展创造有利条件，从而有助于促进全球能源贸易的可持续发展，提升各国能源安全水平。构建能源命运共同体对中国和"一带一盟"相关国家来说，不仅能够进一步充实"一带一盟"建设的内容，还将形成多赢的局面。中国开展区域能源合作应遵守绿色贸易、便利投资、尊重国家主权的合作原则，树立生态保障合作理念，积极推进在能源投资保障、能源开采、生态保护、能源管道运输等问题上的国际机制协调与沟通，最终塑造形成"能源命运共同体"。

---

〔1〕 "二十大报告全文来了"，载新浪网 https://finance.sina.com.cn/wn/2022-10-25/doc-imqqsmrp3759875.shtml，最后访问日期：2024年1月12日。

〔2〕 "大国外交新格局——党的十八大以来历史性变革系列述评之八"，载 http://www.gov.cn/zhuanti/2017-10/16/content_5232124.htm，最后访问日期：2023年2月17日。

〔3〕 参见"共建人类美好未来的中国方案——八论学习贯彻党的十九大精神"，载 http://www.gov.cn/xinwen/2017-11/05/content_5237314.htm，最后访问日期：2023年3月18日。

二、研究价值与意义

以"丝绸之路经济带"和"欧亚经济联盟"建设为纽带，以能源合作为抓手，不断提高双方在国际能源市场上的话语权，是丝路经济带和欧亚经济联盟对接的重要路径选择，本书研究提出合理可行的方案建构，以便加大中国与欧亚经济联盟成员国能源合作的力度与效能。

第一，"一带一盟"的总体合作建设包括能源领域合作具有战略意义。欧亚经济联盟和"丝绸之路经济带"建设都面临着外部环境和参与国家复杂性两大难题，为了解决各自在发展过程中遇到的实际问题，以及有效、顺利地推进各自区域内的一体化进程，双方应该在互联互通、能源合作、贸易合作、产能合作等优势互补的产业和领域进行对接，实现互利共赢。各国应走能源合作和能源转型的道路，以提高自身能源安全水平。"一带一盟"的建设，将促进能源双向乃至多维流动，形成多维网络结构的能源交换和交流系统，从而推动国际能源结构变革、能源转型以及保障国家能源安全。欧亚经济联盟成员国，尤其俄罗斯、哈萨克斯坦两个国家是中国"一带一盟"能源合作的重要国家，为加强区域经济一体化，中国同欧亚经济联盟加强合作，不仅有利于中国的能源安全，而且对中国在中亚能源市场也有巨大推动作用。本书研究在生态文明理念下将"能源安全"作为研究的一个重要方面，对于传统的"能源安全"内涵进行多维度解析，并且围绕欧亚经济联盟主要成员国相关法律规制加以具体展开，具有一定的理论创新性。

第二，欧亚经济联盟的学术研究空间广阔，亟须进一步深化扩展。目前，国内关于欧亚经济联盟现有的学术成果大多集中于国际关系学科领域，研究多采用国际机制理论，强调地缘政治、大国利益与区域组织的互动关系。学者们主要是从地缘政治、国际关系或区域经济等角度进行分析和探讨，聚焦于欧亚经济联盟的创立、发展、国际环境、国家利益等政治领域的考察和描述，截至目前，对欧亚经济联盟的研究成果相较其他国际组织如东盟、欧盟等是较少的。相关研究从总体上看，囿于研究对象的崭新性及资料理论化建构仍需完善，描述性的成果相对居多。学界对欧亚经济联盟及其主要成员国从法律方面甚至是法治建设层面予以全面分析的更不多见，非常值得学者深入探讨。鉴于中国学界对于欧亚经济联盟及成员国的法律专题研究处于起步阶段，本书研究有利于丰富中国域外法律的研究内容，加深对欧亚经济联盟的法律认知。

第三，随着欧亚经济联盟一体化的法治建设水平不断提升，实践中法律角色的重要性不断凸显。目前中国与周边的区域合作日益密切，但对外投资经验尚不丰富，加之对欧亚经济联盟主要成员国能源贸易立法政策缺乏充分且必要的认知，导致能源合作利益无法得到有效保障，投资利益受到损害。在"一带一盟"对接协作的背景之下，法律实践活动对于欧亚经济联盟所起的作用和影响将不断扩大，对若干带有全局性、普遍性、本质性特征的能源合作问题进行总结，挖掘区域合作机制的内在规律，对于推动中国与欧亚经济联盟能源合作不断向纵深发展具有重要的意义。关于欧亚经济联盟主要成员国能源贸易法律研究，主要是关于俄罗斯、哈萨克斯坦两个主要成员国的国内能源治理领域的法律制度的分析研讨，研究以"能源贸易"作为核心范畴，总结归纳俄罗斯、哈萨克斯坦作为主要成员国在能源法律规制的具体内容，探究能源政策、能源安全和生态保护在立法层面的发展，有助于中国合理规避"一带一盟"对接的能源合作风险，保障中国能源安全，同时也为中国构建对外能源合作的机制路径提供重要启示，为能源合作提供更为持续的智力支持，助力该地区成为构建人类命运共同体的先行区、示范区。

三、研究重点

面对复杂的政策法律环境，中国应加强有关理论与法律实务研究，以便有效避免投资风险。目前中国正积极参与对外能源开发活动，但国内对相关国家能源问题的研究较多关注于宏观战略层面的考虑，对能源法律缺乏综合性分析。对此，需要加强对俄罗斯、哈萨克斯坦等国能源法律研究，探究其内在承载的价值与功能，深入分析背后的国内政治经济背景，从而为我国"一带一盟"对接推进提供智力支持。鉴于目前国内法学界在该领域的研究开展较为初步，研究成果尚不丰富，缺乏大量的基础性与综合性的学术研究工作，因而更要集中重点关注俄罗斯、哈萨克斯坦与能源安全有关的最新的法律法规变化内容，期望可以挖掘出来些具有普遍性的能源合作法律重要问题，进一步思考、归纳能源合作机制的内在规律。由于亚美尼亚、白俄罗斯、吉尔吉斯斯坦三国本身不是能源产出国家，在经济合作中的经济体量较小，对于俄罗斯、哈萨克斯坦两国能源发展起着辅助作用，故而对亚美尼亚、白俄罗斯、吉尔吉斯斯坦三国采取研究技术性的处理，在欧亚经济联盟框架下进行了一般性的阐释。

具体集中在以下方面展开深入分析：首先，对欧亚经济联盟主要成员国俄罗斯、哈萨克斯坦两国的最新的能源贸易法律规制内容进行全面系统的规范梳理、法条查明，明确法律规制措施的适用对象与适用范围；在对能源贸易立法政策内容梳理中，将涉及能源投资、开采、加工、运输等不同环节。其次，借助国际关系、国际法、能源法、环境法等多学科理论工具，努力挖掘能源安全、生态保护与能源战略的互动关系。积极对主要成员国能源贸易立法政策进行类别化与体系化研究，探究制度背后的内在立法规律。分析中国与各成员国能源合作所呈现出的多样性与复杂性，确保研究结论的客观性与全面性。再次，随着联盟成员国国内能源市场准入标准的不断提高、环保监管力度的日益增强、联盟内部的固有矛盾不断凸显等重要原因，中国与联盟成员国包括与联盟本身的能源合作也面临着越来越多的风险，针对俄罗斯、哈萨克斯坦本国的国内立法政策壁垒，识别和防范可能的制度性法律风险也势在必行。最后，在规范分析基础上结合中国与主要成员国能源合作进行讨论，努力揭示区域能源合作面临问题，包括欧亚经济联盟组织本身层面消极影响；探究中国推动"一带一盟"合作方案的功能属性，提出符合中国区域能源合作实际需求的对策。区分不同合作实施方式与作用范围，建构符合中国区域能源合作需求且内在协调统一的合作路径体系。

四、研究内容

研究内容涉及对欧亚经济联盟成立的地缘背景、历史进程、成员国需求、影响作用、国际环境进行分析，逐步深入到从理论角度分析其合作机制、主要合作领域、面临的联盟发展问题和未来前景等。"一带一盟"能源合作的构建有几个的主要法律研讨方向：（1）加快中国与欧亚经济联盟成员国俄罗斯、哈萨克斯坦等国家的能源互动网络的建立，把"一带一盟"框架下的双边国家机制建设成为有较好机制保障的能源传输走廊；（2）整体研究欧亚经济联盟以俄罗斯、哈萨克斯坦为代表的能源贸易法律制度，解决国内对于能源合作项目已开始出现的局部法律纠纷以及整体法律协调的机制问题；（3）建构"一带一盟"能源合作的中国方案，支持具有长期发展意义的能源合作项目开展。

正文部分从章节结构上共分为六个部分，主要内容如下：

第一章　欧亚经济联盟成员国一体化发展进程。在此部分提出，在全球治理的背景下，欧亚经济联盟一体化离不开各个成员国家的推动，一体化在发挥作用的同时，更要面对和克服来自于联盟内部和外部的诸多问题，欧亚经济联盟组织内部发展存在相当的复杂性。从成员国各自的目标上看，反映的远近期目标上表现出一定的差异，以俄罗斯、哈萨克斯坦而言，两国更关注于长远的综合性利益，白俄罗斯、亚美尼亚、吉尔吉斯斯坦由于本身缺乏能源，其关注目标在于其经济与政治等利益的最大问题，以及眼下的经济、安全保障目标的实现等问题。尽管各国均具有能源利益的内在驱动，但联盟内部能源市场所具有的不对称性和成员国间利益不平衡，仍然是制约形成统一能源市场的重要原因。欧亚经济联盟5个国家在能源合作所起的作用和地位还是不同的，有主导国家如俄罗斯、哈萨克斯坦，有参与国家如亚美尼亚、吉尔吉斯斯坦、白俄罗斯。由于跨国能源领域投资本身带有强烈的国家战略导向，中国对外能源合作发展必然受到中俄战略协作深度以及国际大国关系变化的深刻影响。

第二章　欧亚经济联盟主要成员国能源贸易立法政策。俄罗斯、哈萨克斯坦两国的能源立法有较密切的法律渊源，立法内容有一定的相似性但是也有不同。自20世纪90年代起不断发展，两国形成了以宪法为基础，以联邦法律为主导，包含能源长期战略规划等其他规范性法律文件的能源治理法律体系，涉及能源勘探、开发、投资、运输、管控等具体活动环节。近年来，面对乌克兰危机、中东局部恶化态势、全球能源安全问题突出，作为世界主要油气出口大国的俄罗斯、哈萨克斯坦尤其重视本国的能源贸易治理问题，并且落实到俄罗斯、哈萨克斯坦能源治理的立法政策建设。

第三章　欧亚经济联盟主要成员国能源贸易制度壁垒。在"一带一盟"

积极对接的背景下，中国与欧亚经济联盟成员国能源合作加强是内在要求。俄罗斯与哈萨克斯坦作为资源大国又是中国的近邻，与中国的油气合作具备极强互补性。但机遇与挑战永远是相伴而行的，随着联盟成员国国内能源市场准入标准的不断提高、环保监管力度的日益增强等制度性原因，中国与联盟成员国的能源合作也面临着越来越多的制度性障碍，识别和防范可能的制度性法律风险尤为必要。本章研究重点主要放在分析"一盟"与"一带"对接语境下的制度障碍的诸多表现。"一带一盟"的对接背景下的前述障碍问题决定了中国需要积极思考国内能源法治与国际能源法治的双重构建问题，以能源法律规则为核心的国内国际制度构建将会在更深层影响中国对外能源合作的深度、规模和走向。

第四章　欧亚经济联盟主要成员国能源贸易立法政策理念。俄罗斯和哈萨克斯坦作为联盟中的能源供应国，也是最为重要的两个国家，目前正在积极寻求能源政策、能源安全和生态保护的立法平衡。本章从能源安全保障，生态环境保护和能源可持续发展三个角度对俄罗斯、哈萨克斯坦两国的能源贸易法律理念归纳分析，总结制度背后的目的价值。中国投资者在对俄罗斯、哈萨克斯坦两国能源活动开展投资前，应详细了解项目实施东道国最新的生态保护政策及法律规定，务必严格遵守现行的生态保护制度及程序，以免构成违法，造成巨大的经济损失。

第五章　"一带一盟"对接与中国对外能源合作。为了持续推动"一带一盟"下的能源合作，能源合作应当契合中国特色社会主义的国情，在制定目标和达成手段上应当考虑到中国的发展规划和战略安排，中国对世界发展所应承担的大国责任和大国担当。中国为有效维护能源合作的能源利益，加强能源命运共同体建设，塑造以能源合作为核心的基本理念以及完善区域多边能源合作机制至关重要。需要从理论认知上对于以下几个方面的问题进行深入分析，包括对于能源安全的多维度理解、能源命运共同体的塑造以及现今能源合作的现实需求、为能源合作持续深化提供基本框架。

第六章　推动"一带一盟"能源合作的中国方案。"一带一盟"对接合作不仅仅是能源领域，还包括其他领域的合作，在宏观设计上要从战略高度对合作过程中一些根本性的、普遍性问题进行一个全局的把握，积极从多边条约谈判、双边合作机制、公共产品输出等方面进行顶层设计。同时，也要关注到能源领域的特殊问题。中国参与国际能源合作以"平等互利，包容互鉴，合作共赢，共同发展"为出发点，需要重视能源合作的基本理念问题，包括倡导绿色贸易、注重可持续发展、尊重国家主权，同时在具体机制上重点对能源信息共享、投资便利化、贸易投资、纠纷解决方面进行完善。

目 录 /CONTENTS

欧亚经济联盟成员国一体化发展进程

　　苏联加盟共和国在政治生活、文化结构、社会治理等方面处在剧烈变革中，为迅速摆脱各自的内部局限性形成发展合力，所开展的区域一体化进程通过分步骤、分阶段、分领域的方式实现转型目的。[1]1996 年 3 月，俄罗斯，白俄罗斯，哈萨克斯坦，吉尔吉斯斯坦成立了关税区联盟，目的是协调四个国家之间的经济改革，从而推动四个国家之间的经济一体化。塔吉克斯坦于 1999 年 2 月加入该组织。2000 年 10 月 6 日，独联体关税区五个国家政府首脑在哈萨克斯坦阿斯塔纳会晤并签署了一份以关税区为基础的欧亚经济共同体条约，明确了实现独联体区域经济一体化是欧亚经济共同体的首要任务。在欧亚经济共同体建立之初，该组织就为经济整合制定了路线图。[2]俄罗斯总理卡西亚诺夫曾表示欧亚经济共同体成立后五国将进一步扩大在各个领域的合作规模，统一财经、工业、宏观经济政策和市场。2014 年 5 月，在最高欧亚经济理事会会议上，俄罗斯总统普京、白俄罗斯总统卢卡申科、哈萨克斯坦总统纳扎尔巴耶夫在会上正式签署《欧亚经济联盟条约》，该条约从 2015 年 1 月 1 日起生效，标志着欧亚经济一体化向更深层次过渡，迈入了一

---

　　〔1〕 参见祝辉：《丝绸之路经济带和欧亚经济联盟对接合作研究》，载《实事求是》2018 年第 6 期。

　　〔2〕 在欧亚经济共同体框架内，区域一体化是仿照欧盟而来的，实现该组织超国家行为体的建设是最终方向。按照发展程序与阶段可以分为四个阶段。1. 建立关税同盟，即同盟国间免除关税，实行统一的对外关税税率。2. 在关税同盟的基础上建立统一经济空间，即成员国之间实行协商一致的宏观经济政策。3. 建立欧亚经济联盟，即在统一经济空间的基础上实行统一货币。4. 建立欧亚经济联盟，即经济、政治和外交全面一体化。具体参见王树春、万青松：《上海合作组织与欧亚经济共同体的关系探析》，载《世界经济与政治》2012 年第 3 期。

个新的阶段。

第一节　欧亚经济联盟成员国的利益需求

欧亚经济联盟是一个以区域经济一体化为目标的国际性组织，其宗旨是构建区域经济一体化空间，包括商品一体化、服务一体化、产业一体化、金融一体化等。如将欧亚经济联盟看作是一个超国家性质的区域性组织，其成员之间必然存在着一定程度的相互让渡主权的要求。但是，随着苏联解体而独立出来的欧亚国家普遍强调独立主权与各自的国家利益，因此，一体化发展的终极目标所包含的"完全让与主权"的准则并不完全契合欧亚经济联盟各成员国的利益需求。

一、俄罗斯

苏联解体之后俄罗斯作为一个独立国家面临着很多的严峻挑战，包括恐怖主义威胁、民族分裂主义、国内民生稳定、社会经济恢复等各类问题，俄罗斯在能源储量，能源生产和出口以及核能技术的开发、利用和出口等方面，长期以来位居世界前列。在此背景下，俄罗斯在国内积极进行政治体制与市场经济转型，并加快速度与国际接轨。俄罗斯利用在该地区作为主导国家的地位与能力，对欧亚经济联盟的运行体系与制度建构、联盟公共产品的提供与方向起了绝对的主导作用，从客观上对其他成员国参与组织活动发挥了战略制约的作用。俄罗斯基于自身国家利益、资源储备和发展潜力，在充分考虑联合国大会所确定的可持续发展目标的基础上，采取积极措施为确保国际能源安全作出了重大贡献。

俄罗斯在能源发展方面有明确的战略规划。在 1995 年 5 月发布的《2010年前俄罗斯联邦能源战略基本方向》确立了能源战略政策雏形，该战略明确俄罗斯经济转型措施是借助燃料能源开辟国际市场与释放国际合作的潜力。指出在对外关系政策中，俄罗斯能源战略立基于我们的西方伙伴，特别是欧洲国家对俄罗斯与独联体国家的能源战略的基础上，致力于确保和提高能源的供应可靠性，以替代阿拉伯的石油和天然气。[1]最后该战略"结束语"中明确提出我们的长期能源政策不能着眼于俄罗斯的作用定位仅仅是在国际社会中的能源原材料的主要供应商。[2]《2010年前俄罗斯联邦能源战略基本方向》表明了在苏联解体初期，俄罗斯能源政策重点是主要发展欧洲市场，为了追求经济效益以及俄罗斯能源公司在国内外市场的竞争力，必须进行能源生产结构的重大调整，包括对能源领域的原料开采效率与能源开发潜力的评估，《2010年前俄罗斯联邦能源战略基本方向》是俄罗斯能源战略演进的早期规划。

2000年普京就任俄罗斯总统之后，亦积极发展与欧美关系，如强调要重返欧洲，建立共同的欧洲安全体系等。在9·11事件发生之后，普京积极支持美国的反恐战争，同意美国和北约军队用吉尔吉斯斯坦等中亚国家的军事基地。俄罗斯能源政策此刻已经充分注意到了亚太能源战略重要地位。2007年慕尼黑峰会，普京就安全问题对欧美第一次表现出强硬态度，不再像以前一样低眉顺眼，要求欧美尊重俄罗斯的合法利益。2008年10月金融危机使得俄罗斯《2010年前俄罗斯联邦能源战略基本方向》的能源目标无法预期实现。2009年初，俄罗斯与乌克兰天然气危机再次严重影响俄欧关系，俄罗斯作为可靠安全能源供应商的角色不复存在[3]。

近年来，欧洲面对俄罗斯"断气"风险与"要挟"，以及本身存有的冷战思维，能源危机意识加强，也正在不断深化自身能源多元化战略，积极发展新能源产业：包括在2010年出台的"2020能源战略"、2011年出台"2050能源路线图"，欧盟意图摆脱对俄罗斯的能源依赖明显，加之美国近年来页岩气革命等多重因素影响，从长期看俄罗斯需要调整自身的能源战略。2012年5月俄罗斯成立远东发展部，并将管理机构设在远东城市哈巴罗夫斯克边疆区，作为联邦权力执行机构，协调国家计划和联邦总体规划，包括俄罗斯政

---

〔1〕　Юрий Корсуһ, нергетическая стратегия России до 2010г: Топливно-энергетический комплекс. http://www. allrus. info/main. php? ID＝153830&arc＿ new＝1, 最后访问日期：2022年1月3日。

〔2〕　Юрий Корсуһ, "Энергетическая стратегия России до 2010г: Топливно－энергетический комплекс", 载 http://www. allrus. info/main. php? ID＝153830&arc＿ new＝1, 最后访问日期：2022年1月3日。

〔3〕　2007年俄罗斯与欧洲在能源、反导系统和科索沃独立等问题发生严重分歧，2008年俄罗斯与欧洲更因格鲁吉亚问题再次互相指责，直至2009年俄罗斯与欧洲的争执依然存在。

府以清单的方式批准的长期规划，在联邦远东区内的实施活动。2014年3月发生的乌克兰危机将俄罗斯推向与多个西方大国全面对抗的危险境地，2014年10月起欧美经济制裁导致俄罗斯国内卢布大幅贬值，2014年12月由于受到欧盟阻挠俄罗斯宣布放弃"南溪"管道等诸多情形，[1]以美国为主导的西方国家借口克里米亚问题以及乌克兰危机，对俄罗斯在国际上进行经济制裁与实施政治霸权，俄罗斯内经济负面影响十分明显，加之国际能源市场价格大幅下跌，俄罗斯作为单一能源出口大国受到了沉重打击。反制裁、维护国家主权、保障能源安全、稳定国内民生成了俄罗斯近几年发展的重要任务。在融入西方世界体系的尝试受挫后，俄罗斯重新寻求成为区域一体化的组织者，普京的"欧亚战略"实质上是回应了俄罗斯的发展道路问题等。[2]2019年5月13日，普京颁布了新的《俄罗斯国家能源安全学说》，在该学说中鲜明提出，能源安全是俄罗斯国家安全的重要组成部分。俄罗斯能源安全正面临着严峻的外部挑战，例如，世界增长中心向亚太地区的转移，俄罗斯必须尽可能地将出口区域向亚太转移。在全球能源需求的放缓的情况下，能源产出结构的调整，以及能源领域的国家合作的推进，如何将气候政策与绿色经济的推进等等。俄罗斯不再对简单地融入现有的国际经济和政治组织感到满足，依靠逐渐恢复的经济实力和地域影响来建立具有主导性的经济合作平台。

欧亚经济联盟是俄罗斯方针对这一情况设计的最新地区整合计划，反映了俄罗斯精英希望借此巩固其地位和影响，以抗衡和抵御西方对俄罗斯"势力范围"侵蚀的战略考虑，从而利用自身优势和避免的劣势，进一步阐明了自己在欧亚地区的利益、目标、机遇与局限。[3]2011年10月，普京提出在俄罗斯、哈萨克斯坦、白俄罗斯关税同盟基础上建立"一个强大的超国家联

〔1〕"南溪"天然气管道项目由俄罗斯天然气工业股份公司（Gazprom）和意大利埃尼公司于2007年6月共同发起，该项目旨在绕过乌克兰把俄罗斯天然气输送到南欧国家，实现俄罗斯对欧洲能源供应渠道的多样化，并且得到了南欧国家的支持，认为此举有利自身国家的能源安全，而欧盟委员会坚持南溪项目汇集巩固俄罗斯天然气工业股份公司的垄断地位，应当允许其他国家的天然气供应商参与输气。

〔2〕参见张悦：《欧亚经济联盟一体化进程的特点及前景评析——以欧盟为参照》，载《新疆大学学报（哲学·人文社会科学版）》2020年第2期。

〔3〕参见刘伟主编：《读懂"一带一路"蓝图：〈共建"一带一路"：理念、实践与中国的贡献〉详解》，商务印书馆2017年版，第175页。

盟模式，成为当今世界的一极和连接欧洲、蓬勃发展的亚太地区的纽带。"[1]
对于俄罗斯而言，联盟内部的相互贸易比与联盟国家以外的贸易更加多样化，
俄罗斯和其他成员国的经济获得了更多的劳动力支持，解决了劳动力过剩的
问题，增加了居民现金收入。

表 1　俄罗斯对欧亚经济联盟利益需求[2]

亚美尼亚	白俄罗斯	哈萨克斯坦	吉尔吉斯斯坦
● 在能源，采矿，天然气和石油制品供应，铁路运输，通信领域保持和增加俄罗斯在其经济中的存在； ● 扩大向共和国市场提供俄罗斯商品和服务的供应，并扩大卢布结算范围； ● 在东方伙伴关系框架内和亚美尼亚与欧盟之间的合作中，对俄罗斯政治进程的忠诚和支持，避免与欧亚一体化的总体优先事项相抵触。	● 以国民待遇使用运输基础设施； ● 扩大俄罗斯企业在白俄罗斯企业中的业务（机械工程，农业，食品工业，化学和炼油）； ● 取消与欧亚经济联盟国家的贸易方面的对外贸易专有权（取消特殊进口制度）； ● 取消有关投资协定和实行关税减免的国家豁免； ● 对非政治路线的忠诚和支持，避免同中国和欧盟的合作与俄罗斯的利益冲突。	● 建立与中国"一带一盟"项目相关的联合运输基础设施； ● 为向南亚出口和协调第三国市场（尤其是谷物和面粉）出口政策，利用哈萨克斯坦运输基础设施； ● 获得矿产（包括稀土和稀土金属）； ● 取消哈萨克斯坦对在克里米亚共和国生产的俄罗斯产品的制裁。	● 扩大俄罗斯私人企业在吉尔吉斯斯坦经济中的影响力； ● 获得劳动力和自然资源； ● 减少对吉尔吉斯斯坦的财政补贴； ● 稳定社会政治；

二、哈萨克斯坦

在欧亚经济联盟内部，各成员国都有基于自身的角色地位的现实需求，

---

[1]　См.：ВладимирПутин：Новыйинтеграционныйпроект для Евразии—будущее，которое рождается сегодня//Известия，3 ока-segodnya. html，最后访问日期：2023 年 4 月 5 日。

[2]　См.：Вызовы и перспективы евразийской интеграции. https://vavt–irip. ru/upload/iblock/a7e/Doklad-Vyzovy-i-perspektivy-Evrazii_ skoi_ -integratsii. pdf，最后访问日期：2022 年 12 月 2 日。

一般认为，欧亚经济联盟的 5 个国家在其中的地位和所起的作用有很大的不同，哈萨克斯坦具有的重要的地缘位置使得哈萨克斯坦肩负起沟通欧亚的重任。哈萨克斯坦在经济结构上存在历史传统上形成的困境，该国自新中国成立以来经济最突出的问题之一是对石油过分依赖。据统计，2013 年哈萨克斯坦出口石油和凝析气占其石油、凝析气开采总量的 83.39%，国内需求仅占16.61%。2014 年，国际油价大幅度下跌，严重影响了哈萨克斯坦的国民经济。在此背景下，哈萨克斯坦制定了"光明之路"计划，旨在优化升级经济发展方式，希望通过交通和基础设施的建设推动交通线沿线中小城镇和农村的经济社会发展，缩小地区发展差距，以基础设施建设拉动国内投资更好地吸引国外投资，提高经济开放性。哈萨克斯坦的经济发展已转为能源与非能源行业并重的模式，国内经济结构处于转型期。近年来，哈萨克斯坦因全球石油价格下降以及俄罗斯被屡屡经济制裁的因素，间接导致本国经济下滑。为此，哈萨克斯坦政府加快实施结构改革，促进多样化经济发展、提高生产力和提高政府机构效率，应对经济困境。在油气产业领域，哈萨克斯坦注重自然资源的保护和科学技术的提升，包括对于数字自动化、机器人、人工智能与网络"大数据"等技术的应用，同时借由欧亚经济联盟平台发展以本国出口为导向的非能源产业。

哈萨克斯坦领导人认为，欧亚经济联盟框架下的一体化以及"丝绸之路经济带"在哈萨克斯坦境内大规模的基础设施建设，会成为其经济发展的引擎和最重要的经济增长点，因此全力支持这一进程。[1]此外，哈萨克斯坦长期面临中亚地区恐怖主义、极端主义的威胁，欧亚一体化对其政治和安全而言也极具战略价值。哈萨克斯坦本国的现实国情使得其对联盟的态度是既积极又克制。联盟的组织结构制约与哈萨克斯坦政治精英的偏好使哈萨克斯坦主动参与欧亚经济联盟的建设，同时又使哈萨克斯坦对欧亚经济联盟的支持存在一定的开放限度。哈萨克斯坦的精英偏好主要表现为以捍卫政权存续为优先目标，对外强调国家主权的权力行使。哈萨克斯坦在对抗西方与寻求自身发展两个方面的结构性因素同时存在，这使得其前期积极参与欧亚经济联盟的活动。

---

〔1〕 参见黄登学、王骏腾：《俄罗斯的欧亚一体化政策：目标、风险及影响因素》，载《当代世界社会主义问题》2018 年第 3 期。

表 2

哈萨克斯坦对欧亚经济联盟利益需求〔1〕
● 确保货物在俄罗斯领土自由运输，并获得进入俄罗斯港口基础设施的通道，克服乌克兰危机后俄罗斯实施的反制裁措施带来的障碍； ● 获得俄罗斯的航天技术，以及俄罗斯对哈萨克斯坦农业出口的技术投资； ● 将统一关税豁免的商品和以低于统一关税税率的价格供国内消费的进口商品（主要是中国商品），以关税同盟的名义再出口至俄罗斯市场和第三国市场； ● 通过欧亚经济联盟市场发展非资源性产品出口。

三、其他成员国

欧亚经济联盟国家入盟动机除基于国家安全考量外，最为重要的因素是能源依赖。欧亚经济联盟区域内存在各种能源资源分布不均和利用不合理的问题，构建能源共同市场有利于加强成员国间的能源合作，整合能源资源，保障共同体能源独立和安全，共享能源合作成果。亚美尼亚、白俄罗斯、吉尔吉斯斯坦三个成员国由于自身利益与国家实力原因对于联盟层面的机制建设更为关注，在联盟的组织发展以及未来机制建设将会发挥独有的作用。欧亚经济联盟对白俄罗斯、亚美尼亚、吉尔吉斯斯坦三国有很强的吸引力，联盟对于这几个国家实施统一关税和非关税壁垒，在这个意义上，白俄罗斯、亚美尼亚、吉尔吉斯斯坦是联盟的受益方。

（一）白俄罗斯

白俄罗斯的经贸活动受到区域性组织及合作的制约与影响，这些制约与影响主要是来自俄罗斯和欧亚经济联盟。在关税同盟期间，俄罗斯，白俄罗斯和哈萨克斯坦为同盟内部的货物流通创造了一个单一的空间，取消内部关税，采用统一外部关税。白俄罗斯作为欧亚经济联盟成员方〔2〕，在关税一体化等联盟条约规则下，根据世界贸易组织及欧亚经济联盟一体化的要求逐步提高经济贸易自由化的开放程度，完善国内市场经济的制度保障机制。俄罗

---

〔1〕 Вызовы и перспективы евразийской интеграции，载 https://vavt-irip.ru/upload/iblock/a7e/Doklad-Vyzovy-i-perspektivy-Evrazii_skoi_-integratsii.pdf，最后访问日期：2023 年 1 月 24 日。

〔2〕 参见［俄］Е·维诺库罗夫著，封帅译：《欧亚经济联盟：发展现状与初步成果》，载《俄罗斯研究》2018 年第 6 期。

斯在白俄罗斯经济中的投资水平约为 100 亿美元，相当于其 GDP 的 15%。白俄罗斯学者茵·巴什凯维奇认为，白俄罗斯与欧亚经济联盟相互协作最有前景的方向包括：（1）同欧亚经济联盟成员国的经贸联系，在关税同盟发展基础之上，白俄罗斯总体外贸逆差显著降低，具有决定性意义。（2）能源领域的相互协作，经济领域的各项共识对于白俄罗斯是统一经济空间框架内的最关键决议。（3）形成统一的运输空间，在联盟框架内每个成员国国内货物运输税费标准得到统一。（4）形成共同的工业政策，2015 年《欧亚经济联盟框架内工业合作的主要方向》被视为各国工业合作的法律基础文本，规划了欧亚数字平台，欧亚工程中心，建立技术转移网络等项目。[1]白俄罗斯对俄罗斯廉价可靠的油气资源供应十分感兴趣。因此，白俄罗斯（90%依赖俄罗斯的天然气进行电力生产）坚持优先发展共同石油和天然气市场。当然，俄白两国能源合作之间也存在一些问题。在 2011 至 2018 年间，俄罗斯对白俄罗斯的援助（主要以价格优惠的形式）约为每年 40-45 亿美元。俄罗斯石油税改法案 2019 年 1 月 1 日正式生效后，由于国内能源政策调整，削减了对白俄罗斯的优惠，给一直高度依赖俄罗斯能源的白俄罗斯经济带来重大影响。[2]

表 3

白俄罗斯对欧亚经济联盟利益需求[3]
• 享受与俄罗斯消费者相同的能源载体和运输服务价格；
• 保持俄罗斯能源供应满足白俄罗斯的企业需求和预算稳定；
• 进入俄罗斯的采矿业，主要是石油和天然气；
• 完全消除白俄罗斯产品进入俄罗斯市场的限制，享受和俄罗斯生产商同等的条件，尤其是在食品、机械工业、化学和轻工业领域；
• 无障碍地进入俄罗斯联邦的公共采购系统并获得补贴；
• 获得财政援助和优惠贷款；
• 逐渐使用卢布结算能源载体费用。

〔1〕 参见陈玉荣主编：《"一带一路"建设与欧亚经济联盟对接合作智库论坛北京会议论文集》，世界知识出版社 2017 年版，第 186~187 页。

〔2〕 具体规定自 2019 年 1 月 1 日起，俄罗斯将逐步取消对原油和石油产品长期征收的出口关税（目前是 30%），代之以更高的矿产资源开采税。俄罗斯期望与白俄罗斯深化一体化，通过执行双方签署的《建立联盟国条约》，在能源价格和关税方面达成共同政策，包括建立统一的货币发行银行以及单一海关、法院和审计院。

〔3〕 См.：Вызовы и перспективы евразийской интеграции，载 https://vavt-irip.ru/upload/iblock/a7e/Doklad-Vyzovy-i-perspektivy-Evrazii_ skoi_ -integratsii.pdf，最后访问日期：2023 年 1 月 24 日。

（二）亚美尼亚

亚美尼亚虽然地域不大，油气资源匮乏，不能自给自足，但其地理位置优越，地下资源较为丰富。食品工业中酿酒业、经济作物葡萄等水果和蔬菜种植业较为突出，在苏联时期名列前茅。由于历史原因，亚美尼亚产业结构不合理，比例失调现象突出。自苏联解体至今，亚美尼亚与阿塞拜疆就纳卡地区的归属问题发生过多次剧烈冲突和战争。在外交上，亚美尼亚具有颇为复杂的心态。"亚美尼亚的外交困境在于，它很难像其他地缘政治夹缝中的小国那样拥有在大国间玩平衡外交的资源。一方面从文化到心理，民众更加认同西方生活方式，向往加入欧盟；另一方面，出于地缘政治和安全的现实考量，又不得不在外交上紧紧跟随与欧美关系复杂多变的俄罗斯，这极大地压缩了其国际活动空间，甚至在一定程度上牺牲了经济和社会发展利益。"〔1〕学者分析认为，"亚美尼亚最终选择加入欧亚经济联盟受到三个因素的影响，即亚美尼亚的结构性限制，尤其是精英对这种限制的认知；地区发展模式产生的共鸣程度；精英偏好。"〔2〕亚美尼亚高度依赖俄罗斯以确保能源安全，俄罗斯供应能源并满足其75%的能源需求。此外，亚美尼亚加入欧亚经济联盟最主要原因是寻求俄罗斯对其在南高加索地区国家安全利益的支持，可以说亚美尼亚的政治目的大于经济目的。

表4

亚美尼亚对欧亚经济联盟利益需求〔3〕
• 享受与俄罗斯消费者相同的能源载体和运输服务价格； • 保障俄罗斯金刚石原石的供应； • 确保农产品（主要是葡萄和杏子等水果以及蔬菜），食品（包括白兰地、葡萄酒、香烟等），宝石及珠宝制品进入俄罗斯市场。

〔1〕 杨进：《亚美尼亚"天鹅绒革命"及其逻辑》，载《世界知识》2018年第10期。

〔2〕 周明：《哈萨克斯坦对欧亚经济联盟的参与及限度——结构制约与精英偏好的影响》，载《俄罗斯研究》2020年第3期。

〔3〕 См.：Вызовы и перспективы евразийской интеграции，载 https://vavt-irip.ru/upload/iblock/a7e/Doklad-Vyzovy-i-perspektivy-Evrazii_ skoi_ -integratsii.pdf，最后访问日期：2023年1月24日。

（三）吉尔吉斯斯坦

地处中亚的吉尔吉斯斯坦对于加入欧亚经济联盟存在重要的利益考虑。"吉尔吉斯斯坦位于欧亚大陆的腹心地带，不仅是连接欧亚大陆和中东的要冲，还是大国势力东进西出，南下北上的必经之地"[1]其位于中亚东北部内陆，处于的多个文化的交汇点，地理位置极其重要。但吉尔吉斯斯坦在经济方面在欧亚经济联盟中处于较为弱势的地位，更多的是从俄罗斯、哈萨克斯坦等国赚取外汇收入，劳务支出是该国的重要收入手段。因为劳务移民约占该国 GDP 的 25%，来自吉尔吉斯斯坦的移徙工人是俄罗斯的第三大群体。因此吉尔吉斯斯坦特别关注的是联盟条约对这方面的规定，例如工人的自由流动、允许没有工作许可的就业，并免除入境 30 天的登记义务。与亚美尼亚一样，吉尔吉斯斯坦选择欧亚经济联盟的原因在于对安全的考量以及俄罗斯的补贴。

表 5

吉尔吉斯斯坦的利益需求[2]
• 以可接受的价格保证俄罗斯能源（天然气，石油制品）供应量； • 服装、纺织品、大宗消费品和农产品进入俄罗斯市场； • 吸引投资（包括对水电的投资），低利率的长期贷款以及免费的财政援助； • 保护在俄罗斯的劳务移民的权利； • 以关税同盟的名义从第三国（主要是中国）转出口货物； • 获得俄罗斯直接的财政援助，为吉尔吉斯斯坦的经济创造新的支持手段和形式。

综合所述，欧亚经济联盟 5 个成员国家在联盟内部的作用和地位是有重大差异的，有主导国家如俄罗斯、哈萨克斯坦，有参与国家如亚美尼亚、吉尔吉斯斯坦、白俄罗斯。苏联的解体成为着眼于苏联范围内的新合作框架产生的起始点[3]，事实上，独联体国家始终存在建立区域国家联盟的倡议和设想，但以独联体国家为核心的欧亚大陆区域经济整合程度一直较低，缺乏一

---

〔1〕 高郁等主编：《新编俄语通用国家概况》，哈尔滨工业大学出版社 2018 年版，第 89 页。

〔2〕 См.：Вызовы и перспективы евразийской интеграции，载 https://vavt-irip.ru/upload/iblock/a7e/Doklad-Vyzovy-i-perspektivy-Evrazii_ skoi_ -integratsii.pdf，最后访问日期：2023 年 1 月 24 日。

〔3〕 参见王树春、万青松：《上海合作组织与欧亚经济共同体的关系探析》，载《世界经济与政治》2012 年第 3 期。

个可以涵盖全区域范围广泛的区域经济一体化组织。欧亚经济联盟的成立在一定程度上弥补了之前原有的欧亚大陆经济一体化组织和制度上的空缺。从成员国各自的目标上看，反映的远近期目标上表现出一定的差异，以俄罗斯、哈萨克斯坦代表的而言，更关注于长远的综合性利益，尤其是能源利益，白俄罗斯、亚美尼亚、吉尔吉斯斯坦关注目标在于其经济与政治等利益的最大化问题，以及眼下的经济、安全保障目标的实现等问题。但是，总体上成员国是普遍支持欧亚经济联盟的一体化发展方向的，2016 年欧亚开发银行的一项民意晴雨表调查项目数据显示，俄罗斯、哈萨克斯坦、吉尔吉斯斯坦、白俄罗斯民众均有超过 60% 的人表示赞成，其中吉尔吉斯斯坦对于联盟支持度最高达到 86%。亚美尼亚由于国内政局动荡因素的持续影响，支持比例为46%，各国普遍支持的态度状态为欧亚经济联盟一体化提供了一个积极的发展背景和努力前进的信号。欧亚经济联盟运行中面临的挑战是成员国代表比例偏低。最初，欧亚经济联盟仅有三个成员国，即俄罗斯，白俄罗斯和哈萨克斯坦。组织的经济规模是驱动经济组织发展的直接动力，在这种情况下，扩展成员国就成了欧亚经济联盟的当务之急，2015 年随着亚美尼亚、吉尔吉斯斯坦的加入，该联盟开始了第一次扩员动作。摩尔多瓦以观察员身份，被认为是联盟第二次扩员的目标。这个过程中，由于主权原则与国家利益的各类因素，欧亚经济联盟成员扩展过程并不顺利，必然影响到欧亚经济联盟作为新型国际组织的制度与规模的影响力。

俄罗斯作为欧亚经济联盟重要的成员国，是"一带一盟"倡议中最大的经济市场之一，是亚洲基础设施投资银行的创始成员国之一，俄罗斯的对外战略对于欧亚经济联盟发展走向意义重大。2014 年 5 月，俄罗斯总统普京在中国上海出席亚洲相互协作与信任措施会议第四次峰会，与中国国家主席习近平共同签订《中俄关于全面战略协作伙伴关系新阶段的联合声明》，象征着中俄关系已提升到全面战略协作伙伴关系新阶段。在 2018 年上海合作组织青岛峰会上，中俄两国发表声明提出，通过共同实施 2018 年 5 月 17 日在阿斯塔纳签署的《中华人民共和国与欧亚经济联盟经贸合作协定》等，继续推进"一带一路"建设和欧亚经济联盟对接；将在开放、透明和考虑彼此利益的基础上，探讨构建"欧亚伙伴关系"，促进地区一体化进程。[1]由俄罗斯主导的欧亚经济联盟与中国"一带一盟"倡议的对接，对于将来中国周边区域政治经济格局的发展有着非同一般的战略意义。在"一带一盟"积极对接的背景下，中国与欧亚经济联盟成员国能源合作加强是内在要求。但必须注意的是，尽管各国具有能源利益需求的内在驱动，但欧亚经济联盟内部能源市场所具有的不对称性和成员国间利益不平衡，仍然是制约形成联盟统一能源市场的重要原因。中国在应对与欧亚经济联盟成员国的关系上应当以俄罗斯、哈萨克斯坦为中心，重点围绕能源合作问题展开，对于其他成员国应当站在欧亚经济联盟整体能源市场政策对接的层面思考，以"一带一盟"对接基本原则为出发点，最终形成有差异有共性的对外关系处理格局。

第二节　欧亚经济联盟成员国的共同目标

欧亚经济联盟作为区域一体化的制度安排，欧亚经济联盟形成与发展过程中所出现的一系列问题，既影响联盟自身的形成与发展，又制约着联盟对外行为。一方面，欧盟对"区域认同"的追求使其非常重视成员国的地域属性，特别注重制度规范与地域结构的匹配；从成员构成上看，正式成员都是独联体国家。在区域一体化的目标追求上，欧亚经济联盟成员国经过多次磋商谈判，形成了联盟整体发展目标。具体表现为在欧亚地区空间建立以俄罗斯为主导的新型区域一体化机制，包括在经济、政治、文化、社会等各个领域的一体化发展互动，最初的前身欧亚经济共同体的最主要的任务就是实现独联体地区的经济一体化。"全球化时代下，如今各地区的基础设施和市场融合使得地区联盟，而不是民族国家成为全球秩序的基础。"[2]欧亚经济联盟正在不断重构苏联解体后的中亚地区秩序状态。

---

〔1〕《中华人民共和国和俄罗斯联邦联合声明（全文）》，载 https://www.gov.cn/xinwen/2018-06/08/content_ 5297290. htm，最后访问日期：2023 年 10 月 31 日。

〔2〕［美］帕拉格·康纳：《超级版图：全球供应链、超级城市与新商业文明的崛起》，崔传刚、周大昕译，中信出版集团 2016 年版，第 46 页。

一、经济先导

在西方经济学中，学者们描述了经济区域一体化的线性路径：从自由贸易区、关税同盟、经济共同体发展到经济联盟。自由贸易区仅仅关注到成员国间协商消除关税和数量限制，关税同盟要求统一对外关税和非关税壁垒，经济共同体提出生产要素，包括商品、服务、资金和人员的自由流动，经济联盟则需要协调成员国间的宏观经济和货币政策，乃至于实现货币统一。[1] 欧亚经济联盟按照欧盟模式建立，采用 WTO 规则、原则和标准，旨在消除联盟内关税及非关税壁垒，巩固区域内部的经济纽带，使其国民经济走向现代化，实现货物、服务、资本和劳动力自由流动，提高市场的全球竞争力[2]。联盟自正式成立以来，各成员国的国内市场量增长了 24%（自 1.47 亿人增加到 1.82 亿人），已消除生产要素流动的主要障碍，正在建立共同市场。就目前的发展状况来看，欧亚经济联盟为各成员国提供了将国家置于世界舞台和国际组织中的新形式。自 2015 年 1 月 1 日欧亚经济联盟正式启动以来，除了进一步完善商品共同市场及其配套工作外，其余领域的一体化进程均在逐步推进之中。能源共同市场是一体化的进程之一，联盟制定了建立欧亚经济联盟油气资源共同市场的路线图[3]。

为了促进一体化，2020 年 12 月 11 日欧亚经济联盟成员国元首通过了《2025 年前欧亚经济一体化发展战略方向》，旨在扩大和深化经济合作领域，完善欧亚经济联盟机构，继续推进已经签署的协议，以期在 2025 年前消除贸易壁垒，减少禁止和限制，计划到 2025 年启动石油与石油制品、天然气、运输服务和金融共同市场。[4]能源领域一体化进程是 2025 年前欧亚经济联盟及其成员国的主攻方向。能源领域为成员国经济的支柱产业，利益关系错综复杂，建立油气、电力共同市场要求成员国让渡更多国家主权。与商品共同市

---

〔1〕　参见王志：《欧亚经济联盟：进展与挑战》，载《俄罗斯研究》2018 年第 6 期。

〔2〕　参见宫艳华：《欧亚经济联盟对外经济合作评析》，载《欧亚经济》2020 年第 6 期。

〔3〕　2015 年，最高欧亚经济委员会通过了《欧亚经济联盟电力能源共同市场构建》，《欧亚经济联盟石油与石油产品共同市场构建（草案）》和《欧亚经济联盟天然气共同市场构建（草案）》。

〔4〕　实际上，此举是在当前的一体化阶段维持欧亚经济联盟成员国现有的利益平衡，但却限制了一体化计划质量的提升空间。

场相比，能源共同市场建立难度系数较高，所需决策周期也自然更长。[1]区域一体化和超国家机构的建立可以节约各国用于装备边界的资源、关税和非关税调节成本，简化监管活动和经济合作框架内重要问题的商讨。[2]根据专家评估，共同劳动力市场已达到《条约》规定水平的70%左右。商品市场——65%，服务市场——45%，资本市场——40%。尽管取得了成功，但目前欧亚经济联盟中现有的一体化交互模型仍具有局限性。欧亚经济联盟成员国经济的离心趋势有所表现，联盟的贸易动态以外部贸易为主（其中包括以中国为首的贸易伙伴和以美国、中国为主的外部投资），而成员国之间的相互贸易所占比例较少。

欧亚经济联盟以经济一体化为先导，旨在消除盟内关税和非关税壁垒，实现货物、服务、资本和劳动力的自由流动，推行协调一致的经济政策，构建"理想空间发展格局"。帮助成员国步入发达经济体行列，成为当代多极世界中的一极，是欧亚经济联盟的重要目标。欧亚经济联盟的这一目标主要表现在以下三个方面：一是利益共同体目标的建设。苏联解体后，独联体各国面临巩固政权、恢复经济、建立外交等多重迫切的困难。俄罗斯多次尝试启动一体化进程。建立统一经济空间，加强经贸合作是独联体各国应对金融危机，克服经济困难的可行途径。二是欧亚经济联盟各国注重在博弈中获得共赢。俄罗斯和其他成员国相互间的利益需求，使得各方在这些方面不断博弈，争取共赢。三是政策的协调一致。回顾欧亚一体化进程，相关国家试图通过关税同盟、欧亚经济共同体协议和《欧亚经济联盟条约》来协调内部政策，促进成员国经济共同发展，同时将经济活动规则向欧盟靠拢。采取协调一致的宏观经济政策既有助于成员国稳定经济，保证经济运行规则的一致性，协调其核心经济指标，又有助于促进经济一体化进程的可持续发展和不断深化。[3]

俄罗斯是欧亚经济联盟重要推动力量，俄罗斯的欧亚一体化发展政策具有非常具体而务实的利益目标，从中短期来看，这些政策目标大致包括如下

---

　　[1]　王晨星、姜磊：《欧亚经济联盟的理论与实践——兼议中国的战略选择》，载《当代亚太》2019年第6期。

　　[2]　См.：Вызовы перспективы евразийской интеграции，载 https://vavt-irip.ru/upload/iblock/a7e/Doklad-Vyzovy-i-perspektivy-Evrazii_ skoi_ -integratsii.pdf，最后访问日期：2023年1月24日。

　　[3]　参见杨昌宇：《欧亚经济联盟的多重一体化目标及其法治困境》，载《北方法学》2020年第1期。

几个方面：集中资源并建立灵活的联盟；防止地区混乱与无序；实现共同发展；重建建设性伙伴信誉。[1]在经济一体化的未来趋势上，人们通常认为，区域一体化的核心在于国家力量驱动下的联系，呈现出鲜明的"关系"特征，通过国家或区域之间相互协作与统一，将阻碍经济活动有效运作的因素加以弱化、消除，以创造出最优的国际经济结构，在形式上是一种"再领土化"的体现。[2]欧亚经济联盟的经济特征之一是俄罗斯经济占据统治地位，该国的经济产值超过该联盟所有成员国 GDP 总和的 80%，这导致欧亚经济联盟内相互贸易的份额较低。俄罗斯减少对国外提供能源资源的价格补贴，并有意将联盟内部关系转变成更为务实的"平等受益"关系。

二、政治依托

冷战结束与全球经济一体化的发展，并没有改变俄罗斯与西方之间的地缘竞争格局。俄罗斯在苏联地区的主导地位受到西方大国愈加明显的权威挑战，为维持地区领导者的地位，尝试利用各种手段予以强化彰显。俄罗斯曾在战略布局上希望与美国接近，与欧盟实现融合，但西方并不愿在盟国化的机制上接纳一个文明传统、战略文化、政治体制等方面与其存有重要差异性的俄罗斯。[3]在国际格局发生重大调整和重大变化的背景下，俄罗斯为规避西方制裁和经济危机，决定寻求新的发展机遇，欧亚经济联盟成员国的自我知识和定位发生了变化。欧亚经济联盟各个国家目前有不同的政治诉求，比如，欧亚经济联盟中相对弱小的国家，如亚美尼亚、吉尔吉斯斯坦等更加依托俄罗斯，一体化进程有助于它们获得安全与经济领域的援助。在有的国家看来，加入欧亚经济联盟意味着可以从俄罗斯获得大量的金融和能源资助，如白俄罗斯[4]。对于中亚较为贫穷的国家来讲，加入欧亚经济联盟，存在首

---

〔1〕 参见黄登学、王骏腾：《俄罗斯的欧亚一体化政策：目标、风险及影响因素》，载《当代世界社会主义问题》2018 年第 3 期。

〔2〕 参见陈航航等：《区域一体化研究综述：尺度、联系与边界》，载《热带地理》2018 年第 1期。

〔3〕 参见刘鸣等：《"丝绸之路经济带"与相关区域合作机制研究》，上海社会科学院出版社2018 年版，第 16 页。

〔4〕 参见杨昌宇：《欧亚经济联盟的多重一体化目标及其法治困境》，载《北方法学》2020 年第1 期。

要的政治和安全目标及次要的经济发展目标。如吉尔吉斯斯坦，其加入欧亚经济联盟，既有助于其实现国内安全和政权稳定，还可以从俄罗斯获得优惠价格的能源，并打开其他成员国市场、出口农产品。[1]各国政治上的利益互动加深了欧亚经济联盟内外部的政治属性。

从地缘政治上讲，欧亚经济联盟为改变地缘政治和经济态势创造了现实条件。对俄罗斯、哈萨克斯坦等国家而言，积极联合周边国家发展地区经济以及促成地区安全一体化将成为各自未来国家发展的重要保障。由于俄罗斯一直力图强化与扩大在独联体地区，尤其是中亚地区的影响，恢复昔日苏联时期的大国地位与管控力。站在国家对外关系的角度，如果这些国家能够联合在一起，面对来自西方国家政治经济方面的压力，则可以拥有更大的战略空间与政策弹性，从而避免出现西方社会将独联体国家边缘化与孤立化的局面。发展欧亚经济联盟的主要目的包括应对欧盟和美国对世界地缘政治的影响，并防止其在欧亚的利益扩大。[2]

三、文化融通

中亚地区在古代历史上就有着密切的区域内部的经济往来，地理上的相邻与风俗上的关联性造就了欧亚经济联盟国家有着较好的文化融通的基础，苏联解体之后各个国家经济发展都经历了不小的阵痛，为了谋取国家发展，相应地进行了各类民主民生改革，在语言文化、教育医疗等方面进行了巨大的制度转型，民族习俗与观念认知在其中起到了重要的文化支撑作用，共同的心理社会认同，文化的相通性有利于各国经济主体间的互信。例如，哈萨克斯坦和白俄罗斯，是许多俄罗斯公司首选的投资目的地，在大多数生产领域，包括高附加值产业，都很少扩张到两国范围之外。[3]这种状况的存在与这些国家之间曾经共同经历的国家发展阶段、地理位置的邻近、民族和俄语通用语言的构成等要素有重要的关系，它们在一定程度上是积极因素，共同

---

〔1〕 参见王志：《欧亚经济联盟：进展与挑战》，载《俄罗斯研究》2018 年第 6 期。

〔2〕 См.：Евразийская экономическая интеграция：цифры и факты，载 http://www.eurasian-commission.org/ru/Documents/broshura26_ RUS_ v5. pdf. 访问日期：2023 年 1 月 2 日。

〔3〕 参见 [俄] Е·维诺库罗夫著，封帅译：《欧亚经济联盟：发展现状与初步成果》，载《俄罗斯研究》2018 年第 6 期。

构成了牢固的基础，可以起到文化黏合的作用。[1]

最初文化起到融通的基础作用，表现为沟通语言的便利性、商业习惯的相似性、民族的心理认同性等，这些天然的文化联系，是联盟成立初期的重要合法性根基与推动力量。每个成员国既保持国家属性的独立特征，又在联盟层面作为一体化结构的重要组成部分，在联盟一体化发展中逐步与联盟本身形成一种复杂互动关系。当联盟组织的国家成员运作的基础性规则形成后，联盟制度形式进入到更高阶段，文化联系则成为一个内在的因素隐藏起来，潜移默化地发挥着黏合剂的作用。经济因素固然重要，但人文因素对于一体化前景和共同发展的作用并不小，甚至超越经济因素，经济一体化的局限性可以通过发展欧亚人文共同空间来弥补。历经俄罗斯帝国、苏联等几百年共同的俄语文化，欧亚经济联盟成员国和独联体国家具有独特的文化遗产。随着新的国家转型，这些共同的文化遗产对于组建真正共同命运的国家联盟具有很高的价值。这些文化传统可以被资本化为一体化的新模式，尽管对于新一代民族精英而言，不同的价值观和其他文明在很多方面更具吸引力。[2]在历史上，"俄罗斯将自己的语言、文化与区域特点结合在一起，在内陆深处创造了大陆秩序的试验场"。[3]历史文化因素强大的包容性和凝聚力量，随着欧亚经济联盟在组织机制方面的不断深化，充分利用区域一体化过程中较强的包容性文化，确保各国在经贸交往方面形成合力，实现一体化在文化方面的关键性目标。

四、社会认同

不同成员国家的公民个人身份的跨地域认同问题是一个十分重要的问题，欧亚地区社会包括不同类型与不小数量的广大民众，这些是欧亚经济联盟地区发展的群众性基础。欧亚经济联盟各成员国拥有共同的历史文化传统，以及紧密的经济文化联系，这使它有别于其他的区域一体化模式，也同时为构造欧亚经济联盟的社会基础提供了先决条件。为有效地整合人才，充分促进

---

[1]　参见杨昌宇：《欧亚经济联盟的多重一体化目标及其法治困境》，载《北方法学》2020年第1期。

[2]　См.：Вызовы и перспективы евразийской интеграции，载 https://vavt-irip. ru/upload/iblock/a7e/Doklad-Vyzovy-i-perspektivy-Evrazii_ skoi_ -integratsii. pdf，最后访问日期：2023年1月24日。

[3]　封帅：《世界历史中的欧亚空间——源起、建构与衰朽》，载《俄罗斯研究》2019年第5期。

劳动力经济效率的发挥，欧亚经济联盟的目标之一是形成共同的劳动力市场。具体来说，建成一个共同劳动力市场覆盖五个成员国的领土区域，区域内部的公民个体有资格、条件与能力不受阻碍地进行工作地点、岗位与跨国界的转移，这样在劳动力本身就充分体现了无国界的竞争与区位互补优势，增强了欧亚经济联盟本身的组织竞争力。根据《欧亚经济联盟条约》规定，联盟内部除了受到约束的领域，成员国相互承认各自的教育文凭，并不需要另外的程序和法律文件，不另外要求成员国移民工人提供工作许可证，可以安排其子女就读幼儿园和学校教育；联盟条约规定劳工移民需要遵守当地的法律、缴纳税收，尊重文化传统。除了由于国家安全管理或者公共事务的需要，成员国公民有权在联盟内任何国家工作。不允许成员国出台限制手段维护劳动力市场。在各项基本权利的基础上，在具体实施程序上欧亚经济委员会理事会也有更为具体的规定。这些权利规定对吉尔吉斯斯坦和亚美尼亚这两个国家尤为具有吸引力。

2019 年 12 月欧亚经济委员会最高理事会会议在俄罗斯圣彼得堡签署了一系列协议。根据会议结果，各成员国领导人就推动欧亚一体化进程发展、劳动市场、统一服务市场、欧亚经济联盟内部市场运作、竞争力、能源和其他领域问题进行讨论，并通过了一系列重要决定。其中，突出成果是《欧亚经济联盟成员国养老金保障协议》。根据协议，欧亚经济联盟成员国公民不管在联盟哪个国家工作过，在领取养老金时，都将享受到其所在养老金发放国的公民同等待遇。每个成员国将依据本国工作年限标准进行养老金的支付。在现代意义上，"社区统治的不是国土，而是人心"[1]，这将有利于促进欧亚经济联盟社会认同进程的发展。有数据统计，吉尔吉斯斯坦自加入欧亚经济联盟后，并没有获得太大收益，但吉尔吉斯斯坦内民众对欧亚经济联盟仍持有好感。[2]俄罗斯学者认为，关于共同劳动力市场的一体化发展是欧亚经济联盟本身虽不突出但是切切实实最具成果的一个事项。[3]民众社会认同的需求很大程度上独立于对经济发展的考虑。

---

〔1〕 ［美］帕拉格·康纳：《超级版图：全球供应链、超级城市与新商业文明的崛起》，崔传刚、周大昕译，中信出版集团 2016 年版，第 48 页。

〔2〕 参见王志：《欧亚经济联盟：进展与挑战》，载《俄罗斯研究》2018 年第 6 期。

〔3〕 参见 ［俄］E·维诺库罗夫著，封帅译：《欧亚经济联盟：发展现状与初步成果》，载《俄罗斯研究》2018 年第 6 期。

　　欧亚经济联盟成立的理论基础不同于欧洲一体化理论的"普世化"和"全球化"特征，欧亚经济联盟成立的国际背景具有多重性，既有主要成员国的发展意图的推动，也有世界性因素的影响。从其成员国的构成上就可以看到这一新生的区域一体化组织背后所隐含的"特殊性"和"地区性"等独特之处，欧亚经济联盟成员国均处于亚欧中心区域，这个一体化组织既具有国际战略意义，也有来自联盟内部国家的现实需求。从运行效果来看，研究者对五年来的状况进行了评价，认为"联盟机制运行正常，并未出现'空心化'，功能逐步深化，已从商品共同市场向构建能源共同市场进发，逐步抵近一体化的重难点领域，发展态势呈稳中有进、缓慢前行的特点"。[1]

第三节　欧亚经济联盟成员国的规则环境

一、基本法律规范

　　欧亚经济联盟对其成员国的未来具有历史意义，成员国间法律关系的深度融合大大增强了它们应对全球威胁的潜力。《欧亚经济联盟条约》明确将欧亚经济联盟定位成区域经济一体化组织。依据《欧亚经济联盟条约》，欧亚经济联盟的基本宗旨是：为成员国提高人民生活水平创造稳定的经济发展条件；致力于在联盟内建立统一的产品、资本、服务和劳动力市场；在经济全球化的背景下，全面实现现代化、加强多方位合作、大力提高本地区成员国的民族经济竞争力。2016年在联盟内已建成统一药品市场和统一医疗器械市场。欧亚经济联盟成员国同意在联盟区域内逐步实现交通运输的自由化，首先是汽车和铁路运输方面的自由化。欧亚经济联盟还达成了实施协调的农业政策的协议，还计划在三年内实现全面统一的电力市场，在十年内实现统一能源市场。[2]

---

　　〔1〕　王晨星：《欧亚经济联盟发展态势评估及中国的战略选择》，载《世界知识》2020年第6期。

　　〔2〕　按照官方解释，统一市场最终将允许欧亚经济同盟成员国平等地使用伙伴国家的石油基础设施，并按照市场价格免关税采购石油和成品油。负责能源与基础设施的欧亚经济同盟经济委员会成员丹尼尔·伊波拉耶夫作出了很形象的解释，有三个核心要素：第一，自由化市场监管创造了条件，通过交易所交易或者根据交易所的场内指标完成场外交易；第二，联盟成员国俄罗斯、哈萨克斯坦、吉尔吉斯斯坦等国家都可以无障碍利用管道或其他运输方式；第三，形成真实透明的价格。参见 http://finance. sina. com. cn/roll/2016-06-01/doc-ifxsqyku0178818. shtml，最后访问日期：2023年2月10日。

欧亚经济联盟建立并发展了超国家机构，深化区域一体化进程，创建了欧亚经济一体化的法律和监管框架，正在形成共同的规范和标准，建立了统一药品市场，确保劳动力自由流动的任务已大体完成。欧亚经济联盟与中国、越南、新加坡、塞尔维亚、伊朗等国之间建立了不同程度的贸易合作法律制度。欧亚经济联盟成立之初主要是吸收了原来的欧亚共同体框架内的部分法律制度，在关税同盟关于统一经济市场的法律基础之上建立了欧亚经济联盟的法律体系。欧亚经济联盟在治理机制上具有超国家的特征表现，联盟机构包括最高欧亚经济理事会、欧亚经济联盟政府间理事会、欧亚经济委员会和欧亚经济联盟法院。最高欧亚经济理事会是联盟的最高机关，由各成员国元首组成，负责审议联盟的原则性问题，确定一体化发展的战略、方向和前景以及通过旨在实现联盟宗旨的决定，目前具有 23 项职权[1]。政府间理事会由成员国政府首脑组成，在 10 个领域行使职权[2]。联盟常设的超国家日常管理机构为欧亚经济委员会，由理事会和执行理事会组成，对外代表联盟行使基本职能。联盟常设司法机关为欧亚经济联盟法院——作为联盟的司法机构，负责解决争端和法律解释，确保《欧亚经济联盟条约》和联盟内的其他国际条约的协调适用，欧亚经济联盟法院由成员国各派 2 位法官共同组成，设有主席和副主席，由所有法官选举提名，由最高欧亚经济理事会任命，任期 3 年。

在治理层面，欧亚经济一体化的进程将是一个从法律一体化、到法治一体化、再到共同法治目标不断深化的，由表及里的过程。在法律机制上，欧亚经济共同体是关税同盟及统一经济空间的"母体"组织，欧亚经济联盟的最大的功绩在于建立起了统一的法律机制，涵盖共同市场建设的各个方面，是该地区推行一体化以来最为成功的法律体系。[3]2013 年 10 月俄罗斯、白

---

〔1〕 参见《欧亚经济联盟条约》（г. Астана，29 мая 2014 года）（сизменениемот 15. 03. 2018 г.），载 https：//online. zakon. kz/Document/？ doc_ id＝31565247#pos＝4；−248，最后访问日期：2022 年 6 月 10 日。

〔2〕 参见《欧亚经济联盟条约》（г. Астана，29 мая 2014 года）（сизменениемот 15. 03. 2018 г.），载 https：//online. zakon. kz/Document/？ doc_ id＝31565247#pos＝4；−248，最后访问日期：2022 年 6 月 10 日。

〔3〕 参见王晨星：《欧亚经济联盟：成因、现状及前景》，社会科学文献出版社 2019 年版，第100 页。

俄罗斯、哈萨克斯坦三国领导人在研究建立欧亚经济联盟时就明确提出"关税同盟统一经济空间、欧亚经济共同体框架内有益的、无法律冲突的文件可纳入欧亚经济联盟法律体系。"[1]欧亚经济联盟统一了关税等级，在这一地区内原有的关税政策（包括其他等量的关税，赋税和费用）、非关税调节措施、特殊保护、反倾销和反补贴措施等均不适用，只采用欧亚经济联盟统一关税税率和与第三方进行贸易时使用的统一外贸商品调整措施。[2]法律体系构成上，《欧亚经济联盟条约》是欧亚经济联盟的基本法，占据着欧亚经济联盟法律体系的核心位置，拥有最高的法律层级效力，欧亚经济联盟法律活动在实践中主要以条约的制定、修改及补充的形式加以表现。自2014年《欧亚经济联盟条约》签署以来，成员国根据发展需要不断进行完善，到目前为止针对各类事项已进行了多次补充修改和完善。[3]《欧亚经济联盟条约》对一定范围的基本概念给出了法律上的限定。首先对"成员国"的范围进行了界定，规定其"是联盟成员国和本条约缔约国"，既明确了构成也表明其开放的态度，并对"主席团成员""统一经济空间""联盟框架内的国际条约""联盟第三方条约""统一立法"等一系列概念的内容进行了明确。

二、运作机制初步形成

欧亚经济联盟一体化的运行和发展的理想形式是欧盟，因而具有较多的试验模仿的色彩，在立法模式发展中也面临很多来自制度与实践的问题，既有较大的困境，也进行了若干的积极努力。《欧亚经济联盟条约》在基础的法律秩序层面已经形成了一套独立、标准化的法律机制，但实际上现阶段的欧亚经济联盟法律秩序并不能达到类似欧盟法律的最高权威状态和立法效果。

---

〔1〕　参见王晨星：《欧亚经济联盟：成因、现状及前景》，社会科学文献出版社2019年版，第99页。

〔2〕　参见张宁、张琳：《丝绸之路经济带与欧亚经济联盟对接分析》，载《新疆师范大学学报（哲学社会科学版）》2016年第2期。

〔3〕　欧亚经济联盟的法律体系包括：《欧亚经济联盟条约》及其附件；欧亚经济联盟框架内签署的国际条约；在促进一体化建设中，关于统一经济空间的规定尤为重要，在第三编的部分确立了劳动力、服务、资本统一市场的形成，确定成员国各领域经济政策协调的法律机制。参见 http://gpj.mof-com.gov.cn/article/zuixindt/201701/20170102501712.shtml，最后访问日期：2023年1月30日。

很大的一个原因在于，《欧亚经济联盟条约》的存在和适用并不能自动地保证其在联盟一体化领域中一定能够发挥有效的法律调整作用。俄罗斯宪法明确了国际条约在与国内法之间存在冲突时的优先性；亚美尼亚和哈萨克斯坦以不同的方式规定了国际条约的首要地位。亚美尼亚宪法规定，如果国际条约准则与亚美尼亚共和国法律之间发生冲突，则已获共和国批准的国际条约具有优先性；哈萨克斯坦宪法也有类似规定，但是哈萨克斯坦宪法委员会强调，未批准的国际条约并不比国内法具有优先权，应在不与本国法律相抵触的范围内予以执行；[1]吉尔吉斯斯坦宪法没有明确规定国际法优先权的内容，白俄罗斯宪法立法者仅是承认公认的国际法原则具有优先性。因此，对于欧亚经济联盟成员国来说并非每一项国际条约都优先于其国内立法。并且联盟框架下的基本条约、协定及决议对成员国国内法均不具备直接适用性。[2]尽管欧亚经济联盟试图在短短数年之间建立起像欧盟一样的高度一体化的国际组织，但联盟内部的制度分歧和障碍显然无法在短时间内弥合。

在联盟成立初期，一致同意原则和在欧亚经济联盟机构中享有平等代表权发挥了积极作用。由于作为联盟常设机构的经济委员会的决定具有强制性，各成员国政府必须强制执行。为严格限制经济委员会的"自主性"，欧亚经济联盟在经济委员会之上设置了政府间理事会和最高欧亚经济理事会，在进行决策时，无论是最高欧亚经济理事会还是政府间理事会，均采取"一致通过"的投票规则[3]。但根据目前的情况，联盟内部难以达成一致意见，导致决策进程十分冗长，联盟机构工作的专业水平下降。由于所有决定最终都是在国家层面做出的，因此欧亚经济委员会的权力有限，通常扮演"谈判平台"的角色，欧亚经济联盟能源合作未形成合力。

欧亚经济联盟尚不具备一支完全代表联盟自身利益的公职人员队伍。联

---

〔1〕 См. : Постановление Конституционного Совета Республики Казахстан от 11. 10. 2000 г. N 18/2《Об официальном толковании пункта 3 статьи 4 Конституции Республики Казахстан》(в ред. от 17. 04. 2017 г. № 2) // Казахстанская правда. 2000. 28 октября；2017. 21 апреля.

〔2〕 参见王晨星：《有限团结：欧亚经济联盟效能评估》，载《俄罗斯学刊》2020年第6期。

〔3〕 韦进深：《欧亚经济联盟的制度设计与"一带一盟"对接的模式与路径》，载《国际关系研究》2020年第2期。

盟的工作人员并非通过竞争上岗，而是由成员国政府选派，在实际工作中代表成员国，也必然以本国利益为优先。就某一事项的决议由于利益不同而常常处于各方拉锯之中，陷于悬而未决或提交上级组织机构仲裁的状态中，对于联盟的运作效率产生严重影响。哈萨克斯坦总统纳扎尔巴耶夫在出席最高欧亚经济理事会时就此问题指出，欧亚经济联盟现有问题应在政府官员层面解决，不应提交至国家元首层面。[1]并且，联盟成员国由于长期受苏联中央集权体制的影响，导致低下的管理效率和高度集中的决策权并存。这种高压政治也同样影响到联盟组织机构的设置，引起了组织机构累赘和冗员等问题，未能形成相对高效、精简的运作机制。因此，外国投资者在欧亚经济联盟国家能源投资遭遇的政治风险，随时可能转化为制度风险，伴随着欧亚经济联盟框架内救济措施的低效和运作的拖延，而面临着风险扩张和救济缺位。

欧亚经济联盟各成员国在中国的贸易和投资中都扮演着重要的角色。研究欧亚经济联盟的法律制度，是中国与其成员开展经贸合作的基础和前提。欧亚经济联盟与欧盟相比，无论是在法律秩序方面，还是在各成员国之间的法律关系上，以及在法律体系上，都存在着较大的差距。从欧盟法律体系在比照欧盟取得的结果看来，目前仍是规范意义强于实践推荐。欧亚经济联盟的法律体系具有高度形式化和超国家化的特征，受体制失效危机和体制局限性的制约，其发展前景依赖于成员国的政治考量，向更深层次整合的可能性较小，很可能与其他空间一体化项目一样，被纳入"泛欧亚一体化"的发展方向。从国际组织法的角度看，欧亚经济联盟是以条约为基础的具有国际法人资格的国际法主体，在法律渊源、组织机构设置、决策机制及其与成员国法之间的关系上，体现出以下几个特征：欧亚经济联盟条约与决议共同构成了联盟的法律渊源；欧亚经济联盟在组织结构上比照欧盟，但在实质权限上受到限制；在决策机制上，欧亚经济联盟主要采用全票表决的方式，决策权高度集中；在各成员国的法律秩序下，欧亚经济联盟法律体系还不能充分保障联盟法的统一适用。相关联盟规范形成的背后实

---

〔1〕 "纳扎尔巴耶夫呼吁务实解决欧亚经济联盟现有问题"，载 http://www.mofcom.gov.cn/article/i/jyjl/e/201905/20190502868321.shtml，最后访问日期：2023 年 3 月 4 日。

质在于，从建立关税联盟，到建立货物、服务、资本、劳力的统一市场，均为欧亚经济联盟的基本目标。为实现这一目标，欧亚经济联盟定了一份一体化任务的路线图与时间表，但是截至目前，欧亚经济联盟除了在消除非关税壁垒、消除劳务市场等方面取得了一些成效，其他方面的发展仍存在着的诸多障碍[1]。欧亚经济联盟遵从政府间平等原则，具有形式多过实质的特征，区域一体化所要求的"主权让渡"与区域国家要求独立主权的状态存在着矛盾，因此，欧亚经济联盟应采取的是一种谨慎前进的组织策略与议程规则，以最低限度的、可容忍的主权让渡与区域一体化组织相结合的方式进行活动推进。

三、国家主权观念凸显

根据《欧亚经济联盟条约》第1条[2]，联盟作为区域经济一体化组织，具有独立国际法律人格。这决定联盟与联盟各成员国之间首先要面临的一个基本问题就是：超国家制度与主权国家制度的衔接。欧亚经济委员会的新任主席认为，为了联盟的发展，有必要提高成员国间的信任，统一监管框架，不应恐惧超国家职能的出现。[3]目前，联盟"超国家机构"的权限存在明显的不足，主要表现为，一是成员国过度注重维护主权独立，向欧亚经济委员会的权力让渡不足；二是欧亚经济委员会运行官僚化，决策效率不高。[4]结构限制是目前世界上各类联盟组织发展最为根本的限制性因素，它主要考虑成员国所处的国内外环境，包括国际、地区与国内三个方面。[5]地区结构因素作为重要的限制性因素会直接反映在地区合作机制内部的权力分配状况上。联

---

〔1〕 韦进深：《欧亚经济联盟的制度设计与"一带一盟"对接的模式与路径》，载《国际关系研究》2020年第2期。

〔2〕《欧亚经济联盟条约》第1条规定，欧亚经济联盟是拥有国际法主体地位的区域经济一体化国际组织。参见（г. Астана，29 мая 2014 года）（с изменением от 15. 03. 2018 г.），载 https://online. zakon. kz/Document/？ doc_ id=31565247#pos=4；-248，最后访问日期：2023年2月1日。

〔3〕 参见 https://www. rbc. ru/politics/18/03/2020/5e70cfce9a79471c8478422e. 访问日期：2023年1月28日。

〔4〕 参见王晨星：《欧亚经济联盟发展态势评估及中国的战略选择》，载《世界知识》2020年第6期。

〔5〕 参见周明：《哈萨克斯坦对欧亚经济联盟的参与及限度——结构制约与精英偏好的影响》，载《俄罗斯研究》2020年第3期。

盟过于失衡的成员国权力分配，很可能会削弱地区各国对机制或倡议的参与积极性[1]。俄罗斯在欧亚经济联盟中所扮演的"主导国"的角色，不但引起西方国家关于俄罗斯企图复兴苏联的猜忌，还引发了其他成员国对独立主权状态的过度敏感。哈萨克斯坦总统纳扎尔巴耶夫就曾公开表示联盟不应干涉成员国的主权。据此，欧亚经济联盟的运转应基于这样一个合作逻辑——它仅是一个旨在解决成员国贸易和经济问题的纯粹的经济联盟，政治合作应当谨慎缓步。

"一致通过"与"特别多数"是规定在《欧亚经济联盟条约》中的两种主要的表决方式。决策遵循"一致通过"的原则，"特别多数"为辅。[2]广泛适用协商一致原则展示了联盟力图破除实力歧视的决心，有助于成员国平等地参与决策。摒弃"传统的"加权表决方式，究其根本在于俄罗斯在自身主导与成员国维护主权之间做出了退让，试图以"去盟主化"拉拢周边国家，促进联盟的一体化进程。此种决策方式也的确带来了积极影响，消除了其他国家在俄罗斯大力推进欧亚经济一体化过程中可能被"侵犯"主权的疑虑。但值得注意的是，这样的决策制度却造成了决策流程的拖延，降低了决策效率。在组织基本制度设计上，欧亚经济联盟是带有明显的仿照欧盟的结构方式，意图通过构建超国家制度实现一体化目的。实际上，由于欧亚经济联盟成员国大小不一，强弱明显，过多放弃国家主权显然带有政治风险性，这导致欧亚经济联盟制度的不彻底与效力缺陷[3]。目前来看，欧亚经济委员会每项决策流程大约为一年，如果在此期间专家委员会提出意见，则该决议就需再用两个月的时间重新审议，极大地减缓了一体化推进的速度。[4]成员国维护主权的愿望实质上与一体化逻辑并不相符，这些问题也为欧亚经济联盟增加了额外风险。[5]个别联盟成员国的复杂多变的政治状况，毋庸置疑也制约

---

〔1〕 参见周明：《哈萨克斯坦对欧亚经济联盟的参与及限度——结构制约与精英偏好的影响》，载《俄罗斯学刊》2020 年第 3 期。

〔2〕 参见《欧亚经济联盟条约》第 13 条、第 17 条、第 18 条。

〔3〕 参见蒋菁：《欧亚经济联盟：目标、成效与发展态势》，载《欧亚经济》2021 年第 6 期。

〔4〕 参见王晨星、姜磊：《欧亚经济联盟的理论与实践——兼议中国的战略选择》，载《当代亚太》2019 年第 6 期。

〔5〕 参见张秀华主编：《欧亚经济联盟一体化政策》，经济科学出版社 2018 年版，第 62 页。

了联盟的一体化发展进程。[1]与政治一体化有关的规定，包括统一公民身份、外交和军事技术政策、统一边界保护、共同议会理念、护照和签证领域、出口管制等问题，各国都有意排除在外。[2]

"随着全球联系的增强，对单个政府来说，战略政治可以选择的范围和许多传统政治工具的有效性都往往在下降。"[3]全球化进程发展中的国际组织的整体作用一直不断在增强，"正是在这个意义上，国家中许多传统领域（国防、经济管理、卫生、法律和制度）的行动和职责，如果没有制度化的多边协作形式将不再可能实现。"[4]欧亚经济联盟的组织机制在国际合作中愈来愈显得重要。欧亚经济联盟的法治建设发展的实质就是在不断地为欧亚经济联盟运行提供合法性与正当性基础。现阶段，欧亚经济联盟的主要任务不仅是要继续拓展合作的深层次突破点，还要力图建立欧亚经济联盟区域化治理的国际规则话语体系。欧亚经济联盟合作法律机制化是加强欧亚经济联盟区域治理的重要路径，通过成员国共同意思表示制定或认可的原则、规范及程序，包含多主体、多层级、多领域网状法律治理体系，注重欧亚经济联盟内部的软法与硬法相结合，国际法与国内法的关系处理。

在全球治理的背景下，欧亚经济联盟一体化离不开各个成员国家的推动，一体化在发挥作用的同时，更要面对和克服来自联盟内部和外部的诸多问题。组织内部各个成员国发展关系仍然存在相当的复杂性，欧亚经济联盟地区一体化水平处在较为稚嫩的发展阶段。"当前联盟经济一体化尚存一些发展挑战，亟须加强成员国间协调，进一步减少内部冲突和异议，进而为经济一体化发展提供良好的制度环境。"[5]"关于欧亚经济联盟能否如欧盟一样，朝着向高度一体化过渡的问题，学界认为，联盟向政治一体化发展是有

---

〔1〕 例如亚美尼亚通过修改宪法，国家体制由总统制改为议会制，这一变化在一定程度上在亚美尼亚还引发了"天鹅绒革命"。吉尔吉斯斯坦经历了从总统制到议会制的演变，2017 年的新宪法更是扩大了总理的权力。主权国家权力对联盟机制的决策力不断发生明显的影响。

〔2〕 参见王志：《欧亚经济联盟：进展与挑战》，载《俄罗斯研究》2018 年第 6 期。

〔3〕 [英] 戴维·赫尔德、[英] 安东尼·麦克格鲁：《全球化与反全球化》，陈志刚译，社会科学文献出版社 2004 年版，第 20 页。

〔4〕 [英] 戴维·赫尔德、[英] 安东尼·麦克格鲁：《全球化与反全球化》，陈志刚译，社会科学文献出版社 2004 年版，第 21 页。

〔5〕 郑猛：《欧亚经济联盟一体化：特征事实与深度评估》，载《太平洋学报》2022 年第 3 期。

积极性的；但是，客观上联盟在很多方面不具备相应的条件。"〔1〕深入观察欧亚经济联盟成员国一体化发展进程，无疑对我国"一带一路"建设具有重要的意义。

---

〔1〕 张悦：《欧亚经济联盟一体化进程的特点及前景评析——以欧盟为参照》，载《新疆大学学报（哲学·人文社会科学版）》2020年第2期。

欧亚经济联盟主要成员国能源贸易立法政策

　　国家 "转型" 是一个国家在政治、经济、社会等方面体制改革与转变的过程，政治生活民主化与经济生活市场化是转型的核心目标，因而转型过程往往带有双重属性。在某种程度上，利用法治形式要件为俄罗斯及其他独联体国家融入西方资本主义模式下的权力生活提供助力是必须要做的制度安排。俄罗斯、哈萨克斯坦等国自苏联解体之后重新建立属于自己的规范性文件，从而不断地进行着各自国内法律制度的自我更新[1]，加之政治权力推动的生硬捏合，政策制度在不同场合下作为主角登上了历史舞台，不断发生嬗变。在俄罗斯、哈萨克斯坦两国政治权力主导下政治、经济、社会等领域的国家转型是同时进行的，表现为从斯大林模式下社会主义体制向自由、民主、三权分立、多党选举的民主体制转型，从资源集中的计划经济体制向竞争开放的市场经济体制转型，并在转型过程中演化出权力驱动主导的 "自上而下" 式的法治生成模式。在结果上，对苏联时期原有体制下的僵化法律进行各个领域纠错的同时，确立了民主政治和现代市场经济发展的制度前提。学界经过长期的观察认为，普京对权力行使模式是继承巩固的态度，实际上造成了国家对各领域的权力干涉。[2]哈萨克斯坦的纳扎尔巴耶夫同样有着类似普京的国内权威影响力，对于哈萨克斯坦本身也是采用了强力主导的发展策略。

---

〔1〕 参见杨心宇等：《变动社会中的法与宪法》上海三联出版社 2006 年版，第 149 页。
〔2〕 参见何勤华、王海军：《晚近俄罗斯法治的新发展（2006—2016）》，载《学术界》2018 年第 9 期。

　　俄罗斯、哈萨克斯坦法治建设没有脱离国家发展战略的主导，并且伴随着转型过程中的一个个现实矛盾与权力冲突，法治建设已经在扮演自身的角色，体现在两国各个不同的生活领域的法治化活动，法治运行自创立初始至今与国家政治利益的状态始终是一个硬币的两面，不可分割并且紧密联系。进入 21 世纪，欧亚地缘政治格局发生了重大变化，为加强欧亚国家之间的经济联系，促进区域一体化，哈萨克斯坦和俄罗斯先后提出欧亚经济一体化的构想。俄罗斯与哈萨克斯坦两国能源资源丰富，起到了能源输出国的作用，而亚美尼亚、白俄罗斯、吉尔吉斯斯坦三国由于自身能源匮乏，对两国能源供应十分依赖。近年来，全球能源安全问题突出，作为世界主要油气出口大国的俄罗斯、哈萨克斯坦尤其重视本国的能源法律治理问题，并且落实到各自的能源治理的制度建设。对俄罗斯与哈萨克斯坦地区能源立法政策的研究以及中国"丝绸之路经济带"与"欧亚经济联盟"对接与合作，都有重要的制度解析意义。

第一节　俄罗斯能源合作的制度框架

一、基本概况

　　俄罗斯的能源立法自 20 世纪 90 年代起不断发展，形成了以宪法为基础，以联邦法律为主导，包含能源长期战略规划等其他规范性法律文件的能源贸易治理法律体系，内容涵盖油气、煤炭、电力、核能等多种能源资源，涉及能源勘探、开发、投资、运输、管控等具体活动环节。俄罗斯能源法律制度散见于各个相关部门的立法之中，能源立法作为法的重要调整领域在俄罗斯法律体系中占据独立的法律地位，能源法律规制调整能源领域出现的特定关系，既具有一定的独立性，又与其他部门法的调整对象紧密相关。

　　2014 年俄罗斯发布了《2035 年前俄罗斯能源战略》，对之前 2009 年发布的《2030 年前俄罗斯能源战略》进行了若干修正，除了重申外部能源政策的战略目标是在加强改善俄罗斯能源部门竞争力的基础上，强化俄罗斯在国际能源市场上的地位，提升产品品质，出口产品和地域多样化。[1] 提出能源发展应从资源原材料初级开发向资源创新转变，能源不应是俄罗斯经济的输血者、火车头，而应成为俄罗斯经济发展的基础。《2035 年前俄罗斯能源战略》分为三个连续阶段以实施国家能源政策措施：第一阶段（2014-2020 年）是内部结构调整阶段，旨在克服交通和能源基础设施发展中的"瓶颈"，奠定了创新能源产业的发展基础；第二阶段（2021 年-2025 年）是资源和创新的阶段，开发建设的新经济的基础设施以及新能源对世界能源市场的适应；第三阶段（2026-2035 年）是创新经济发展的阶段，俄罗斯能源输出达到发达国家的效率水平。2014 年通过的《2035 年前俄罗斯能源战略》明确提出，俄罗斯政府应致力于降低对能源经济的过度依赖，调整能源产业结构，促进能源科学技术创新，扩大对亚洲和太平洋地区的能源出口。2020 年 6 月 10 日，俄罗斯通过了新版《2035 年前俄罗斯能源战略》，在 2014 年能源发展战略制定的基础上针对当今全球能源局势的重大变化做出了适时的政策调整。根据《2035 年前俄罗斯能源战略》，目前俄罗斯能源工业的工作重点在于促进俄罗斯社会和经济发展、满足国内能源需求、推进能源出口，维持并巩固本国在全球能源市场的优势地位。保障能源安全的具体措施包括能源基础设施现代化建设、独立研发能源技术、能源出口多元化并推进数字化进程。此外，俄罗斯将着力加强 LNG 生产，发展东西伯利亚和远东地区的天然气运输基础设施，稳定能源系统，实现经济可持续发展并尽量减小相关活动对生态的负面影响。这些能源政策和战略是保障能源安全，发展能源部门和能源合作的指导文件。这表明俄罗斯当局将能源部门工作视为重点，不断完善能源政策的相关协调和支持机制，进一步加强能源的宏观调控。

依托上述国家能源战略背景，俄罗斯能源立法在具体立法过程中，将石油与天然气作为核心范畴纳入到"地下资源"这一法律概念范畴，俄罗斯能源贸易治理体系的建设依托"地下资源"这一广义概念展开。《俄罗斯联邦宪法》作为根本法为地下资源所有权与管理做出了原则性规定，为地下资源的所有制形式奠定基础，划分了俄罗斯和各个联邦主体的地下资源管辖权，为

---

〔1〕 Энергетическая стратегия России на период до 2035 года. Основные положения ред. от 07. 02. 2014, 载 http://www.energosovet.ru/stat835.html，最后访问日期：2022 年 10 月 4 日。

地下资源立法、执法与司法工作提供依据。自 20 世纪 90 年代开始，俄罗斯陆续出台了多部能源领域的联邦法律〔1〕。其中，《俄罗斯联邦地下资源法》（以下简称《俄联邦地下资源法》）是地下资源法律体系的核心，规定了地下资源的所有权、使用权；确定了国家地下资源储备、联邦地下资源地段、地方地下资源地段及一般地下资源地段的划分及管理；地下资源勘探开发领域各级政府和主管部门的职能与职责；矿业权利的取得与灭失；国家许可制度的具体实施和监督管理办法；地下资源利用应当受到统一规划、合理的开采和保护；地下资源有偿利用等。这些联邦级法律在俄罗斯能源立法中效力最高，占据主导性地位，并调整能源领域中最重要、最基本的法律关系。作为联邦法律的补充，俄罗斯颁布了联邦主体法律、行政法规等不同层级与效力的法律文件。其中，俄罗斯出台的能源部门法规〔2〕，主要涉及地方政府利用当地的财政收入或者预算以外的资金为外国投资提供其职权范围内的减税、担保、融资和其他形式的优惠政策支持。俄罗斯曾制定联邦层面石油、天然气专门立法的草案，但于 1995 年被俄罗斯总统否决。因此，只有部分联邦主体对油气领域独立进行了专门立法〔3〕。俄罗斯政府颁发的规范性法律文件大多是具体的执行程序及规范，例如《关于实施〈俄联邦大陆架法〉和〈俄联邦特殊经济区法〉的部分方法的决议》、《关于保障公民天然气公共需求的程序《关于保障非歧视地使用天然气运输系统的决议》等。

总体来看，俄罗斯的能源立法体系尚不成熟，未能形成统一有效的能源法律体系，缺少一部起统领作用的能源基本法。俄罗斯的能源立法主体具有多样性，关于石油、天然气等能源种类没有专门的单行法，呈现碎片化、复杂化的特点。这虽然有利于根据形势变化灵活调整相关法规及政策，但也使得俄罗斯能源法律体系缺乏统一性，对外国投资者参与俄罗斯能源投资造成制度障碍，有关能源勘探、开采、投资及管理等规定只能通过概括、提炼和

---

〔1〕 如 1992 年《俄联邦地下资源法》，1995 年《俄联邦大陆架法》、《俄联邦产品分成协议法》，2006 年俄罗斯《天然气出口法》，2009 年《俄罗斯联邦关于节约能源和提高能源利用效率法》等。

〔2〕 例如 1992 年《萨哈共和国（雅库特）外资法》，1997 年《滨海边疆区投资活动法》，2000 年《哈巴罗夫斯克边疆区投资活动法》等。

〔3〕 其中包括 1997 年《鞑靼斯坦共和国石油天然气法》，1998 年汉特——曼西自治区《在自治区境内开采石油天然气矿床法》，1999 年《秋明州石油天然气法》等。

总结各相关法律文件的方式寻找逻辑联系。

二、立法关键领域

根据能源领域的不同活动，俄罗斯能源法律规范主要涵盖了能源勘探开采、利用、投资、运输等各个环节，主要包括能源资源监管、地下资源利用许可证制度、外资准入国家安全审查、环保领域的生态鉴定等相关制度。

1. 俄罗斯能源资源的国家监管

由于油气资源的稀缺性和不可再生性，俄罗斯出于对国家安全的考量加强国家对能源资源的控制，实行地下资源国家所有制；在地下资源领域实施"三级三类"的管理体制，将管理主体分为三级，地下资源地段分为三类，以缓和中央和地方权力的突出矛盾；此外，为了合理利用和保护地下资源，俄罗斯对于地下资源的信息管理做出了详细规定：

（1）俄罗斯能源资源的国家所有权。《俄联邦地下资源法》将国家确定为地下资源的唯一的权利主体与所有者[1]，同时，俄罗斯在民法典等部门法中约定财产的占有、使用、处分权利属于财产的所有权人。地下资源的使用权流转具有一定的开放性，在联邦法律允许的限度内，可将其出让或转让给另一方。从法律上排除了各个联邦主体、法人以及其他团体、组织、自然人作为所有权主体的可能，而只能成为使用权的权利主体。俄罗斯为使地下资源发挥其经济价值作用，需要有效进行开采和市场化运作，将地下资源转化为开采产品，以取得经济效用为俄罗斯经济发展服务。这就要求在确立俄罗斯地下资源国家所有权制度下，将地下资源的所有权通过制度设计让渡他人，以实现所有权人的利益。因此，俄罗斯在地下资源开发利用领域，不仅要扮演管理者的角色，也应获得其作为所有者应得的利益。在这两种双重角色制度定位之下，就必然存在着地下资源所有权的权利转化问题。为此，在明确地下资源所有权基础之上，在权属类别方面进一步设计了开采资源所有权、资源信息所有权、地下资源矿业使用权等多种权利结构，赋予了对地下资源

---

[1]《俄联邦地下资源法》第1.2条："在俄罗斯联邦领土范围内的地下资源，包括地下空间、地下矿产类资源、能源类资源、其他类别资源，为国家所有地下资源地段不得成为买卖、赠送、继承、出资、抵押的标的，不得以其他形式转让。"引自 Закон Российской Федерации от 21 февраля 1992 г. N 2395-I "О недрах"，载 http://base.garant.ru/10104313/，最后访问日期：2022年1月18日。

的占有、使用、收益、处分权能。

（2）俄罗斯地下资源管理体制。俄罗斯的地下资源管理体制可以用"三级管理主体，三类资源地段"来概括。首先，三级管理主体指俄罗斯、联邦主体和地方政府作为合法主体，共同参与地下资源法律治理。俄罗斯宪法中明确提出了"共同管理"这一法律原则，并指出了俄罗斯与各联邦主体的共同管辖的范围。[1]《俄联邦地下资源法》对于宪法提出的共同管理模式作了法律衍生规定，在俄罗斯境内国家地下资源的占有、使用、处分，由俄罗斯及其联邦主体为了该地区居住的人民的利益和俄罗斯全体人民的利益共同行使。联邦政府执行机构和俄罗斯各地方主体的执行机构在各自职权范围内编制国家规划，以指导地下资源勘探、原料基地的再生产与合理使用。[2]从而建立了共同管理模式下，俄罗斯联邦中央与各联邦主体、地方政府等三级权力主体共同参与的生态资源治理方式。《俄联邦地下资源法》在第3条、第4条和第5条中，分别规定了俄罗斯国家权力机关、俄罗斯主体权力机关和地方自治机关在调整地下资源利用关系中的权限。

三类资源储备地段是指《俄联邦地下资源法》根据资源种类及其储量将资源地段分为联邦级、地方级和一般级三个种类。其中，该法第2.1条对联邦级地下资源地段作出了特殊规定，强化了俄罗斯对重要战略资源的控制，限制外国资本对能源安全的影响，有利于保障国防和国家安全。俄罗斯地下资源管理机关依照法律在官方出版物上发布联邦级的地下资源地段清单。联邦级地下资源地段包括石油可采量在7000万吨以上和天然气可采量500亿立方米以上的矿产地段。被列入联邦级地下资源清单的地段，其联邦级别不发生改变。[3]该法于2008年修订后禁止有外国投资者参与的法人或法人团体购

---

〔1〕《俄罗斯联邦宪法》第72条第1款第3项，占有、使用和处分土地、矿藏、水流和其他自然资源的问题；第72条第1款第5项，自然利用；环境保护，生态安全保障；特别自然保护区；历史文物保护；第72条第1款第10项，行政、行政诉讼、劳动、家庭、住宅、土地、水体、森林立法；关于地下资源、环境保护的立法。引自 Конституция Российской Федерации（принята всенародным голосованием 12 декабря 1993 г.），载 https://base. garant. ru/10103000/，最后访问日期：2022年2月3日。

〔2〕 Закон Российской Федерации от 21 февраля 1992 г. N 2395-I "О недрах"，载 http://base. garant. ru/10104313/，最后访问日期：2022年1月10日。

〔3〕 Закон Российской Федерации от 21 февраля 1992 г. N 2395-I "О недрах"，载 http://base. garant. ru/10104313/，最后访问日期：2022年1月10日。

买联邦级地下资源地段。若地下资源使用者有外资参股的法人或持有外资的外国投资者，在地质研究（包括按照复合许可证进行开采）的过程中发现了符合联邦级地下资源要求的矿藏，在威胁到俄罗斯的国防及国家安全的情况下，俄罗斯政府有权拒绝授予或终止该方对该地下资源地段进行地下资源勘探和开采的使用权。地方级地下资源地段是指含有普通地下资源且与开采地下资源无关的，用于地方级和区域级地下设施的建设与营运的地下资源地段。[1]一般级地下资源地段在《俄联邦地下资源法》中无具体规定。

（3）俄罗斯地下资源信息的管理。《俄联邦地下资源法》中规定的地下资源信息管理制度主要体现在建设联邦和地方地质信息库，对矿床和裸露矿产进行国家地籍登记，对地下资源储量进行国家鉴定并编制国家地下资源平衡表等方面。《俄联邦地下资源法》规定，地下资源地质信息的所有权主要由获得地质信息活动所使用的经费来源决定。地下资源地段使用者以国家经费取得的地下资源地质信息和其他信息属于国家所有；以联邦主体经费获得的，归联邦主体所有；地下资源地段使用者以自有资金获得的，归地下资源使用者所有。地下资源利用人应将获得的信息按规定提供给联邦地质信息库及有关的地方矿产信息库。地下资源管理机关可使用数据库中的信息管理地下资源储备，实施国家地籍登记，编纂国家地下资源平衡表、地下资源的地质勘探项目清单、已开采地下资源地段清单，颁发地下资源利用许可证，预防自然灾害并消除其后果，确保国家及国防安全，并组织开展地下资源领域的国家监管。地下资源地质研究作业、开采区和非开采地下资源地段，以及地下资源利用许可证均应进行国家统计并列入国家登记簿。

2. 俄罗斯地下资源国家许可证制度

许可证制度是俄罗斯地下资源开发利用、能源投资合作的重要内容，有利于俄罗斯对能源资源勘探、开发的管理和控制，保障能源领域反垄断政策的落实和国家安全，为许可证持有人的地下资源利用权提供了必要保障。许可证作为给予其持有者利用某个地下资源地段权利的文件，赋予了持有人享

---

〔1〕 Закон Российской Федерации от 21 февраля 1992 г. N 2395-I "О недрах"，载 http://base. garant.ru/10104313/，最后访问日期：2022 年 1 月 10 日。

有许可证中规定的一切权利，并对遵守许可证所列条款承担严格义务。[1]地下资源利用许可证的相关法规，由《俄联邦地下资源法》和俄罗斯最高委员会通过的《俄联邦地下资源利用许可证发放程序条例》确定。[2]2011年，俄罗斯根据俄联邦地下资源利用局发布的第353号法令建立了联邦国家地下资源利用许可自动系统（ФГИС《АСЛН》），以确保对地下资源利用许可状态的计划、分析和监控。该系统包含地下资源利用许可文件的信息、扫描图像和用于分析许可活动空间的网上地质信息系统。联邦国家地下资源利用许可自动系统为建立可供使用的地下资源清单提供了信息支持，相关人员可以利用该系统准备和举行竞争性及非竞争性许可招标和拍卖，进行业务核算，查看已签发许可证的变动（包括重新签发、增补、提前终止、限制、取消等），获取有关许可状态摘要信息。[3]

（1）地下资源利用许可证的种类和有效期限。根据《俄联邦地下资源利用许可证发放程序条例》第6条，油气资源开发利用方面主要涉及的许可证种类主要包括地质研究许可证、采矿许可证以及集合了地质研究权和采矿权的复合许可证。地质研究许可证包含对矿床和与地下资源开采无关的地下设施建设客体的搜寻权和评估权。该类许可的持有者只能对许可中指定的一种或多种地下资源开展研究，不享有获得采矿许可的优先权。俄罗斯没有单独针对矿床勘探的许可证，而是在采矿许可证中规定了勘探权。若该类许可证持有者通过搜寻或评估发现的矿床超出许可证所规定的地段范围，且超出范围的地段未包含在其他许可中，持有者可以提起申请，将搜寻和评估权扩大至完整的矿床。在开展搜寻工作时，许可证持有者可以向联邦地下资源利用局提交书面申请拒绝部分地质研究用地，并重新计算相应的地下资源利用费。

---

〔1〕 根据《俄联邦地下资源法》第15条，国家许可证制度是包括信息、科学分析、经济和法律材料准备和制作的颁发许可证的统一程序。有利于发展采矿工业和矿物原料基础，保护俄联邦国家安全和国家纲要的实际执行；保障当地居民和全体俄联邦公民的社会、经济、生态和其他利益；为所有法人和公民提供获得许可证的平等机会。

〔2〕 Положение о порядке лицензирования пользования недрами（утв. постановлением ВС РФ от 15 июля 1992 г. N 3314-1），载 http://www.consultant.ru/document/cons_doc_LAW_852/e6eb8860 6fa78338ffe171a5841f25b33d3183d7/，最后访问日期：2022年10月23日。

〔3〕 См.: Федеральная государственная автоматизированная система лицензирования недропользования，载 https://rfgf.ru/info-resursy/fgis-asln. 最后访问日期：2022年10月23日。

地质研究许可证的有效期自注册之日起不超过 5 年。

采矿许可证授予持有者地下资源地段的勘探权和开采权，若许可证无其他规定，则包含加工开采废料以及相关的加工生产废料的权利。在对地下资源储量的地质信息进行国家鉴定后，可以发放采矿许可证。在此情况下，许可证发放机关应立即通知地质研究许可证持有者，以便其有机会申请采矿许可证。在此情况下，若地质研究许可证期限提前终止，则地质研究许可证持有者有权从采矿许可证持有者处获得因地质研究活动提前终止所造成损失的补偿。若只有一位申请者有经济能力同时开采一组距离较近的多个地段，则可以向其同时授予多个采矿许可证。采矿许可证持有者有权在许可证规定的界限内开展与其开采工作相关的地下资源地质研究，而无需额外的许可证，但须经国家卫生部门、矿业监督部门和国家环境控制部门同意。采矿许可证持有者或其他法人或自然人可以根据独立的许可证开展采矿和相关加工业的废物处理活动。采矿许可证有效期最长为 20 年，若开采项目年限超过 20 年，持有者可向主管机关申请延长采矿许可证的有效期限。

复合许可证综合了上述两种许可证，授予其持有者在规定地段搜寻、勘探和开采地下资源的权利。复合许可证的便利之处在于，该类许可证持有者只需按规定上交鉴定资料，即可在国家地质鉴定之前进行资源的勘探开采。其有效期最长为 25 年。

（2）地下资源利用许可证的发放程序。地下资源利用许可证可通过招投标或拍卖获得。首先，有意向获得许可证的企业应联系地质委员会或其地方分支部门，后者将向其提供许可证期限和所包含客体的条件等必要信息。地质委员会或其地方部门根据企业提交的申请组织发布公告或以其他方式通知潜在的地下资源利用者。招标或拍卖前的 3 个月内（大型项目为 6 个月内）在联邦、共和国、边疆区、州、以及自治体和地方办的报刊上予以公布。公告应包含计划提供使用的地段位置和说明，许可证持有者的基本条件，招标或拍卖的时间地点，提交申请的截止日期以及相关费用。有意向的企业应及时向地质委员会或其分支部门提交申请，其中内容应包括申请企业的信息，主要活动地点，与经济和生产合作伙伴间的经济关系；申请许可证时企业领导或所有者以及企业代表人员的信息；从事预期的地下资源利用工作所需的财务能力信息；申请企业及其承包单位的技术工艺能力情况；近 5 年从事活动的所在国清单；对地下资源利用条件的建议等。通过招投标形式申请的企业应按期提交地下资源利用工作的技术经济指标。地质委员会及其分支机构对提交参加拍卖的申请进行审查，核实申请企业的财务和技术能力，评价申请拍卖企业的申请书，并与俄罗斯所属共和国、边疆区、州和自治体代表权力机关共同确定拍卖的优胜方。拍卖获胜者是为获得地下资源利用权出资最高的申请人。不对竞标申请书开展预审。接受投标申请后，申请企业会得到相关地下资源地段的地质信息。申请企业应根据地质信息在规定期限内制定开展相关地下资源利用工作的主要技术经济指标，专家委员会对指标开展评估。竞标获胜者的评判标准是经济技术条件可被接受，并提出最符合保护土壤环境等要求的技术方案。地质委员会或其地方分支部门和各共和国、边疆区、州、自治体的代表权力机关共同负责颁发许可证，并在 30 日内向社会公布结果。获胜者应在获得许可证内的一个月内在联邦或地区地质基金会注册许可证，许可证在注册后生效。

3. 俄罗斯能源领域的外资准入

（1）俄罗斯能源领域外资准入法律规制。俄罗斯调整对俄油气领域外国投资的规制主要包括《俄联邦地下资源法》、1999 年颁布的《俄联邦外国投资法》、1995 年颁布的《俄联邦产品分成协议法》和 2008 年颁布的《俄联邦外资进入对保障国防和国家安全具有战略意义商业组织程序法》（以下简称为《俄联邦战略行业投资法》）等。

《俄联邦外国投资法》被认为是目前国家调节外国投资者经济活动的基础法律，确定了外国投资的概念和国家参与调控的基本原则，为外国投资者在俄罗斯进行企业经营活动等权利提供了基本保障。该法律的适用优化了俄罗斯的投资环境和投资结构，符合俄罗斯鼓励外资引入的理念[1]，但未明确对俄罗斯油气领域外国投资的特殊规定；《俄联邦地下资源法》中包含调整地下资源利用与外国投资者关系的部分规定，确定了外国公民和法人可以成为地下资源的使用者，对外国投资者参与联邦级地下资源地段的勘探和开采活动设定限制。

---

〔1〕 См.：Ершова И. В.，Шевченко О. М.，Отнюкова Г. Д. Инвестиционное право. М.：Проспект. 2019. С. 79-80.

　　20 世纪 90 年代，为了促进油气工业持续发展，解决经济转型时期油气资源开发设备老化、技术陈旧和资金短缺的问题，俄罗斯政府决定将外资引入战略资源领域，规范投资立法环境。在此背景下，俄罗斯于 1995 年颁布了《俄联邦产品分成协议法》。产品分成协议实质上是俄罗斯联邦授予投资者在协议约定期间和特定矿区内，享有排他性质普查、勘探以及开采矿物原料的权利，并由投资者承担费用和风险的一种合同[1]。产品分成模式将国家和投资者之间原来的行政管理者与被管理者的监管关系转化为平等民事主体间的合同法律关系，旨在减少对投资者的税收限制。该法颁布后，由于受到俄罗斯国内能源行业和政治局势等复杂利益变化的影响，经历了立法、冻结和恢复的过程，经过多次修订，逐渐加强了俄罗斯对产品分成协议项目的控制。《俄联邦产品分成协议法》中规定了相同条件下俄罗斯法人参与产品分成协议工程项目的优先权，设定了地下资源勘探开发过程中使用俄罗斯产品和服务，以及雇用俄罗斯籍职工人数的最低限制。俄罗斯可能将满足下列条件之一的地下资源地段按产品分成协议条件开采：①若该地下资源地段的开发能够保障城市规划建设组织的就业，而停止开发会对社会产生负面影响；②若该地下资源地段的开发对于促进俄罗斯大陆架地区、极北地区以及与其相同的没有居民点、交通及其他基础设施的地区的矿产经济流通具有必要性；③若该地下资源地段储量可观，但地质条件复杂，开采难度大，且需利用特殊的高成本技术。目前，基于产品分成协议开发的地下资源地段均位于地质条件较为恶劣的北极和大陆架地区，只能在没有投资者愿意在普通税制下开发某资源地段，且政府认为该地段有必要开发的情况下，作为资源开发的最后选择而实施。

　　2008 年，俄罗斯颁布《俄联邦战略行业外商投资法》，明确了对保障国防和国家安全具有战略意义的 42 个行业，对进入这些行业的外资设置注册资本比例限制，确定了外资进入战略行业的国家安全审查制度，明确审查对象、审查标准和审查程序，并规定其违法后果。该法将在联邦级地下资源地段进行研究、勘探和开采确定为具有战略意义的活动，相较于其他战略行业，更

---

　　〔1〕　Федеральный закон от 30. 12. 1995 N225-ФЗ "О соглашениях о разделе продукции",载 https://base. garant. ru/10105771/, 最后访问日期：2022 年 11 月 2 日。

加严格地限制外资进入在联邦级地下资源地段开展业务的公司。

（2）俄罗斯能源领域外资准入的国家安全审查制度。根据《俄联邦地下资源法》第 2.1 条，涉及油气资源的联邦级地下资源地段包括：可采石油储量 7000 万吨以上的地段，天然气储量达 500 亿立方米以上的地段，位于俄联邦内海、领海和大陆架上的地下资源地段。因此，所有陆上大型油气田和大陆架油气田都属于联邦级地下资源地段，具有大型油气田许可证的油气公司都在战略性公司的范畴之内。俄罗斯国家安全审查的对象为根据《俄联邦战略行业外商投资法》第 3 条第 2 款规定的外国投资者，既包括具有外籍的自然人、法人、非法人组织和（在俄罗斯境内成立的）受外国投资者控制的组织，也包括国家和国际组织。

在涉及投资有权利用联邦级地下资源地段的战略性公司的情况下，《俄联邦战略行业外商投资法》将外国投资者按是否向主管机关（即反垄断局）提交有关其受益人、受益所有者和控制人信息分为两类，根据其占股比例或以其他交易形式对战略性公司的具体控制情况实施 5 种不同的审查策略，具体如下：

①无需审查：外国投资者能够直接或间接处置有权利用联邦级地下资源的战略性公司的有表决权股份小于 5%；②通报信息：外国投资者或团体有责任依照俄罗斯政府规定的程序向主管机关提供获得战略性公司 5% 及以上股份的信息，以及根据本法针对预先批准的交易需提供相关信息（该法第 14 条）；③预先审批：即有必要向主管机关提交预先批准申请的情况：一是使外国投资者获得直接或间接处置该类公司注册资本 25% 及以上有表决权股份的交易；二是使外国投资者有权任命该类公司的独任执行机构或集体执行机构 25% 及以上成员，或有能力选派该类公司董事会、监事会及其他集体管理机构 25% 及以上成员的交易；三是可能使外国政府、国际组织、不通报信息的外国投资者或其控制的机构（国有企业）有权直接或间接处置该类公司注册资本 5% 以上有表决权股份，或可能影响该类公司管理机构决定权的交易；四是可能使外国投资者行使战略性公司管理职能的交易；五是向外国投资者或团体转让包括确定该类公司企业经营活动条件的，旨在转让该类公司管理机构决定权的交易；六是使外国投资者或团体以投资方或第三方形式直接或间接控制战略性公司的全部交易。（见该法第 7 条）；④事后审批：外国投资者通过回

购股份、股东间分配股份，优先股转为普通股等方式变更股份占比，或根据俄罗斯法律规定的其他方法控制战略性公司的，从确定对该公司的控制之日起3个月内，必须按照本法规定的程序向全权负责机关提出控制申请（该法第7条第5款）；⑤无权交易：未向主管机关通报信息的外国投资者无权进行使其所控制战略性公司的交易或其他行为，也无权进行购买战略性公司资产25%或以上的交易（该法第2条第2款）。

《俄联邦战略行业外商投资法》第8条至第12条规定了国家安全审查的程序，主要包括初审和再审两个阶段。符合预先审批条件的外国投资者应将所需文件，包括申请书，申请人作为法人的注册登记证书，申请人身份证，不具备法人资格的外国组织依法成立的文件，交易合同或其他协议，说明申请人2年内从事主要业务的文件，说明申请人所参与的外国投资集团组成情况的文件，说明受益人、受益所有人和申请人欲控制战略性公司情况的文件，战略性公司的会计报表及资产说明等，递交至负责初审的主管机关。主管机关在收到申请的14日登记申请并进行审查。初审程序主要包括以下几种情况：第一，检查申请文件是否齐全。申请文件不全时，申请人应在主管机关向其发出补交函的30天内提供缺少的文件，否则主管机关将退还申请。第二，审查申请人是否属于无需预先审批或无权交易的情况。若主管机关认为申请人无需预先批准或者无权进行该交易时，可以在3个工作日内将材料退回申请人并说明原因，将该决定的复印件提交委员会。第三，审查申请人是否拥有对战略性公司的控制权。若经审查确认申请人已完成交易，但实际并未对战略性公司形成控制，则主管机关批准该交易，并在30日内向俄罗斯联邦安全局咨询；经审查确认申请人已具有对战略性公司的控制权，则主管机关须自确认之日起3个工作日内咨询俄罗斯联邦安全局。

自收到全权负责机关上述咨询之日起30日内，俄罗斯联邦安全局应鉴定该交易是否存在对国防和国家安全的威胁，将鉴定书送达主管机关。申请人可按规定程序对主管机关审查申请书和战略性公司后所做出的决议，以及主管机关的作为或不作为情况向法院提出异议。主管机关按该法第10条规定，将初审的意见书、鉴定书和相关资料提交至再审主体委员会。再审主体委员会根据规定做出批准、附条件批准或不批准交易的最终决定。若外国投资者对再审结果不服，可向俄罗斯最高法院申诉。审查期限原则上不能超过3个月，特殊情况下可由监管委员会作出延长 3 个月的决定。若外国投资者违反国家审查规定进行交易。可能导致以下三种法律后果：第一，交易无效。法院有权依照俄联邦民法的规定撤销无效交易的法律效力。第二，主管机关可以向法院起诉，剥夺外国投资者在战略性公司股东大会上的表决权，并在统计股东大会有效人数和投票数时不计算外国投资者及其投票。第三，根据主管机关诉讼通过司法程序宣布外国投资者或团体在违法情况下获得对战略性公司控制后，该经营公司股东大会和其它管理机构的决定及进行的交易无效。

　　4. 俄罗斯能源领域关于生态保护的法律

　　（1）俄罗斯能源领域关于生态保护的法律。工业时代以来，人类对化石能源的大规模开采消费以及运输和储存不当造成的泄漏对环境气候造成严重影响。目前，生态保护已逐渐成为每个国家需要承担的国际责任。在俄罗斯的立法中，能源领域内关于生态保护的法律关系同时受到能源法和生态法两个法律部门的调整，其法律渊源主要来自《俄罗斯联邦宪法》、《俄罗斯环境保护法》[1]和《俄罗斯联邦关于节约能源和提高能源利用效率法》[2]等有关环保和资源利用的法律和其他法律文件。为防止和减少能源相关活动对环境的不利影响，保障环境安全，俄罗斯生态立法中涵盖了有关能源勘探开采、生产加工、储存运输等各个环节的法律规制。《俄罗斯联邦宪法》是俄罗斯生态立法的基础，其中第 42 条规定了公民享有良好环境的权利、获得有关环境状态的信息权以及因生态破坏致其健康或财产受损要求赔偿的权利[3]。2002年颁布的《俄罗斯联邦环境保护法》确定了环境保护的基本原则，是俄罗斯能源生态安全的基本保障和调整方式，对其他能源立法的制定具有重要的指导作用。根据《俄罗斯联邦环境保护法》的规定，国家应对可能影响环境的活动进行环境评价和生态鉴定，并对产生不良环境影响的客体进行登记。在该法第 7 章第 46 条中特别规定了对石油天然气开采、生产项目及其产品加工

---

〔1〕　Федеральный закон от 10 января 2002 г. N 7-ФЗ "Об охране окружающей среды"，载 https://base. garant. ru/12125350/，最后访问日期：2022 年 8 月 21 日。

〔2〕　Федеральный закон от 23 ноября 2009 г. N 261-ФЗ "Об энергосбережении и о повышении энергетической эффективности и о внесении изменений в отдельные законодательные акты Российской Федерации"，载 https://base. garant. ru/12171109/，最后访问日期：2022 年 8 月 22 日。

〔3〕　Конституция Российской Федерации（принята всенародным голосованием 12 декабря 1993 г.），载 https://base. garant. ru/10103000/，最后访问日期：2022 年 10 月 15 日。

运输、储存和销售项目的布局、设计、建设、改建、投产和运营的环境保护要求，具体措施包括生产废物的清除和无害化处理、土地复垦、减轻不良影响、赔偿环境损害等。

（2）俄罗斯生态鉴定与生态保险制度。1995 年，《俄联邦生态鉴定法》通过在经济活动及其他活动实施前查明其是否符合生态要求，并确定是否准予执行，防止对环境产生负面影响，实现俄联邦公民享有自然环境的宪法权利。俄罗斯的生态鉴定制度分为两类。第一，国家生态鉴定是由国家生态鉴定机关根据政府授权，对法律要求必须进行国家生态鉴定的活动开展的生态鉴定，具有强制性。被鉴定方有权根据负面结论的注意事项修改材料，提交进行二次国家生态鉴定。在作出准予实施的决定时，应进行环境影响评价。第二，社会生态鉴定的主体是依法设立的社会团体。这些团体将保护环境（包括组织开展生态鉴定）明确规定为主要活动方向，根据公民、社会团体以及地方自治机关的倡议开展生态鉴定，具有自发性的特点。

生态保险是环境保护经济机制的要素之一。当环境风险发生时，生态保险能为法人和自然人的财产保护提供保障。通常情况下，环境污染的赔偿数额十分巨大，加害公司难以履行赔偿责任。因此，生态保险制度不仅有利于分散矿业企业风险，还能够保护污染受害人的合法权益。俄罗斯生态保险的法律基础包括《俄罗斯联邦环境保护法》，1997 年第 116 号联邦法律《俄联邦危险生产项目工业安全法》（第 15 条），1997 年俄罗斯政府第 1605 号决议《刺激商业活动并吸引俄联邦经济投资的补充措施》等。俄罗斯的生态保险可分为自愿性生态保险和强制性国家生态保险。对于自愿性生态保险，保险公司独立制定保险计划和规则。能源综合体、石化综合体领域的企业、事业单位和组织可以参加自愿性生态保险。《俄罗斯联邦环境保护法》第 18 条规定，可以在俄罗斯实行具有强制性的国家生态保险。[1] 立法规定的强制性生态保险是针对可能对环境造成更大危害的企业的民事责任保险。强制性生态保险的类型、保险对象清单、责任范围、保险范围、当事人的基本权利和义务以及保险支付费率的程序由国家确定。根据《俄联邦危险生产项目工业安全

---

〔1〕 Федеральный закон от 10 января 2002 г. N 7-Ф3 "Об охране окружающей среды", 载 https://base. garant. ru/12125350/，最后访问日期：2022 年 10 月 12 日。

法》，经营危险生产设施的组织有义务确保在发生事故时对他人的生命、健康、财产以及环境损害承担责任。危险生产设施是指企业或其车间、工地、场所以及其他生产设施，其中包括采矿业、矿产加工和地下工程的生产设施。污染物和保险事故原因清单由法律确定，根据强制性生态保险要求赔偿损害。法律还规定了在危险生产设施发生事故时对他人的生命、健康或财产以及环境损害责任保险的最低投保额。

第二节　哈萨克斯坦能源合作的制度框架

哈萨克斯坦的油气储量十分丰富，约占中亚地区总储量的30%。油气产业是哈萨克斯坦国民经济的支柱，是保障其国际经济安全和国内经济稳定的战略要素之一。哈萨克斯坦的能源合作法律规制以《哈萨克斯坦宪法》为基础，内容涵盖油气、煤炭、电力、核能等多种能源资源，涉及能源勘探、开发、投资、运输、监管等具体活动环节。近年来，为了维护能源安全、经济稳定和生态环境，哈萨克斯坦修订了多部法律，逐渐加强国家对能源安全的法律控制。

一、基本概况

1. 哈萨克斯坦地下资源立法

哈萨克斯坦的地下资源立法以《哈萨克斯坦宪法》为根本。1992年哈萨克斯坦颁布了《地下资源和矿物原料加工法典》，对地下资源所有权，地质研究、地下资源的开采加工等活动的调整作出规定，确定了公民、企业、组织和团体在地下资源领域所享有的权利。1996年，哈萨克斯坦颁布了《地下资源与地下资源利用法》，1992年的旧法随之废除。在修订过程中确定了国家具有获得地下资源利用权或相关股权的优先权，强化政府在地下资源获取和转让方面的领导作用。此外，这次修订还引入了"哈萨克斯坦含量"的概念，也就是在履行合同的各个阶段，哈萨克斯坦国籍员工的雇佣数量均不得低于一定比例，且应受到强制性的专业培训，所雇用外籍员工的人数应随哈萨克斯坦国籍员工专业水平的提高而逐年减少。以上修订内容的立法主要精神在之后的地下资源的相关立法中得以延续。

2010 年 6 月，哈萨克斯坦新的《地下资源及地下资源利用法》[1]出台，取代了 1996 年《地下资源及地下资源利用法》和 1995 年《哈萨克斯坦石油法》，突出体现了哈萨克斯坦试图最大限度保护本国利益。[2]。相较于旧法，新的《地下资源与地下资源利用法》加大了环保力度，简化了国家许可审批程序，大力吸引国内外投资。通过地下资源立法的修订过程，可以看出：第一，哈萨克斯坦地下资源立法的频繁修改和补充使其具有较大的不确定性，为油气勘探开发等合同增加变数，一定程度上限制了投资发展；第二，新法中的部分条款具备追溯力，其适用优先于稳定条款，在实际应用时需格外注意；第三，哈萨克斯坦政府逐步加强地下资源控制力度，争取更多的国家利益，主要表现为国家优先权和本地化含量。

2. 哈萨克斯坦能源战略性文件

哈萨克斯坦的能源发展战略主要体现在保障能源安全、调整能源结构和发展能源外交方面。2003 年哈萨克斯坦政府颁布《哈萨克斯坦里海地区石油开发计划》，规划里海地区的油气开发。[3]2006 年哈萨克斯坦总统发表了《跻身世界 50 名最具竞争力国家的发展战略》国情咨文，确立了能源发展战略的基础。2010 年哈萨克斯坦政府依照资源立国的战略方针公布《哈萨克斯坦石油与天然气部 2011-2015 年战略规划》，制定了哈萨克斯坦国内三大炼油厂[4]的战略目标。2010 年哈萨克斯坦提出《哈萨克斯坦——2020 年前发展战略》，细致规划了未来五到十年的能源产业布局，确定了未来能源发展的目标定位、未来能源发展的基本政策、实现能源发展战略的主要手段、提出能源出口的目标定位、确定对外能源合作的基本方向。2021 年 9 月 9 日，哈萨克斯坦总统批准了《2025 年前国家发展规划》，将绿色经济和环境保护确定为 7 项最重要的系统性改革之一。

---

〔1〕 Закон Республики Казахстан "О недрах и недропользовании" от 24 июня 2010 года № 291-IV，载 https://kodeksy-kz.com/ka/o_ nedrah_ i_ nedropolzovanii.htm，最后访问日期：2022 年 3 月 2 日。

〔2〕 Кодекс Республики Казахстан от 27 декабря 2017 года № 125 - VI "О недрах и недропользовании"，载 https://online.zakon.kz/Document/? doc_ id=31764592，最后访问日期：2022 年 9 月 2 日。

〔3〕 参见柴利：《哈萨克斯坦能源政策新发展》，载《新疆社会科学》2012 年第 3 期。

〔4〕 具体指阿特劳炼油厂、巴弗洛达尔炼油厂和西姆肯特炼油厂。

　　总体而言，哈萨克斯坦的能源战略旨在建立石油和天然气储备利用的规划系统，制定核能和环境可持续发展战略计划，形成社会和经济上科学合理的可再生能源利用标准和规则。哈萨克斯坦的能源战略规划旨在为未来几十年（直至 2050 年）的发展提供充足的能源资源基础。哈萨克斯坦 2050 年前可持续能源战略的总体目标是为国民生产总值逐步提升至全球前 30 名提供充足的能源，同时确保未来的环境和能源安全。首先，在哈萨克斯坦建立可持续能源体制体系，并确保其与在哈萨克斯坦和国际可持续发展机制中的"绿色经济"计划联动，形成可持续能源体制体系和可再生能源发展的监管框架；其次，制定一次能源平衡表，包括传统能源和可再生能源资源；第三，发展油气综合体，根据国际环境标准解决国内燃料充足性问题，发展运输系统，履行外部市场油气供应以及至少要在 2070 年前保持油气储备的义务，以保障国内外消费供应。

二、立法关键领域

1. 哈萨克斯坦地下资源的权属

　　哈萨克斯坦的地下资源所有权独立于土地所有权。根据《哈萨克斯坦宪法》第 6 条第 3 款规定，地下资源、水域、动植物和其他自然资源归国家所有[1]，确定了地下资源的国家所有制。哈萨克斯坦地下资源地段利用权的主体可以是自然人和法人。同一地下资源地段的利用权可通过授予和（或）转移的方式，由多个主体共同持有。若无特殊规定，所开采矿物的所有权属于地下资源利用者，国有企业拥有所开采地下资源的经济管理权或运营管理权。[2]地下资源利用的种类包括地下资源地质研究，矿产勘探、开采，地下空间的利用和手工采金（淘金）。哈萨克斯坦地下资源利用权基于地下资源利用许可证或者地下资源利用合同而产生。地下资源利用权的获得方式可分为三种，一是由哈萨克斯坦政府授予地下资源利用权，二是基于民法合同的转

---

　　〔1〕　Конституция Республики Казахстан，载 https://www.akorda.kz/ru/official_documents/constitution，最后访问日期：2022 年 6 月 13 日。

　　〔2〕　Кодекс Республики Казахстан от 27 декабря 2017 года № 125-VI "О недрах и недропользовании"，载 https://online.zakon.kz/Document/? doc_id=31764592，最后访问日期：2022 年 8 月 22 日。

让，三是在法人重组过程中，通过承继的方式将地下资源利用权转移给他人。[1]

2. 哈萨克斯坦地下资源的国家管理

（1）哈萨克斯坦地下资源的管理主体

哈萨克斯坦地下资源的管理主体分为三个层次，分别为哈萨克斯坦政府，政府指定的授权机关和州、共和国直辖市和首都的地方执行机关。哈萨克斯坦政府确定地下资源利用领域国家政策的主要方向，制定战略计划，为保障国家安全、人民生命健康安全和生态环境设定地下资源利用的限制和禁止规定，批准具有战略意义的地下资源清单，并履行法律以及总统赋予的其他职能；[2]哈萨克斯坦共和国能源部是哈萨克斯坦的中央执行机关，负责国家能源政策的制定和实施，协调油气、石化工业、碳氢化合物的运输、碳氢化合物的地下资源利用、铀矿开采、石油制品生产的国家规定、天然气及其供应、管道干线、电力、供热、核能和可再生能源的开发和管理；[3]州、共和国直辖市和首都的地方执行机关主要参与国家地下资源利用政策的实施，授予普通矿物和淘金业的地下资源利用权，对实际工作情况进行监管，并提供所颁发许可证的相关信息，组织开展居民饮用水源地地下水的国家地质研究等。此外，哈萨克斯坦根据地下资源管理客体的类别，分别设立了固体地下资源、烃类资源、铀矿和地质研究的授权机关。

（2）战略性经济领域财产的国家监督

为了保障经济发展效率和国民经济安全，哈萨克斯坦于 2003 年通过了《具有战略意义的经济领域财产所有权国家监控法》。该法任务是提高被监督对象的管理效率；为确保国家经济增长和促进投资进入国民经济提供有利条件；保护国家能源和资源基础；确保经济预测可靠性，基于国家财产监督数据科学地制定经济政策；为实现宏观经济、部门和区域规划的社会和经济政

---

〔1〕 Кодекс Республики Казахстан от 27 декабря 2017 года № 125 – VI "О недрах и недропользовании"，载 https://online. zakon. kz/Document/? doc_ id=31764592，最后访问日期：2022 年 8 月 22 日。

〔2〕 Кодекс Республики Казахстан от 27 декабря 2017 года № 125 – VI "О недрах и недропользовании"，载 https://online. zakon. kz/Document/? doc_ id=31764592，最后访问日期：2022 年 8 月 22 日。

〔3〕 Положение о Министерстве энергетики Республики Казахстан，载 https://online. zakon. kz/Document/? doc_ id=31610489，最后访问日期：2022 年 8 月 22 日。

策目标提供信息支持；分析国家机关所缔结的合同义务和条件的履行情况；预防破坏国家经济安全的情况出现。[1]

国家监督的主体包括授权机关，中央和地方执行机关，监督对象的所有者或管理者（自然人或法人），授权机关以及哈萨克斯坦共和国法律规定的方式聘请的提供专业咨询服务的法人、独立专家和顾问。监督的具体内容包括监督对象的状态和管理效率；收集并分析监督对象的相关信息；分析监督对象的财务、经济、法律、技术、生产和生态状况；评估监测对象管理的有效性，并预测监督对象的活动对工业、地区和全国经济发展的影响；制定提高监督对象效率的措施。对监督对象开展每三年不超过一次的基本综合调查，在对国家安全构成威胁的情况下，开展每年不超过一次的调察；根据需要定期收集监督对象的活动信息，每年不超过一次。

3. 哈萨克斯坦地下资源利用权的产生与获得

根据现行法律规定，哈萨克斯坦的地下资源利用权基于地下资源利用许可证或者地下资源利用合同而产生，具体内容如下：

（1）地下资源利用许可证制度。哈萨克斯坦于 2014 年通过的《哈萨克斯坦许可与通知法》中，对各类许可做出了一般性规定。其中明确规定了采矿、石化、化工及石油制品等工程项目的设计与使用需要取得许可证。[2]《地下资源与地下资源利用法》在第四章第一节中对地下资源利用许可证做出详细规定。地下资源利用许可证是由国家机关颁发给其持有者对特定地下资源地段进行利用的文件，共分为地质研究许可证、固体矿产勘探许可证、固体矿产开采许可证、普通矿产开采许可证、地下空间利用许可证和手工采金（淘金）许可证 6 类。[3]一个许可证只限于确定一个地下资源地段的使用权归属。若无特殊规定，一个自然人或法人有权获得多个地下资源利用许可证。

通常情况下，地下资源利用许可证通过申请而获得。申请人将所需文件

---

〔1〕　Закон Республики Казахстан от 4 ноября 2003 года № 490-II "О государственном мониторинге собственности в отраслях экономики, имеющих стратегическое значение",载 https://online. zakon. kz/Document/? doc_ id=1044812, 最后访问日期：2022 年 8 月 22 日。

〔2〕　Закон Республики Казахстан от 16 мая 2014 года № 202-V "О разрешениях и уведомлениях", 载 https://online. zakon. kz/Document/? doc_ id=31548200, 最后访问日期：2022 年 8 月 22 日。

〔3〕　Кодекс Республики Казахстан от 27 декабря 2017 года № 125-VI "О недрах и недропользовании", 载 https://online. zakon. kz/Document/? doc_ id=31764592, 最后访问日期：2022 年 9 月 22 日。

提交至主管部门，主管部门在收到申请 10 个工作日内审核。申请人可在收到拒绝授予答复之日起的 10 个工作日内申诉，也可以重新提交申请。主管机关应登记所颁发的许可证并在网站上公布。哈萨克斯坦地下资源利用许可证遵循"先到先得"原则，即主管机关按照申请的提交顺序开展审查。若先提交的申请符合审查条件，则该申请中的地下资源地段将从后面重复的申请中扣除。地下资源利用许可证的内容应包括：许可证的种类，颁发机关的名称，许可获得者的信息，许可证编码和颁发日期，许可证的起始日期和有效期，地下资源地段和《地下资源与地下资源利用法》规定地下资源的其他内容。若同一许可证同时授予数个利用权人，则应注明各利用权人持有的份额。地下资源利用者信息发生变更、地下资源利用权和（或）权利份额发生转移、许可证延期和地下资源地段界限发生变化的情况下，地下资源利用者应重新办理许可证。地下资源利用许可证终止的情况包括：若无特殊规定，许可证在有效期届满后终止；根据哈萨克斯坦民法规定，地下资源地段唯一使用者死亡（包括宣布死亡）；许可证被吊销或宣布无效；地下资源利用者拒绝利用已颁发许可证的地下资源地段。

（2）地下资源利用合同。地下资源利用合同的实质在于，主管机关代表国家在一定期限内向地下资源利用者提供地下资源的使用权，地下资源利用者自付费用并对利用行为承担风险。地下资源利用合同仅能基于一个地下资源地段使用权而订立。若无特殊规定，一人可签订数份地下资源利用合同。地下资源利用合同取得主要包括直接谈判和拍卖两种方式。直接谈判的申请只能由国家控股或管理的公司及其战略合作伙伴向主管部门发出。若无法律规定的特殊情况，谈判应在 2 个月内完成。谈判程序及内容视实际情况而定。若上述公司的战略合作伙伴参与直接谈判，则应当向主管部门提供其名称、地址和近 3 年从事活动等相关信息。

与前者相比，拍卖的适用范围更大，法律未对适用主体做出特殊规定。拍卖以公开的方式进行，具体程序和内容根据地下资源种类而定。主管部门公布拍卖通知，说明参与拍卖的地下资源地段。申请人按规定发送拍卖申请及其他附件。主管部门在收到申请之日起 20 个工作日内进行审核，并告知结果。申请者通过审核后，应提交确认参加拍卖的申请，主管部门在收到申请之日起 10 个工作日内再次通知申请者。主管部门应至少提前 10 个工作日发布拍卖公告。拍卖出价最高者获胜，结果在网上公布，获胜者应在拍得地下资源地段后的 20 个工作日内缴纳定金。2019 年 12 月《地下资源与地下资源利用法》修正案通过了地下资源利用权的网上拍卖形式。自 2020 年 9 月 1 日起，碳氢化合物的使用权拍卖可通过互联网进行。电子拍卖的引入创造了更加透明的机制，有利于竞争环境的改善。地下资源利用合同的内容应包含地下资源利用的业务种类、作业类型、合同有效期、地下资源地段的界限、项目作业的勘探时间、地下资源地段利用者的责任范围、采矿期间对哈籍人员的培训资助责任以及违约责任等。若发生以下情况，合同双方应签订补充协议，变更地下资源利用合同内容：地下资源利用者的信息改变；主管机关信息改变；地下资源利用权和（或）权利份额发生转移；地下资源地段面积变化等。

4. 哈萨克斯坦地下资源利用权有关客体的移转

在哈萨克斯坦，地下资源利用权及相关权益客体可以通过签订民事合同的方式移转。申请人向主管机关递交重新办理许可证或变更许可合同的申请及所需文件，主管机关在 7 个工作日内给予答复。为了保障国家能源安全，维护哈萨克斯坦的利益，哈萨克斯坦政府确定具有战略意义的地下资源地段清单。在油气资源领域，具有战略意义的地下资源地段主要包括石油储备超过 5000 万吨或者天然气储量超过 150 亿立方米的地下资源地段。1996 年版《地下资源与地下资源利用法》在 2004 年的法律修订中首次将"国家优先权"引入哈萨克斯坦地下资源立法。哈萨克斯坦现行的《地下资源与地下资源利用法》均延续了这一规定，但与旧法相比，国家优先权的权利范围有所减少。在现行规定中，具有战略意义的地下资源地段在重新签订或者先前签订的地下资源利用权合同时，在获得地下资源利用权（包括份额）、发行地下资源利用权股票及其他有价证券时，国家具有优先于其他任何主体的权利。为了维护哈萨克斯坦利益，国家优先权根据哈萨克斯坦法律规定，通过国家管理控股的公司或国有公司主管机关的决定行使。[1]（第43条、第46条）

5. 哈萨克斯坦能源领域的外国投资

苏联解体至今，哈萨克斯坦的外国投资立法经历了数次规模较大的修改。

---

〔1〕 Кодекс Республики Казахстан от 27 декабря 2017 года № 125 – VI "О недрах и недрополь-зовании"，载 https://online. zakon. kz/Document/? doc_ id=31764592，最后访问日期: 2022 年 8 月 22 日。

哈萨克斯坦在独立初期颁布了一系列关于外国投资的立法。[1]哈萨克斯坦在 1991 年的《外国投资法》中详细列明了禁止投资的领域，但在 1994 年的《外国投资法》中将其删除，并规定了外国投资者除军事工业和法律规定的其他禁止领域外，可在本国任何经济行业和领域投资。1994 年《外国投资法》确定了外国投资者的国民待遇和最惠国待遇，向外国投资者提供全方位的保障，为经济和社会优先领域的外国投资建立了额外收益的可能性。[2]20 世纪 90 年代，哈萨克斯坦的投资制度设计加大了对采矿业，特别是石油和天然气部门的外资流入。这导致了原材料产业导向的加深，并增加了哈萨克斯坦经济对国外市场的依赖。哈萨克斯坦为了解决这一问题，1997 年通过了《关于国家支持直接投资法》，旨在刺激哈萨克斯坦优先发展方向产业。根据该法，在哈萨克斯坦经济的以下优先领域进行投资时，可向投资者提供为期 5 年的税收优惠和关税优惠条件：包括工业基础设施、制造业、阿斯塔纳的设施、住房、社会服务、旅游业和农业等领域。[3]

2002 年，新版《哈萨克斯坦共和国税法》的颁布再次掀起了哈萨克斯坦投资立法的大规模修订的热潮。[4]2003 年《哈萨克斯坦共和国投资法》对国内外投资实行统一支持政策，取消了只适用于外商直接投资的优惠，这部法律也奠定了外商投资的法律基础和经济基础。除此之外，上述法律还确定了哈萨克斯坦吸引投资和解决投资人纠纷的主要方式。哈萨克斯坦在 2003 年公布了外商优惠活动种类清单，鼓励外国投资者从事农业和轻工业及其相关教育事业、卫生保健事业等，这一政策表现出了哈萨克斯坦政府更加提倡外资

---

〔1〕 包括 1991 年《对外经济活动基本法》、1994 年《外国投资法》、1997 年《国家支持直接投资法》，以及《对外经济活动基本法》《自由经济区法》《外汇调节和管理法》等，发布了一系列总统令，如《关于调整和发展 1995 年哈萨克斯坦外汇市场的总统令》、《总统关于放宽对外经济活动的命令》、《关于外国人法律地位的命令》与其他条例《哈萨克斯坦共和国境内外国投资合资企业注册与经营条例》等。

〔2〕 См.：С. Мороз. Инвестиционное законодательство стран СНГ：история становления и перспективы развития，载 https：//online. zakon. kz/Document/？doc_ id =31292550#pos =7；218，最后访问日期：2022 年 9 月 24 日。

〔3〕 См.：Л. Т. Бижигитова. Законодательная база в сфере инвестиций в Казахстане，载 https：//articlekz. com/article/10864，最后访问日期：2022 年 9 月 26 日。

〔4〕 2003 年，哈萨克斯坦颁布了《投资法》，通过了《享受投资优惠的优先投资活动种类清单》，废除了 1994 年《外国投资法》和 1997 年《国家支持直接投资法》。

进入非资源部门。2003 年的《哈萨克斯坦共和国投资法》增加了对外国及国际组织投资活动的形式的限制，规定其只能以个人或注册为法人的形式在哈萨克斯坦开展投资活动。这一举措有利于保障哈萨克斯坦的国民经济安全，减少外部带来的负面影响。2015 年 10 月 29 日，哈萨克斯坦颁布了《哈萨克斯坦企业法典》，废除了 2003 年《哈萨克斯坦共和国投资法》，并在新法第 25 章中规定了国家对投资活动的调整和支持。

哈萨克斯坦投资活动管理机关同样经历了多次变化。根据 2002 年 8 月 28 日哈萨克斯坦总统法令，国家对直接投资的职能和权力移交工业和贸易部。工业和贸易部投资委员会在国家支持哈萨克斯坦投资领域中具有特殊的执行、管理和监督以及部门间的协调职能。根据 2002 年 11 月 18 日政府法令批准的《哈萨克斯坦投资委员会条例》，投资委员会的主要任务是：协调国家机构与投资者合作的活动；确保由哈萨克斯坦总统领导的外国投资者委员会的活动；协助吸引财政资源来实施国家方案和优先项目；建立与投资者互动的有效体系，协助确保遵守哈萨克斯坦法律所规定的担保，并保护投资者的合法权益。此外，投资委员会最重要的任务之一是创造有利于吸引投资的法律条件和其他条件，制定和实施改善本国投资环境的措施。

哈萨克斯坦外国投资法律体系主要由《哈萨克斯坦宪法》、《哈萨克斯坦企业法典》、《哈萨克斯坦共和国税法》、《哈萨克斯坦自由经济区法》、《哈萨克斯坦海关事务法》等配套法律、总统令、条例以及所签署的国际条约构成。根据《哈萨克斯坦宪法》，国际条约优先于国内法，可在哈萨克斯坦内直接实行，除非该条约的实行须将其转换为国内法。[1]根据《哈萨克斯坦宪法》第 4 条，宪法具有最高的法律效力。在投资范围方面，根据《哈萨克斯坦企业法典》第 275 条规定，哈萨克斯坦法律规定的其他情况除外，投资者有权开展任何项目和商业活动；为保障国家安全，哈萨克斯坦法律可限制或禁止开展投资的活动种类和（或）地区。[2]该法中虽然未明确"保障国家安全"的

---

〔1〕 Конституция Республики Казахстан, 载 https://www.akorda.kz/ru/official_ documen ts/consti-tution, 最后访问日期：2022 年 8 月 22 日。

〔2〕 Кодекс Республики Казахстан от 29 октября 2015 года № 375 - Ⅴ "Предпринимательский кодекс Республики Казахстан", 载 https://online.zakon.kz/Document/? doc_ id = 38259854, 最后访问日期：2022 年 8 月 22 日。

含义和领域，但需注意的是，哈萨克斯坦具有以此单方面限制或禁止投资进入能源资源领域的权力。[1]

在投资者活动的法律保护方面，《哈萨克斯坦宪法》、《哈萨克斯坦企业法典》以及哈萨克斯坦批准的国际条约，为投资者提供了充分和无条件的权益保护。若投资者因国家机关文件未遵守哈萨克斯坦法律或相关国家机关公务人员非法行为（不作为）遭受损害，投资者具有获得损害赔偿的权利。哈萨克斯坦保障投资者与国家机构间订立合同条款的稳定性，但经双方协议更改条款的情况除外。稳定条款适用的情形不包括：①改变进口、生产、销售应税货物程序和条件的哈萨克斯坦法律和（或）国际条约的变更和（或）生效；②为保障国家安全、公共秩序、健康保护和人民道德对哈萨克斯坦法律的更改和补充。在哈萨克斯坦法律规定的特殊情形下，允许为国家需要强制扣押投资者的财产（国有化、征用）。在国有化的情况下，哈萨克斯坦应全额补偿投资者因哈萨克斯坦关于国有化的立法行为所遭受的损失。外国资本的投资方式包括建立合资或独资企业；购买股票、财产及其他有价证券；获得土地和其他自然资源的所有权和使用权；法律允许的其他方式。在企业设立方面，外资企业与内资企业的设立条件、程序相同，具有国民待遇。

此外，在外籍劳动力管理方面，哈萨克斯坦严格实行配额制和比例要求。哈萨克斯坦每年以行政区为单位，设定雇用外国人的配额，即允许雇用的外籍雇员最高人数。若该行政地区的获准配额用完，那么可能拒绝向雇主签发工作许可证。在雇用外籍雇员时同样存在相应的"本地化"比例要求。管理人员雇员中，本地人员比例不得低于70%，专业人员雇员中本地人员的比例不得低于90%。因此，管理人员中的外籍劳动力的比例不得超过30%，专业人员中的外籍劳动力的比例不得超过10%。

6. 哈萨克斯坦能源领域的生态保护

（1）哈萨克斯坦现行的生态环境保护法律规制

从根本上讲，各国的生态保护和经济发展一直相辅相成。《哈萨克斯坦宪

---

〔1〕 刘梦非：《中国对哈萨克斯坦能源投资的法律风险及防范》，载《甘肃政法学院学报》2015年第4期。

法》第 31 条规定了国家为了人的生命健康，将保护环境设定为目标。[1]《地下资源与地下资源利用法》第 4 条将在地下资源利用时保障环境安全确定为哈萨克斯坦地下资源及其利用的立法原则。《哈萨克斯坦 2025 年前国家发展规划》是国家中期计划文件，是在《哈萨克斯坦—2050》的实施过程中制定的。《2025 年前国家发展规划》将绿色经济和环境保护确定为 7 项最重要的系统性改革之一。[2]

1997 年哈萨克斯坦颁布《哈萨克斯坦环境保护法》后，与其配套的法律文件也陆续发布。2007 年，哈萨克斯坦通过的《哈萨克斯坦共和国生态法典》增加了关于损害环境公共利益的法案。哈萨克斯坦已具备环境保护的基本法律体系。哈萨克斯坦对可能对环境产生影响个人和法人的活动实行国家环境控制，通过能源部进行国家环境审查来实施。投资者业务活动的各个方面均应符合环境要求。在启动项目之前，若该项目可能对环境产生影响，则必须获得国家环境专家就该项目出具的正面评估报告。例如，若企业的业务活动会危害环境，则应投保环境保险以弥补发生环境污染时可能造成的损害。对于违反环境要求的行为，法人和个人可能需承担民事、行政和刑事责任。地下资源勘查和生产项目实施时必须进行环境影响评估。环境影响评估包括以下几个阶段：对地域的初步评估；实施综合评估并对制定环境保护计划；制定相应的技术解决方案，以避免对环境造成不利影响。个人和法人应考虑环境影响评估的结果，确保采取对环境和人类健康危害最小的措施。

根据《哈萨克斯坦共和国生态法典》规定，环境许可证有排放许可证和综合环境许可证两种。其中，排放许可证最为常见，任何个人和法人在生产产品或副产品时，若可能排放废气、污水、任何固体废物或工业废物，则必须向哈萨克斯坦共和国能源部或当地的能源部下属部门申请取得排放许可证。排放许可证的有效期取决于许可证类别。许可证类别根据《哈萨克斯坦卫生规则》中规定的排放物的危险等级予以确定。排放许可证一旦过期，投资者需向能源部申请续期。综合环境许可证中规定的技术或者环境利用条件发生

---

[1]　Конституция Республики Казахстан，载 https://www.akorda.kz/ru/official_ documen ts/constitution，最后访问日期：2022 年 8 月 22 日。

[2]　Стратегический план развития Республики Казахстан до 2025 года，载 https://www.akorda.kz/ru/official_ documents/strategies_ and_ programs，最后访问日期：2022 年 8 月 22 日。

改变之前，该许可证始终有效。对使用现有的最佳环境技术的投资者，可向其签发无限期的综合环境许可证，并以该许可证代替排放许可证。[1]

（2）2021 年新版《哈萨克斯坦共和国生态法典》

2021 年 1 月 2 日，哈总统托卡耶夫签署新版《哈萨克斯坦共和国生态法典》[2]，该法典于 2021 年 7 月 1 日正式生效。新版《哈萨克斯坦共和国生态法典》分为总则、分则和特别规定三个部分，共有 24 章、31 节、418 条。总则的内容包含"哈萨克斯坦生态环境保护的一般规定""环保领域主体的权利义务""哈萨克斯坦政府和地方政府的环保权能""生态信息""生态标准""环保领域的技术法规和标准化""环境评估""生态学专业""环保许可证""环境保护的经济调节""环境损害及其后果的清算""环境和自然资源""气象和水文等状态监测""国家对生态、生产环境和公共环境的监管""生态文化教育和环境科学研究"等。分则的内容主要包括"空气保护""水体保护""土地保护""自然保护""动物保护""森林保护""动植物和微生物基因库的保护与遗留资源利用""里海北部国家自然保护区""温室气体排放和清除""气候变化及其适应""各类废物管理""生产制造者的义务""特殊活动的环境要求""生态应急区和环境灾害区"等。特别部分包括"哈萨克斯坦在环保领域的国际合作""违法责任和环境纠纷的解决""最终条款和过渡性条款"。

新版《哈萨克斯坦共和国生态法典》将环境许可证分为综合环境许可证和环境影响许可证两个类别，对环境污染防控做出更严格的规定。哈萨克斯坦生态、地质与自然资源部部长在新版《哈萨克斯坦共和国生态法典》颁布说明会上表示，哈萨克斯坦将在未来十年免征环境污染费。企业应投资引进最佳且可行的环保技术（"最佳可行技术"），否则将在 2031 年面临相当于目前 8 倍的环境污染费率。目前，哈萨克斯坦 80% 的污染排放量来自 50 家企业，主要涉及采矿和冶金产业。新《哈萨克斯坦共和国生态法典》将对上市

---

〔1〕 Кодекс Республики Казахстан от 9 января 2007 года № 212 - III "Экологический кодекс Республики Казахстан"，载 https://online. zakon. kz/Document/? doc_ id = 30085593，最后访问日期：2022 年 8 月 22 日。

〔2〕 Кодекс Республики Казахстан от 2 января 2021 года № 400 - VI "Экологический кодекс Республики Казахстан"，载 https://online. zakon. kz/Document/? doc_ id = 39768520，最后访问日期：2022 年 8 月 22 日。

企业的环保技术进行审核，并评估其是否采用最佳可行技术。如果企业不采用最佳可行技术，且未达到减少排放的既定目标，则须补缴 10 年内免征的全部环境污染费。[1]

由此可见，欧亚经济联盟主要成员国国内能源贸易立法体现出较为清晰的生态保障理念，根本目的在于保障国家能源安全利益，强调能源安全保障已经由单纯的"保供给"蜕变为供需安全与环境安全并重，能源生态环境问题已经进入国家战略层面，生态效益成为评价国家能源安全的一项重要参数。

---

〔1〕 Компании Казахстана смогут направить 2, 5 трлн тенге на зеленые технологии，载 https://kursiv. kz/news/ekonomika/2021-01/kompanii-kazakhstana-smogut-napravit-25-trln-tenge-na-zelenye-tekhnologii，最后访问日期：2022 年 9 月 1 日。

欧亚经济联盟主要成员国能源贸易
制度壁垒

俄罗斯与哈萨克斯坦作为资源大国又是中国的近邻，与中国的油气合作具备极强互补性，存在较大机遇，但是制度挑战也是相伴而行的。"欧亚经济联盟的重要目标是对内推进商品、资金、服务和人员的自由流动，对于联盟外的经济体提出了比较高的经济要求，某种程度上可以说树立了贸易和投资的壁垒。由于联盟成员国经济结构的高度相似以及运行规则的欠缺，欧亚经济联盟自成立以来产生更多的是贸易转移效应。"[1]由于欧亚经济联盟本身的集体行动能力的不足，导致联盟本身尚未制定能源合作的基本管理制度，能源统一市场更多停留在规划设计层面，俄罗斯、哈萨克斯坦两国出于自身的利益考虑采取法律方式进行能源利益保护。俄罗斯、哈萨克斯坦借助国内法律进行严格的能源利益保护，形成了对能源进口国的制度壁垒，由此本章研究重点主要放在"一带"与"一盟"对接语境下的俄罗斯、哈萨克斯坦在对外合作中制度壁垒表现的归纳。

第一节　欧亚经济联盟组织层面的机制因素

一、联盟组织运行

欧盟是目前最成功的超国家组织，欧亚经济联盟以此为蓝本，建立了一

---

〔1〕　冯玉军：《国际战略观的误区与俄罗斯的未来》，载《世界知识》2015 年第 20 期。

套完善的法律机制来保证经济合作的顺利进行，并成功地建立起了内外两个方面的法律运行规范。《欧亚经济联盟条约》作为欧亚经济联盟的基本法律，在欧亚经济联盟的法律秩序中具有举足轻重的地位。条约的国内实施，是国家为履行其所缔结或参与的条约而采取的一系列措施。作为条约的联盟法与其成员国国内法之间的关系，关系到超国家组织的性质、联盟法律在其统一适用中的效力以及联盟法律制度的统一性。从欧亚经济联盟的组织架构看，已经形成了较完备的决策、执行和争端解决机制，通过最高欧亚经济理事会、欧亚经济联盟政府间理事会、欧亚经济委员会、欧亚经济联盟法院等管理机构以及复杂的表决规则对成员国主权进行有条件的让渡。[1]

欧亚经济联盟在某种程度上是超国家性质的，其中最高欧亚经济理事会为联盟的最高机构，成员为各成员国首脑，欧亚经济联盟政府间理事会由各成员国政府首脑组成。最高欧亚经济通过决议，可作为欧亚经济联盟条约的补充，对欧亚经济联盟运作中的一些具体问题作出专门规定。考虑到成员国主权独立的要求，最高欧亚经济理事会和欧亚经济联盟政府间理事会的决议和命令应得到全票支持才能通过；欧亚经济委员会是具有联盟常设性质的日常管理的工作协调机构，由管理委员会和执行委员会组成。联盟法院是联盟常设司法机构，运行机制分为四个部分，包括法院大会、大合议庭、普通合议庭、上诉庭。主要职能是仲裁、解释法律、解决联盟内争议等。[2]

为了欧亚经济联盟利益，欧亚经济委员会被委任为谈判签署国际条约的机构，这对欧亚经济联盟的国际主体地位起着潜在的作用。[3]根据《欧亚经济联盟条约》的规定，欧亚经委会的决议可直接适用于成员国的国内法。由于欧亚经济联盟各组织机构缺乏具体授权，无法保证欧亚经济联盟法律在各成员国国内法秩序下的有效实施，即使欧亚经济联盟通过了一项裁决，各成员国的司法机构也总能阻止裁决在本国的法律秩序下得到执行。如果一个成

---

〔1〕　韦进深：《欧亚经济联盟的制度设计与"一带一盟"对接的模式与路径》，载《国际关系研究》2020年第2期。

〔2〕　参见徐向梅：《欧亚经济联盟贸易救济体系研究》，时事出版社2017年版，第23-27页。

〔3〕　欧亚经济联盟与欧亚经济共同体相比，有一定程度上的进步。欧亚经济联盟仿效欧盟的立法和司法经验，特别重视对欧盟相关规则和规范的学习。欧亚经济联盟往往参照欧盟委员会的处理方式、分析过程和判例，以及欧盟的制度规范、推理方法等。

员国的国内司法机构认为一项超国家法令与本国的宪法制度相抵触，也可阻止其实施。各成员国的宪法未承认欧亚经济联盟法律作为本国法律秩序的最高权威，在一些具体的实践案例中，已经出现了欧亚经济联盟法律优先于与其有冲突的成员国的国内法律，而非国家宪法的情况。[1]欧亚经济联盟有一套复杂的法律体系，其中包含一系列逐步形成的法律秩序，有些地方与欧盟相似，另外很大部分则完全不同。

欧亚经济联盟是一个以区域经济一体化为目标的国际组织，其宗旨是构建区域经济一体化空间，包括商品一体化、服务一体化、产业一体化、金融一体化，成员之间存在着一定程度的相互让渡主权的要求。但是，随着苏联解体而独立出来的欧亚国家普遍强调独立主权，因此，融合中所包含的"让与主权"的准则并不完全适合欧亚经济联盟的准则架构。

地区性国际制度的有效性不仅与制度的内在因素有关，而且深受地区社会条件和地区环境的影响。在地区性国际制度的实践中，合法性与有效性构成了极为复杂的关系。[2]欧亚经济联盟法律秩序的自主性落后于欧盟法律体系，制度的有效性存在缺陷，其超国家性质受到限制。与欧亚经济联盟不同，欧盟法是通过保证"超国家性"来发挥其作用的。欧盟法律体系超国家性的合法性依据是，欧盟法律在成员国中具有直接适用性，同时欧盟法律在成员国法中具有优先性，这一双重性质确保了欧盟法律具有超国家适用的属性，甚至于欧盟公民可以直接在国内法庭上适用欧盟法律规范。欧亚经济联盟在法制机制建设方面取得了一定成绩，但是在实践操作方面却存在着一些问题，严重影响了法制的实施。对于欧亚经济联盟来说，欧亚经济联盟的官员是由各成员国提出建议并指定的。最重要的是，他们代表的是所在成员国的利益。"从制度的理性设计看，由于欧亚经济联盟成员国经济实力和贸易规模的严重不对称，建设统一市场对联盟成员国的影响不尽相同，因此欧亚经济联盟面临执行问题和分配问题的挑战。如在统一关税政策上，联盟成员国争相申请

---

〔1〕 例如，如果国际协定和国际承诺违背了俄罗斯联邦保护人权的规定和宪法的基础，俄罗斯将不承认这些协定和承诺的最高效力。

〔2〕 参见韦进深：《欧亚经济联盟的制度设计与"一带一盟"对接的模式与路径》，载《国际关系研究》2020年第2期。

优惠关税政策。"〔1〕

欧亚经济联盟成员国由于拥有"一票否决权",因此它们在欧亚经济联盟中拥有集体决策的否决权。这一制度还限制了俄罗斯在政策制定过程中的优势地位。在实践中,欧亚经济联盟能否成功,关键在于其法律体系是否能对各成员国的行为进行有效约束,并将其纳入到一体化的框架中。根据各类条约协定制度的设计逻辑,当规范运行与各成员国利益的收益获得产生较严重的冲突时,联盟往往会采取扩大合作议题的范围、缩小项目内容、增加制度灵活性等折衷做法。欧亚经济联盟的制度设计正是遵循这样的逻辑,通过扩大谈判范围,消除贸易、劳务、人员、资金等要素的自由流动障碍;设立欧亚经济联盟法院,有条件地解决各成员国之间在谈判过程中产生的争议;但相关做法同时也削弱了欧亚经济同盟共同市场建立的效能。一方面,联盟议题范围扩大意味着成本增加,且影响议题优先次序,使得联盟决策者面临抉择困境,从而影响联盟发展定位与未来方向;另一方面,制度灵活性的提高也会导致成员国合作的不确定性,从而降低了制度的约束力,增加了承诺的不可信度,长远看对合作不利。

二、成员国利益分歧

除了联盟机制运行问题,成员国之间的政治经济博弈也使得欧亚经济联盟的未来呈现不确定的发展态势。现如今,联盟所面临的问题更具复杂性,涉及经济、人道主义和政治领域,因此无法在纯粹的经济层面解决。白俄罗斯选举的政治风波;莫斯科与明斯克之间的关系动荡;俄罗斯与西方关系的僵局,围绕"北溪2号"(Nord Stream 2)天然气管道项目的矛盾;2020年9月亚美尼亚与阿塞拜疆间爆发的大规模冲突等一系列事件表明,联盟运作限于经济议程已经远远不够。它应在成员国的共同利益基础上制定相应的政治和人道主义议程,以维护该地区的经济和政治稳定,发展睦邻友好关系并最大程度地减少政治分歧,实施大型基础设施项目建设,保护联盟成员国公民的生命和健康。在欧亚经济联盟工作中增加更多的政治成分不应被视为试图

---

〔1〕　参见韦进深:《欧亚经济联盟的制度设计与"一带一盟"对接的模式与路径》,载《国际关系研究》2020年第2期。

侵犯某国的主权，而应被视为创造条件以做出更强有力、更全面的决策，从而能够协调、负责和普遍地解决经济和社会问题，及时改革整合联盟的工作，并为其发展提供新的动力。

联盟组织目前缺乏真正意义上的跨欧亚公司和共同的欧亚项目，联盟本身与第三国以及国际组织的合作缺乏协调，缺乏统一规划。白俄罗斯积极参与欧盟的项目，其中包括"东部伙伴关系计划"，白俄罗斯和中国间的合作与参与欧亚经济联盟的义务存在冲突。亚美尼亚同美国和欧盟的经贸协定在很多方面也与欧亚经济联盟的要求不同。哈萨克斯坦加入世贸组织，以低于欧亚经济联盟统一关税标准的进口关税税率达成协议。欧亚经济联盟成员国除俄罗斯之外，均对欧盟和美国公民采取了短期免证入境规则。当前，俄罗斯的资源主要分配给双边项目和政治支持领域，这既不会促进联盟政策的协调统一，也不会增加联盟内部的相互联系。

联盟内部各国的工业和农业政策仍然不一致，税收的指定和管理缺乏统一的"控制器"。欧亚开发银行和欧亚稳定与发展基金等发展机构的互动薄弱，以及欧亚经济委员会缺乏大量的财政资源，导致了工业合作领域的保护主义抬头。近年来，联盟内部结构性问题已导致欧亚经济联盟的经济增长率滞后于世界水平。

欧亚经济联盟在全球 GDP（购买力平价计算）中的占比〔1〕

---

〔1〕 Вызовы и перспективы евразийской интеграции，载 https：//vavt-irip. ru/upload/iblock/a7e/ Doklad-Vyzovy-i-perspektivy-Evrazii_ skoi_ -integratsii. pdf，最后访问日期：2023 年 1 月 2 日。

到目前为止，中国与欧亚经济联盟成员国的能源互动模式仍以"1+1"的双边合作为主，而"1+5"的多边合作模式发展缓慢。中俄两国在 2015 年正式声明，在条件成熟的领域建立贸易便利化机制，在有共同利益的领域制订共同措施，协调并兼容相关管理规定和标准、经贸等领域政策。研究推动建立中国与欧亚经济联盟自贸区这一长期目标。[1]支持启动中国与欧亚经济联盟对接丝绸之路经济带建设与欧亚经济一体化的对话机制，并将推动在双方专家学者参与下就开辟共同经济空间开展协作进行讨论。[2]自《中华人民共和国与欧亚经济联盟经贸合作协定》签署以来，中国就有意促进中国——欧亚经济联盟自贸区的建立，可至今为止仍未有具体实施议程，该项工作尚停留在一种表达"合作意向"的环节。不可否认，欧亚经济联盟作为一个年轻的区域性国际组织，其取得的成绩是显著的，对加速一体化进程起到不可或缺的推动作用。但是，联盟成员国间政治、经济、文化存在的差异、各国利益的导向性等因素交织在一起，导致一体化道路并非畅通无阻。内部的矛盾与分歧使得联盟种种制度与规则有着明显的不完善性，也必然阻碍中国"5+1"合作模式的推进，也抬高了中国对欧亚经济联盟的直接投资壁垒。

三、能源市场发展迟缓

中国长期以来对油气资源的大量需求，决定了中国对欧亚经济联盟的直接投资主要是能源型投资。数据表明，欧亚经济联盟的天然气储量居世界第一位（占全球总额 20.7%），包括天然气凝析油在内的石油储量居世界第一位（占全球总额 14.6%），煤炭储量位居世界第四位（占全球总额 5.9%）。[3]面对潜力如此巨大的能源提供者，中国积极推进与欧亚经济联盟的能源合作。对于联盟而言，建立统一的能源市场是其为提升国际竞争力而作出的重要战

〔1〕　参见《中华人民共和国与俄罗斯联邦关于丝绸之路经济带建设和欧亚经济联盟建设对接合作的联合声明（全文）》，载 http://www.gov.cn/xinwen/2015-05/09/content_ 2859384.htm，最后访问日期：2023 年 4 月 2 日。

〔2〕　参见《中华人民共和国与俄罗斯联邦关于丝绸之路经济带建设和欧亚经济联盟建设对接合作的联合声明（全文）》，载 http://www.gov.cn/xinwen/2015-05/09/content_ 2859384.htm，最后访问日期：2023 年 4 月 2 日。

〔3〕　Евразийская экономическая интеграция: цифры и факты. 2014. C. 14，载 http://www.eurasia-ncommission.org/ru/Documents/broshura26_ RUSpdf，最后访问日期：2023 年 1 月 20 日。

略规划之一。联盟作为稳定的国际组织，未来还有可能不断纳入新成员。无论在资源潜力，还是在出口份额及国内生产总值方面，能源产业和能源工业都处于欧亚经济联盟主要成员国经济中的支配地位。应该说，能源工业、技术的发展水平决定了工业发展的潜力，同时，能源领域国际合作的质量也决定了能源安全的保障水平。建立统一的能源市场是共同体一体化委员会在2006年提出的，其主要工作方向包括：形成海关、税收和运费协商机制，尽快达成并签署协议，确定运费形成的统一方法。欧亚经济联盟计划至2025年逐步形成统一的能源市场（电力、天然气、石油及其制品），以确保有效利用潜在的能源资源。（详细规划见下表）

表6 欧亚经济联盟能源统一市场的形成阶段[1]

统一市场名称	阶段、期限及工作内容		
	第一阶段	第二阶段	第三阶段
电力统一市场	2015-2016 上半年制定和确认方案	2016 下半年-2018 上半年实施计划措施	2018 下半年-2019 上半年缔结国际条约
石油及其制品统一市场	2016-2017 年制定和确认方案	2018-2023 年实施计划措施	2024 年国际条约的签订与生效
天然气统一市场	2020 年之前，准备方案与计划、协调法律与规范、制定交易规则	2021 年之前，消除进入天然气运输系统的障碍、实现天然气同步出口到第三国，消除联盟内部竞争	2025 年1月1日之前，国际条约生效，确保联盟内部天然气的自由供应（根据直接合同或交易机制），维持市场价格以确保天然气公司的盈利能力

现今，欧亚经济联盟成员国之间消费者购买天然气的价格差异很大（白俄罗斯、亚美尼亚和吉尔吉斯斯坦的国内价格明显高于俄罗斯的国内价格），并且各国对国内天然气价格的监管水平也不同。这不仅归因于成员国的国家社会经济政策的不同，还由于其自身天然气资源基础及其产品加工水平的差别。在完全依赖天然气进口的亚美尼亚和吉尔吉斯斯坦，主要采用以市场为

---

〔1〕 参见欧亚经济委员会数据 https://docs. eaeunion. org/docs/ru-ru/01428320/err_ 1201202112，最后访问日期：2023 年1月28日。

基础的定价形式，部分由国家调整。白俄罗斯的天然气供应同样依赖进口，国家对所有能源载体的国内价格进行管控，其天然气价格几乎是亚美尼亚与俄罗斯的两倍。而哈萨克斯坦作为资源大国，天然气价格是联盟成员国中最低的，因此，要实现天然气统一价格并非易事，上述国家间差异无疑阻碍了能源一体化市场的形成。欧亚经济联盟正积极构建共同能源市场，但其建设仍处于初级阶段，尚未建成完备的制度保障体系。[1]欧亚经济委员会与成员国对于现有制度障碍有着清醒的认识，并确定了发展能源资源相互贸易的主要问题。概括而言，石油和天然气领域主要问题包括：缺乏位于成员国境内的油气运输系统的准入规则；缺乏统一和透明的方法来确定成员国境内电力运输、石油及其制品运输系统的技术能力；限制非天然气运输系统所有者的生产商平等地使用输气系统；俄罗斯拥有出口天然气的专有权，这限制了其他成员国对天然气供应方的选择。[2]

欧亚经济联盟要想牢固地伫立在"能源市场世界地图上"，需要建立石油和天然气统一市场。但是，就目前来看，联盟建立统一能源市场的制度设计进程仍然缓慢，欧亚经济联盟所覆盖区域拥有数量充足的各种重要能源资源，但是区域内的能源分布不均，也未得到合理的利用，成员国间的种种差异与矛盾是整合过程中必须克服的巨大阻碍。就此，欧亚经济联盟为建立石油和天然气统一市场只是就如下问题在下列原则达成了若干发展的意愿：确保石油、天然气的市场定价，该定价是按照成员国的法律制定的，但自然垄断实体在石油及其制品运输中的服务除外；发展联盟石油和天然气统一市场的商业和运输基础设施；在联盟石油和天然气统一市场上为成员国的企业提供非歧视性条件；为吸引成员国石油和天然气的生产、运输、供应、提炼和销售领域的投资创造有利条件；协调联盟石油和天然气统一市场的技术和商业基础设施运作的国家法律规范；在相互贸易中不采取数量限制和征收出口关税；

〔1〕　根据《构建欧亚经济联盟天然气共同市场的实施纲要》和《构建欧亚经济联盟石油与石油制品共同市场的实施纲要》的规定，欧亚经济联盟计划于 2025 年前完成联盟油气共同市场的制度建设。

〔2〕　См.：Саркисян Т. С. Создание общих рынков энергетических ресурсов в ЕАЭС：этапы и содержание//Известия Санкт-Петербургского государственного экономического университета. 2017, 载 https：//cyberleninka. ru/article/n/sozdanie-obschih-rynkov-energeticheskih-resursov-v-eaes-etapy-i-soderzhanie，最后访问日期：2023 年 1 月 9 日。

优先满足成员国对石油天然气的需求；统一成员国石油和天然气的规范和标准；保证环境安全；联盟石油和天然气统一市场的信息支持。[1]

第二节 俄罗斯能源贸易制度壁垒的表现

"一带一盟"对接合作的提出和落实，客观上需要对俄罗斯能源投资体系的制度设计、投资障碍与应对措施等诸多问题加以深入研究。为了加深联盟内部合作以及吸引外部投资，应重新审视以俄罗斯为主导的对内高度开放，对外严格限制的合作理念。[2]俄罗斯能源贸易制度变化对于中俄能源合作具有重要影响，在很大程度上直接关系到中国能源安全的保障。

一、投资体系有缺陷

计划经济时代俄罗斯市场长时间处于封闭状态，并未塑造出对于外国投资者友好的营商环境。苏联解体后，当计划经济向市场机制不可避免的过渡变得明显时，国家政策势必随之修订修改，以允许外国投资者加入国内市场，及时推出的吸引投资系列优惠政策，也使得市场环境为之改观。俄罗斯调整外国投资法律体系的基础是《俄罗斯联邦宪法》《俄罗斯联邦民法典》《俄罗斯联邦以资本投资形式实施投资活动法》《俄罗斯联邦外国投资法》等。[3]值得注意的是，1991年曾出台的另一部《俄罗斯苏维埃联邦社会主义共和国投资活动法》[4]，根据现行法律规定，《俄罗斯苏维埃联邦社会主义共和国投资活动法》不与《俄罗斯联邦以资本投资形式进行投资活动法》相抵触的部

---

〔1〕 Мовкебаева Галия, Айдарханова Эльвира, Есмуханбетова Малика. Проблемы энергетического сотрудничества в рамках ЕАЭС // Вестник КазНУ. 2017, 载 https: //articlekz. com/article/18750, 最后访问日期：2023 年 1 月 9 日。

〔2〕 参见王晨星、姜磊：《欧亚经济联盟的理论与实践——兼议中国的战略选择》，载《当代亚太》2019 年第 6 期。

〔3〕 Об инвестиционной деятельности в Российской Федерации, осуществляемой в форме капитальных вложений: фед. закон от 25 февраля 1999 г. № 39-ФЗ. // Собр. законодательства Рос. Федерации. -1999. № 9. -Ст. 1096. -（в ред. от 28 декабря 2013 г.）.

〔4〕 Закон РСФСР 《Об инвестиционной деятельности в РСФСР》 от 26 июля 1991 г. №1488-1 // Ведомости СНД и ВС РСФСР. -1991. -№ 29. -ст. 1005.（с изм. и доп. на 26. 07. 2017）.

分仍然有效。然而此种立法交叉却给外国投资者带来了无法正确识别适用法律准则的相关风险，迫使投资者必须独立地区分有效和无效的规定。《俄罗斯联邦外国投资法》如从字面理解，应当是俄罗斯调整外国投资领域法律关系最基本、最全面的特别法，但另有一些俄罗斯学者指出，该法的名称与其目标、内容不符。因为本质上，它仅规定了国家在外国投资者进行投资活动时所提供的担保，而并未涵盖调整外国投资关系的内容（特别是关于投资程序的内容）。[1]

尽管俄罗斯成立之初各项优惠政策的推出，对于外国投资者非常具有吸引力，但随着各项制度的逐渐完善，市场经济运行的逐渐平稳，俄罗斯逐渐从侧重吸引外资转向侧重保护自身利益，这就使得与俄罗斯能源合作面临着比以往更多的阻碍与制约。同时，应当着重指出的是，俄罗斯现有立法体系中对燃料和能源综合体的法律规制非系统性特征明显。具体体现在，俄罗斯能源治理法治化结构尚不成熟，未制订引领作用的能源基本法，同时，现行法律制度规定之中，也无法直接找到能源法基本制度规定，只能通过概括、提炼和总结的方式寻找各个制度之间的逻辑联系。由此，法律分布也呈现出碎片化特点，更多是依托单行立法模式协调和规范开发、利用能源的相关行为。正如俄罗斯著名法学家格也力（Гензель В. В.）在其文中所述："……燃料和能源综合体的每个领域均受其各自独立的法律法规约束。这种规制方法很可能导致在适用法律时的不统一，并由此导致无法实现或不能完全实现法律所规定的目的和宗旨。"[2]俄罗斯能源领域法律法规的多样性、碎片化和缺乏统一的方法论也给中国投资者制造了更多的难以预估的风险因素。纵观俄罗斯能源领域的投资立法，可以得出这样的结论：对投资活动的法律规制不够明确，导致国家未能使用有效的投资工具促进能源行业的发展。由于国家收紧了投资者进入能源领域的准入制度，导致俄罗斯的外国投资者无法得到法律机制的充分保护。[3]

---

〔1〕　См.：Тагашева О. В. Комментарий к Федеральному закону от 9 июля 1999 г. N 160-ФЗ 再 Об иностранных инвестициях в Российской Федерации//2012.

〔2〕　Гензель В. В. Правовое обеспечение энергетики // ЭЖ-Юрист. 2014. No. 24. С. 16

〔3〕　Волковская Л. Н. Проблемы правового регулирования инвестиционной деятельности в энергетическом секторе России//Право и государство：теория и практика. 2020. 6 （186）. С. 18.

二、市场准入限制强

在俄罗斯能源市场投资中，产品分成协议和特许权协议是俄罗斯能源领域外国投资活动的主要合同模式，并在很大程度上促进了外国投资的市场准入，但之后相关领域法律法规的修订，却在某种程度上制约了外国投资者对俄油气领域的投资活动。

（一）产品分成协议

自 20 世纪 90 年代初以来俄罗斯一直处于严重的社会经济危机中，各类产业的发展遭到重创，资金短缺问题突出。对于资源丰富的俄罗斯来说，油气是其最重要的创汇产品。因而其首要发展油气行业以增加外汇收入。但油气开发领域尤其需要大量的资金投入，显然，以俄罗斯当时的经济形势根本难以为继，因而首选的解决方案就是引入外资参与开发建设。[1] 当时，外国投资者普遍认为产品分成协议是对能源领域大型投资的首选模式，为了顺应这种需求，1995 年末《俄联邦产品分成协议法》应运而生。该法在颁布初期广受好评，俄罗斯远东地区吸引外国投资规模大幅增加。但是随着经济状况的逐步好转，俄罗斯国内渐渐有了不同的声音，认为该法部分规定过于偏向投资者，损害了自身的权益。基于这样的背景，俄罗斯开始逐渐收紧外资利用分成协议进入俄罗斯油气行业的入口，对《俄联邦产品分成协议法》进行修改并新增了诸多限制条款：（1）通过清单制度限制了被列入可根据产品分成协议授权使用的矿区（以下简称"清单"）。1999 年《俄联邦地下资源法》修正案规定只有被俄罗斯政府证实具有妥当性的矿区才能被列入清单，同时还要满足特定条件，即：只有在《俄联邦地下资源法》所规定的普通税制下，缺乏地质研究、勘探和开采的可能性；在一般税制的条件下进行该矿区使用权的拍卖，却无竞拍者参与的情况下，允许列入清单。（2）对少数民族居住地的保护。如果矿区位于少数民族传统的居住地或生产经营活动的地区，俄罗斯立法机关或政府应当采取相应措施以保障当地少数民族的利益，并在招

---

[1] 参见冯连勇、王曼丽：《俄罗斯〈产品分成协议法〉评述》，载《俄罗斯中亚东欧研究》2005 年第 5 期。

标或拍卖条款当中规定，若开采行为破坏了传统的自然环境，则应给予相应的补偿（1999年修正案中增加）；此外投资者应当采取必要措施以保护少数民族原本的生活环境和传统的生活方式不受影响（2018年修正案中增加）。（3）维护俄罗斯企业和公民的利益。1999年和2003年的修正案分别增加了投资者应履行的义务：俄罗斯法人在同等条件下享有以承包人、承运人、供货人或其他身份参与到工程项目的优先权；俄罗斯国籍职工的人数应至少应当占职工总数的80%；投资者每年购买的用来进行地质勘探、矿产开采、运输、加工所必需的设备及原辅材料中，"俄罗斯生产"[1]须占总价值的70%以上；必须以竞标的方式采购新型技术设备和先进工艺。（4）对投资者的分成比例做出限制。《俄联邦产品分成协议法》起初并未对分成比例做出强制性规定，产品的分成根据双方意志来自由协商，例如，在"萨哈林2号"（Сахалин-2）项目中，俄罗斯政府与投资方间就产品分成的比例约定为1:9。而在2003年的修正案中则补充修订了以下内容：按照间接分成模式，投资人可以获得的补偿产品比例不允许超过总产量的75%，如果是大陆架地区的开采项目，可获得的补偿产品比例不能超过总产量的90%；按照直接分成模式，法律对于国家和投资者间的分配比例也有硬性要求——投资者份额不得超过68%。由此看来，《俄联邦产品分成协议法》的性质对外国投资者而言，更多作为一种限制性立法，同时，由于产品分成协议整体立法水平质量不高，在补偿费的构成、提取比例、实施现状等方面，也存在着外国投资者权利保护缺失的现象。例如，1993年美国埃克森石油和雪夫龙德士古曾取得"萨哈林3号"（Сахалин-3）油田的开发权。但最终二公司的开发权被俄罗斯政府以按产品分成协议的税收模式授予"Сахалин-3"号许可证的依据已不存在为由撤销了其开发权。俄罗斯有意强化与外国的能源合作，但外国投资者必须服务于俄罗斯政府的企业，必须遵守相关方面的游戏规则。[2]

---

〔1〕 由俄罗斯法人或公民在俄罗斯联邦境内制造的总价值50%以上设备和材料，方可被认定为"俄罗斯生产"。

〔2〕 参见冯连勇、王曼丽：《俄罗斯〈产品分成协议法〉评述》，载《俄罗斯中亚东欧研究》2005年第5期。关于萨哈林开采问题更为系统的论述，参见刘锋：《关于俄罗斯产品分成协议问题的研究》，载《俄罗斯中亚东欧市场》2012年第1期。

（二）　特许权协议

特许权协议作为反映俄罗斯国家立法中用于能源基础设施现代化和发展外国投资的另一种合同形式，其主要的法律依据是 2005 年颁布的《俄罗斯联邦特许权协议法》（第 3 章共 17 条）。[1]立法上该法存在最大缺陷体现在：程序复杂。特许权协议法规定了一个相对复杂的选择投资者行政程序，即订立特许权协议程序。尽管这部法律用相当长的篇幅，极其细致地规定了订立协议的流程，但是复杂的流程留有了足够的权力寻租的空间，同时，复杂的程序流程增加了投资风险的不确定性：（1）缺乏合理有效救济措施。与外国投资法不同，特许权协议法不允许将特许权协议引发相关争议提交到国际或者国外仲裁机构审理，因此，此类争议的管辖权就完全由俄罗斯仲裁机构和司法机关掌控，缺乏具有公信力的中立第三方裁判救济，这显然不利于投资者权益的保护。（2）立法中未规定明确有效的法律保障措施。尽管现有特许权协议法中规定了特许权受让人权益保护的相关法律规定，但是仅做原则性规定，而缺少可操作性。如，2016 年特许权协议修正案第 18 条规定，"落实特许协议规定的经营活动时，根据俄罗斯联邦宪法、俄罗斯联邦国际合同、本联邦法、其他联邦法、其他俄罗斯联邦规范性文件，保障特许权获得者其权利和合法利益"。另外，根据俄罗斯联邦民法规定，特许权获得者有因国家机构、地方自治机关或者该机构责任人不合法行为（不行为）造成其损失的索要赔偿权。因此，投资者订立特许权协议时，必须考虑将现有特许权受让人有利法律规定转化为特许权协议中可供操作和落实的"保护伞条款"，确定权利义务分担的同时，也明确自身权益遭受侵害时的救济路径。

（三）　其他限制性规定

俄罗斯其他法律法规也对外国投资者进入俄罗斯能源领域增加了限制性规定，具体而言包括：《俄联邦关于外资进入对保障国防和国家安全具有战略意义的公司的程序法》[2]（2008 年 5 月 7 日正式生效）第 6 条将"具有联邦

---

〔1〕　Федеральный закон от 21. 07. 2005 N 115 - ФЗ（ред. от 03. 04. 2018）"О концессионных соглашениях"，载 https://base. garant. ru/12141176/，最后访问日期：2023 年 1 月 20 日。

〔2〕　Федеральный закон от 29 апреля 2008 года N 57-ФЗ г. Москва "О порядке осуществления иностранных инвестиций в хозяйственные общества, имеющие стратегическое значение для обеспечения

重要意义的地下土壤的地质勘探和（或）矿物资源的勘探和开采"列入具有战略意义活动的清单。该法严格限制外国投资参与从事地下资源利用的公司。第 4 条第 1 款规定，如果履行协议或者实施其他行为是为了确立外国投资者对具有战略意义的公司的控制权，则必须得到相关权力机关的事前批准。法律还规定了对此类公司进行收购如果超过一定份额也同样需要获得事前批准。根据第 7 条第 2 款准入"门槛"被限制在 25%。值得注意的是，同为具有战略意义的其他领域，如核武器、核燃料生产和核电厂运营等方面外国投资的"门槛"是该领域规定份额的两倍。[1]

三、环保力度加大

保护、开发和合理利用自然资源的实质是以实现人类代际正义为根本目的的可持续发展，石油天然气作为俄罗斯最为重要的战略自然资源概不例外。现代能源治理的安全价值已经从强调能源供需安全发展到供需安全与能源生态可持续安全并存，供给和需求要求以自然状态和谐平衡为必要前提，生态可持续安全是满足经济社会发展所需的一种状态属性。

俄罗斯能源项目的实施既要满足为经济及其他活动制定的一般环境要求，也要满足各个能源部门设立的特别环境要求。俄罗斯对于环保的程序要求按照开采能源的流程可分为三个阶段：运营前（设施的位置、设计施工、调试）阶段；运营中（排放许可、排放标准的建立、对项目运营的监控）阶段；运营后（成品出产、废物处理）阶段[2]。在三个阶段都设置有相应的法律规制。《俄罗斯联邦环境保护法》第七章系统地规定了进行经营活动的一般环境要求，其中包括：制定保护环境措施的必要性、自然环境的恢复、自然资源的合理利用和再生产、保障环境安全。近年来，虽然俄罗斯油气综合体生产

（接上页）обороны страны и безопасности государства"，载 https：//base. garant. ru/12160212/，最后访问日期：2021 年 11 月 20 日。

〔1〕　См.：Дораев М. Г. Допуск иностранных инвесторов в стратегические отрасли экономики（правовые основы）. M.，2012. Доступ из справ.，载 https：//www. consultant. ru/cons/cgi/online. cgi? req = doc&base = CMB&n = 17455&ysclid = lg4jh1t6rj906194925#OHz5caTny6e5JUN7，最后访问日期：2022 年 11 月 20 日。

〔2〕　См.：Петров В. В. Экологическое право России. Учебник. M.，1995. C. 392.

潜力倍增，但随之而来的环境恶化趋势也逐渐凸显，并出现了一系列新的环境问题。其主要问题表现在：燃烧石油伴生气时产生的有害物质向大气中排放、水资源污染、主要管道运输设施事故的频发、石油与石油制品意外泄漏次数增加等。与此同时，由于石油天然气的开发利用在俄罗斯所处的重要地位，该领域的环保要求越趋严格。《俄罗斯联邦环境保护法》第 46 条规定了石油、天然气及其产品从开采加工到投入销售全过程所涉及的活动的环境保护要求[1]。而对于在水域、大陆架和俄罗斯联邦专属经济区中的油气生产设施及油气经营活动等相关问题，还应考虑其他相关特别法，如《俄罗斯联邦生态鉴定法》《俄罗斯联邦大陆架法》《俄罗斯专属经济区法》中的相关规定。

除上述法律法规外，油气作业者在处理采矿废物时还应符合《俄罗斯联邦生产和消耗废物法》的要求，并且根据俄罗斯《大气保护法》，需要以最大程度地减少由排放引起的对大气的有害影响。另外，石油天然气作为地下资源，对其特殊的环境法律要求还包含在《俄联邦地下资源法》中，并具体体现在众多从属的规范性文件和指导性方法中。例如，地下资源立法中规定，拥有危险生产设施的组织有责任根据第 240 号联邦政府决议《关于预防和消除俄罗斯联邦领土上的石油与石油制品泄漏的措施》等要求，商议并制定预防和应对石油与石油制品泄漏的计划。

对于俄罗斯油气领域的外国投资者而言，环保问题是非常关键的风险点。俄罗斯国内的环保立法不仅提高了俄罗斯资源开发利用的市场标准，而且极有可能成为俄罗斯政府调控外资项目的监管和控制手段。2020 年 6 月批准通过的《2035 年前俄罗斯能源战略》。该战略文件总结了 2008 年至 2019 年间在环境保护和应对能源领域的气候变化所采取的一系列措施，包括：在地下资源使用领域加强对环境的要求；制定了一套措施来刺激公司有效地使用石油伴生气；在调整煤炭工业的框架内，开展了开垦土地和改善环境状况的工作。此外在《2035 年前俄罗斯能源战略》中再次强调环保的重要性，将减少燃料和能源复杂产业对环境及其对气候变化的负面影响作为目标和发展重点。将

---

　　[1] 包括石油天然气开采生产项目和石油、天然气及其产品加工、运输、储存和销售项目的布局、设计、建设、改建、投产和运营的环境保护要求。

合理的自然资源管理和能源利用效率确定为能源活动的主要方向。[1]这些内容表明俄罗斯仍将继续对环境保护保持高标准严要求的趋势，中国投资者也应当秉持着对自然环境的尊重，充分了解俄罗斯环保领域立法与监管要求，以规避风险。在"萨哈林 2 号"（Сахалин-2）项目中，俄罗斯政府利用这一手段让俄罗斯天然气工业开放式股份公司（Газпром）[2]最终成为萨哈林项目的控股股东，就是其中一个很有力的例证。2006 年 9 月，俄罗斯政府将"萨哈林 2 号"项目叫停，指出其主要的环境许可证之一无效，并指责开发者严重违反了法律规定的环保要求，破坏了项目所涉区域的海洋与河流环境。同年 12 月，俄罗斯天然气工业开放式股份公司与萨哈林能源投资公司签署议定书，以 74.5 亿美元的价格购买了"萨哈林 2 号"半数股份（壳牌出让27.5%、三井出让 12.5%、三菱出让 10%）。随即，俄罗斯政府宣布导致"萨哈林 2 号"项目叫停的环境问题已妥善解决。俄罗斯政府利用环境问题发难，迫使外国投资者放弃"萨哈林 2 号"项目的股份，而当国家能源公司取得了项目的控股权，所谓的环境问题也就无人再提及。

四、运输问题复杂

尽管国际能源的海上运输方式不断地发展完善，但跨境管道在目前仍被认为是国际上大量运输石油天然气最可靠和最环保的方式。俄罗斯的油气田主要位于俄罗斯北部和西伯利亚等远离消费者的地区，因此，管道输送由于其自身优势在运输系统中所占的份额正在不断增加，其重要性不言而喻。虽然俄罗斯为积极拓宽海外能源市场，采取各项措施推动能源跨境运输管道建设和运营的多边合作，特别是建设向东亚国家的能源出口管道。但由于管道运输现实的复杂性，管道建设合作中也面临着一定的阻碍。

第一，国际环境影响管道运输合作。俄罗斯在 1994 年就曾向中方提议修建自俄罗斯安加尔斯克至黑龙江大庆的石油管道。2001 年就已经针对该项目

---

〔1〕　См.：Энергетическая стратегия Российской Федерации на период до 2035 года，载 https://www.garant.ru/productsllipo/prime/doc/741488101？ysclid＝1911odbs16745201502.

〔2〕　俄罗斯天然气工业开放式股份公司，是俄罗斯最大的企业之一，其前身是俄罗斯国家天然气康采恩。俄罗斯天然气工业开放式股份公司为中欧、东欧和独联体各国提供所需的几乎全部天然气，是典型的俄罗斯国有控股企业，带有浓厚的国家利益色彩。

签署了可行性工作研究的原则性协议。2002 年俄罗斯又向日本提议修建一条自安加尔斯克至纳霍德卡的输油管道（简称"安纳线"）。在此背景下，中俄于 2003 年签署了输油管道的初步协议之后，日本却横插一脚，提出：如若俄罗斯能够承诺先于中国修建"安纳线"，则日方可以独自负担该供油管道的全部成本。自修建中俄原油管道建议的提出后，中俄两国都付出了大量的时间和精力。但由于国际环境的风云变幻，致使本应顺利推进的中俄原油管道合作一波三折，直至 2008 年签署《中俄总理第十三次定期会晤联合公报》才终于尘埃落定。未来中俄管道建设仍然会受到各类突发情况影响，必须做好提早预案。第二，油气管道建设及维护成本高，而能源投资的利润率却不一定能与之成正比。因此，中国希望获得价格方面的折扣，但俄罗斯却不肯做出退让。另外，俄罗斯国内石油管道老化，半数以上的干线石油管道已经临近使用期限，甚至有相当一部分超过年限的管道仍在运行。[1]管道老化必然给跨境石油供应带来相应风险。第三，生态环境问题。中俄输油管道贯穿两国界江，若管道泄漏并污染黑龙江，则可能引起两国之间的争端。另外，俄罗斯国内生态环境立法也对管道运输设施加以严格限制，例如，《俄罗斯联邦动物界法》第 22 条规定：在建设管道运输设施时，必须制定并采取相应措施，以保护野生生物的栖息地及其繁衍、觅食、休憩和迁徙路线的条件，并确保自然保护区的不可侵犯性。[2]

综上所述，俄罗斯现行的许多能源立法虽然是市场经济背景的目标模式之下制定的，但在能源、资源、安全、环境、经济等方面没有形成很好的现代权利理念，资源的国家管控色彩浓厚，一定程度上牺牲了外国投资者权益。整个俄罗斯能源治理制度体系中，充斥着联邦政府与联邦主体、地方政府间的权利与义务的博弈，但同时又缺乏政治监督和风险问责机制，未规定司法救济和行政救济的路径和措施。在相关权力运作中，无论是资金保障、强制手段、财税激励，还是技术和中介服务等辅助条件，均较为薄弱甚至缺失，未能有效建立起政府、市场和社会三者联动的能源投资保障新机制。

---

〔1〕 参见王海燕：《中俄原油管道运输的纠纷解决机制》，载《国际石油经济》2010 年第 5 期。

〔2〕 Федеральный закон от 24.04.1995 № 52-ФЗ（ред. от 03.07.2016）"О животном мире" // СЗ РФ, 24.04.1995, № 17, ст. 1462.

第三节 哈萨克斯坦能源贸易制度壁垒的表现

同俄罗斯一样，哈萨克斯坦能源领域外国投资的政策环境也经历了由松至紧的变化过程。哈萨克斯坦总统纳扎尔巴耶夫曾在《哈萨克斯坦—2030》发展战略中特别指出，自然资源开发、基础设施、通信和信息等几个经济领域对中国具有长期的重要性，这些领域的发展不仅会促进经济的增长和社会的进步，还会影响哈萨克斯坦融入国际社会的进程。这些领域都属资本密集型产业，要发展他们既需要外国投资，又需要对其进行严格的国家战略控制。[1] 为了顺应提出的政策收紧趋势，近年来，哈萨克斯坦政府采取一系列措施以增强国家对能源资源行业的控制力，包括频繁地修订与完善相关立法，提高能源市场准入标准，增加环境保护要求，干预国内能源贸易，扶持本国能源企业等措施。

一、立法变动频繁

哈萨克斯坦作为欧亚经济联盟中实力仅次于俄罗斯的资源大国，在苏联解体后，以自身的资源优势，加大力度实行能源强国方略，主动开放国内能源市场，积极吸引外资和先进技术。但是哈萨克斯坦投资关系的发展大大超过了与其相适应的立法进程，这导致了投资领域立法在实践中逐渐暴露出许多不足之处。为了弥补与解决这些缺陷，哈萨克斯坦对与投资相关的法律法规的立、改、废频繁，从表面看这样的做法好像是解决了迫在眉睫的问题，实际上给投资者增加了更大的法律风险。

哈萨克斯坦投资立法的起点是 1990 年 12 月 7 日颁布的《哈萨克苏维埃社会主义加盟共和国外国投资法》，即在独立前夕就已经将吸引外资作为开放经济的"第一步棋"。独立初期，哈萨克斯坦立法工作的主要目的是为外国投资者的活动创设法律基础，相继出台了《哈萨克斯坦特许权法》(1991)、哈萨

---

[1] 纳扎尔巴耶夫总统发表题为《全球新形势下的哈萨克斯坦：增长、改革、发展》的国情咨文（inform. kz），哈萨克斯坦国际通讯社，载 https://www. inform. kz/cn/article_ a2845592，最后访问日期：2023 年 1 月 28 日。

克斯坦共和国《外国投资法》（1994）、《地下资源和地下资源利用法》（1996）等调整外国投资的重要法律规范。但值得注意的是当时通过的法律法规很大一部分是临时性的，不具备长远的目光。哈萨克斯坦自 2003 年以来投资领域相关的法律法规变动频繁，致使外国投资者难以预期哈萨克斯坦投资法律的稳定性，又增加了对哈萨克斯坦投资的风险。哈萨克斯坦认为，20 世纪 90 年代为了恢复国民经济和增加产量，共和国以缔结产品分成协议的形式积极吸引外资，并为他们设立极为优惠的法律制度。因而，在此期间很大一部分的外国投资具有投机性质，大多外资投资于地下资源领域，并最终导致外国投资者对本国地下资源使用的扩张性开发。因此 2010 年哈萨克斯坦新的《地下资源和地下资源利用法》通过之后，哈萨克斯坦政府采取阶段性措施逐步淘汰了产品分成协议这一合同模式，并最终废除了《俄联邦产品分成协议法》。

二、投资监管加强

近年来，哈萨克斯坦加强了国家对投资本国重要经济领域的外国投资的控制，这一趋势也影响了该国相关领域的立法走向，能源投资领域最重要的法律，哈萨克斯坦《地下资源与地下资源利用法》对此体现得尤为明显。立法者持着对地下资源严格管控的理念，于该法的后续修改中增加了诸多限制要求，具体可以归纳为以下三点：

1. 地下资源利用权难以取得

哈萨克斯坦《地下资源与地下资源利用法》第 34 条明确规定可经三种途径取得地下资源利用权，一是授予，二是转让，三是继承。但法律给这三种方式制定了相应的限制条件：通过授予取得地下资源利用权一般要通过招标或直接谈判的方式，还须经哈萨克斯坦主管部门签订特许经营合同；以转让或继承的方式获得地下资源利用权的，应当经主管部门批准，取得转让或继承地下资源利用权许可证。但哈萨克斯坦政府出于保障国家能源安全的考虑，对该类许可证的审批要求相当严格，许可证申请在多数情况下不会被通过。该法还引入了国家优先权的概念，即相对于任何人，国家拥有优先购买被有偿或无偿转让的地下资源利用权的权利。另外，根据 2010 年新法的规定，如果投资者的行为可能会严重影响哈萨克斯坦的经济利益并因此威胁到国家安全，或者行为涉及国家重要战略领域，哈萨克斯坦政府有权单方面终止合约。实际上，这种规定给予了哈政府极大的自由裁量权，由其判断和解释"战略重要领域"内涵和范围，间接增加了投资的不确定性和风险性。

2. 投资比例限制

在合资企业的投资模式中，哈萨克斯坦对外国资本的出资比例做出具体限制以调控外资进入的领域及范围。例如，法律规定在必须有国家公司份额参加的合同中，国家公司在业务管理人的注册资本中的参加份额应当不少于 50%。

3. 哈萨克斯坦含量

依据哈萨克斯坦《地下资源和地下资源利用法》的现行规定，"哈萨克斯坦含量"是指法律要求投资者在经营过程中必须采用一定份额的哈萨克斯坦产品和服务，其根本目的是令外国投资者更多地采购哈萨克斯坦企业生产的设备和材料、使用当地公司提供的服务、雇佣哈萨克斯坦国籍员工，以保障本国企业及公民的利益。例如，优先聘用哈萨克斯坦国籍员工；要求哈萨克斯坦国内生产的原材料或原材料制成品占采购总额的半数以上；地下资源使用人每年必须提供年预算1%的资金作为本地员工的培训费等。此外，2009年的修正案扩大了地下资源使用人的责任范围：其有义务向主管机关提交有关哈萨克斯坦人力管理内容履行义务的报告；告知主管机关对年度采购商品、工程、服务的计划进行的更改和（或）补充；对地下资源利用作业时使用的货物、工程和服务进行登记。[1]在实践中，哈萨克斯坦政府十分重视企业对"哈萨克斯坦含量"的执行情况，哈萨克斯坦政府因企业未完成含量要求而终止其地下资源使用合同的例子不胜枚举。实质上，"哈萨克斯坦含量"是哈萨克斯坦出于对国内经济的支持与保护的目的而对投资者附加的限制条件，是哈萨克斯坦政府控制外资准入、引导外资流向的主要手段之一。但随着有关于"哈萨克斯坦含量"的法律内容不断地修改，其适用性和严格程度已经远远超出了国际条约和惯例所接受的限度，已逐渐演变为外国投资顺利输入哈

---

〔1〕 Закон Республики Казахстан от 29 декабря 2009 года "О внесении изменений и дополнений в некоторые законодательные акты Республики Казахстан по вопросам казахстанского содержания"./// Справочно-правовая система 再 Юрист 爲./// 2010.

萨克斯坦相关经济领域的阻碍。[1]

三、环境保护严格

能源资源丰富的发展中国家，为了快速发展经济，势必经历先污染后治理的发展道路。近年来，向环境友好和可持续发展过渡已经成为当前哈萨克斯坦发展战略的优先方向之一。纳扎尔巴耶夫在多次的讲话中反复提及确保环境安全的重要性。为此，哈萨克斯坦加强了对能源与环境保护法的修订，强化了监管措施，并就生态环境保护问题出台了多项法律法规，以及增设了相关管理部门。此举虽有利于哈萨克斯坦实现经济转型，也有助于完成其所承担的国际节能减排任务，但在一定程度上也造成了外资企业进入哈萨克斯坦能源市场的门槛的提高，增加了在哈萨克斯坦能源投资的技术难度、环境保护成本、企业管理成本等。

哈萨克斯坦绿色经济的概念始于 21 世纪初，哈萨克斯坦政府由此开始着手环境政策的改革，推动社会和改善环境保护领域的立法。其中，2002 年 9 月 20 日第 949 号总统令确定了环境立法的主要发展方向。根据该方案，为完善环境保护立法，设计制定了以下所需的法律规范和细则：环境保险制度；完善国家监管制度；打击偷猎和破坏森林的行为；统一国家环境监测系统；对污染环境超过既定标准的企业进行强制性环境审计；生活和工业废物处理系统等。[2]

2003 年 12 月，哈萨克斯坦第 1241 号总统令中提出了新的环境安全概念。在环境安全概念中，由于哈萨克斯坦作为经济转型中环境状况最脆弱的国家，因此，在全球和区域一体化进程中，其将保护环境利益和尊重环境安全作为优先选项。借此为国家的环境政策和权利保护措施制定战略，旨在确保环境安全、自然资源的可持续发展以及人口、生态脆弱地区的复兴。此外，还概述了确保环境安全的基本准则、战略目标、目的和优先领域。哈萨克斯坦共

---

〔1〕 王晓峰、王林彬：《丝绸之路经济带背景下哈萨克斯坦投资壁垒及中国的对策研究》，载《国际商务研究》2016 年第 4 期。

〔2〕 Указ президента Республики Казахстан от 20 сентября 2002 года №949 " О Концепции правовой политики Республики Казахстан".

和国的所有国家机关在其活动中均应以该概念内容为指导原则。[1]

上述原则在哈萨克斯坦《地下资源与地下资源利用法》中也得以确认。该法自 2005 年生效以来规定在未有效利用伴生气和天然气的情况下，禁止在石油开发项目中排放和燃烧伴生气；2010 年新版法律要求地下资源使用人签订强制生态保险合同等。及至 2007 年出台的《哈萨克斯坦共和国生态法典》纳入了哈萨克斯坦环境立法中诸多积极变化，成为治理环境领域社会关系的主要综合性立法。随着该法的通过，许多诸如《哈萨克斯坦共和国生态环境保护法》《哈萨克斯坦大气环境保护法》《哈萨克斯坦生态鉴定法》等法律法规失效。《哈萨克斯坦生态法典》共 9 编、47 章、326 条，其中设立了受法律保护的自然客体清单，制定了进行经济活动和其他活动时需要遵循的主要环境要求。法典自生效以来经历了 21 次修改，不断完善并提高环境保护要求。2021 年 1 月 2 日，新版《哈萨克斯坦共和国生态法典》业已批准通过并将于 2021 年 7 月 1 日生效[2]，该法典重新确定了对环境影响的评估方法，并完善了有关生产和消费废物处理的内容。

除哈萨克斯坦的国内法之外，中国投资者还应当密切关注国际环境条约所规定的准则与义务。哈萨克斯坦为提升国际影响力与竞争力，近年来大力提升国家软实力，并积极参与国际事务，努力将自身塑造为有能力、有担当的大国形象。哈萨克斯坦陆续签署了《里约环境与发展宣言（1992）》、《约翰内斯堡宣言》，批准并生效了 25 个环境领域的国际公约，加入联合国气候变化框架公约——《京都议定书》，积极参与全球可持续发展进程。种种行动都表明了哈萨克斯坦对国际环境法的高度重视，在未来哈萨克斯坦很有可能会依据参与或缔结的国际环境条约修改本国法律。[3]另外，国际环境条约在增加缔约国责任的同时，间接加大了该国投资企业的责任，而投资企业所承担

---

〔1〕　Чумаченко Т. Н. Концепция экологической безопасности и развитие экологической политики республики Казахстан// Вестник КазНПУ. 2015，载 https://articlekz. com/article/19152，最后访问日期：2023 年 3 月 2 日。

〔2〕　Кодекс Республики Казахстан от 2 января 2021 года № 400 - VI "Экологический кодекс Республики Казахстан"，载 https://online. zakon. kz/Document/? doc_ id，最后访问日期：2023 年 3 月 10 日。

〔3〕　刘梦非：《中国对哈萨克斯坦能源投资的法律风险及防范》，载《甘肃政法学院学报》2015 年第 4 期。

的责任越多，投资的难度也就越大，由此产生一系列连锁反应。

四、管道管理缺失

哈萨克斯坦的地理环境决定了其缺乏海上通道，因此，向外能源输送多采用管道运输的方式。自 1997 年中国与哈萨克斯坦就开始寻求管道运输建设合作，取得的成果颇丰，包括建设阿塔苏–阿拉山口原油管道、中哈天然气管道等。因此跨境能源管道的建设与保护工作对中国与哈萨克斯坦的能源投资与合作有着至关重要的意义。然而，中国和哈萨克斯坦两国的国内立法或双边协议并未提供完善的规制管道能源运输的内容，仍然存在许多缺陷。而这些漏洞极可能引发两国有关管道运输的争议，阻碍能源领域的进一步合作。

1. 国内立法对能源管道运营的规制存在缺陷。中国能源管道规制领域内唯一一部现行有效的法律是 2010 年颁布的《中华人民共和国石油天然气管道保护法》（以下简称《油气管道保护法》）。该法对地方政府在管道运营方面的职责划分不明（如在发生具体问题时的责任归属和应对方法），仅简单地以原则性规定要求各部做好协调工作。这就极易造成地方政府在管道运营维护工作中的相互推诿，消极对待相关工作，无法达到预期的管道保护效果。哈萨克斯坦法律规定能源管道国有，不允许地方政府对其相关运营活动进行干涉。但是能源管道的建设与运营必须在地方政府与私人企业的协助下才能得以顺利进行，哈萨克斯坦政府仅仅机械地要求其承担所分配的义务，却不给予相应权利，这必然会打击地方政府与私人企业的积极性。

2. 中哈能源管道公司治理体系存在缺陷。中国与哈萨克斯坦政府共同于 2004 年、2008 年成立中哈原油管道有限责任公司、哈萨克斯坦亚洲天然气管道有限责任公司，负责两国境内管道的设计、建设、运营和油气输送业务。根据协议，公司采取"等权管理"模式，也就是说，与中哈管道有关的所有问题均由双方协商解决，一方反对即有效。同时两国间的科技、文化与资本差异致使公司管理所面临的问题颇多，决策效率低下，公司管理矛盾重重。

3. 中哈能源管道运输的环境保护机制并不健全。中国和哈萨克斯坦已经签订了关于能源管道建设和运营的系列协议，却并未就管道环保的相关问题做出具体规定，因此能源管道的环境保护体系存在法律空白和缺陷。由于中国《油气管道保护法》缺少管道环境保护内容，未将管道安全与环境保护有机地统一起来，这也成为中国能源管道运输环境保护机制的立法缺陷之一，正是因为缺少对企业承担管道环境保护责任的立法指引，因此，中国企业海外参与海外能源管道投资的过程难免会遭遇法律上"水土不服"的困境。除上述制约因素之外，值得注意的是，哈萨克斯坦的某些社会舆情、政治状况也同样影响着中国与其进行能源合作的进程，如官员腐败问题、政策落实难等。就哈萨克斯坦与中国的能源合作而言，"一带一盟"的对接背景下的哈萨克斯坦的这些问题决定了该国未来对国内能源法治与国际能源法治的双重构建上的困难，夹杂着诸多的非法律性因素在其中，哈萨克斯坦以能源安全法律规则为核心的能源治理制度构建将会在更深层影响中国对该国的能源合作的深度、规模与走向。

欧亚经济联盟主要成员国能源贸易立法政策理念

能源在现代社会上扮演着极为重要的角色，是人类社会生产、生活的重要物质基础。当前全球经济已经实现了深度一体化发展，能源资源已经实现了在全球范围内的交换配置，由于各国地理位置以及能源开发程度、资源禀赋差异等不同，客观造成各国能源供给与需求的不平衡状态。单一国家的能力难以应对并化解全球能源市场面临的稳定供给、管道运输、价格变化、资源枯竭、战争冲突等诸多风险，更难以在国际能源格局的深刻调整中安然自处。同时，能源格局的变化还对国际局势有一定的影响，它对于国家的政治和经济发展也具有重要的意义，能源合作问题是各国发展的重要思考问题。俄罗斯、哈萨克斯坦等国家能源贸易立法规范服务于对外能源战略，其所规制下的现行投资环境对于中国对外能源合作具有重要影响，由于跨国能源领域投资本身带有强烈的国家战略导向，中国对外能源合作发展必然受到中俄、中哈战略协作深度以及国际大国关系变化的深刻影响。俄罗斯和哈萨克斯坦作为联盟中的能源供应国，目前正在积极寻求能源政策、能源安全和生态保护的立法平衡。本章从能源安全保障、生态环境保护和能源可持续发展三个角度对俄罗斯、哈萨克斯坦两国的能源贸易立法政策理念归纳分析，总结制度背后的目的价值。

第一节 强化"能源安全"立法

根据不同国家国情，各国对于能源安全内涵的理解和要求主要取决于国

家能源资源的储备量。对于能源储备不足的需求国而言，国家经济发展高度
依赖进口能源，因此，能源安全通常被更广泛地理解为"供应安全"。对于能
源需求国而言，能源独立是确保国家能源安全的有力机制，也是与外部因素
相关的能源发展可持续性的保证。俄罗斯和哈萨克斯坦的能源资源丰富，作
为欧亚经济联盟内部，甚至大欧亚范围内的能源生产国和供应国，维持能源
的"需求安全"十分重要。能源需求安全主要包括：保障能源生产与出口能
力，控制能源上游供应链，正确评估能源需求，保证能源运输基础设施运作，
维持能源价格稳定等内容。

一、俄罗斯的相关立法实施

俄罗斯于 2019 年 5 月 13 日发布了第 216 号总统令，批准了新版《俄罗斯
国家能源安全学说》。该学说是确保俄罗斯国家安全领域的战略规划文件，反
映了俄罗斯关于确保能源安全的国家战略。该学说将能源安全定义为能源部门
为保护国家居民和经济免受能源威胁，在俄罗斯法律规定框架内满足消费者的
燃料和能源需求，履行俄罗斯出口合同和国际义务所需达至的状态[1]，明确
指出了俄罗斯目前面临的各方面能源挑战和能源威胁。俄罗斯能源安全面临
的外部经济挑战主要包括：世界经济增长中心转移至亚太地区；世界对能源
资源的需求增长放缓，结构发生变化，尤其是不断出现的石油制品替代能源，
节能产业发展和能源效率的提高；世界碳氢化合物原料资源基础增加，能源
出口竞争加剧；能源领域国际法律法规变化；世界能源市场运行条件变化以
及随之消费者地位的提高；液化天然气产量及其在世界能源市场中的份额增
加；全球天然气市场形成；可再生能源在世界燃料和能源中的份额增加。除
此之外，气候政策的实施也从外交层面对能源安全提出了新的挑战，并加速
了俄罗斯经济向"绿色经济"转型。[2]

俄罗斯能源安全面临的内部挑战主要包括：俄罗斯经济结构转型；平衡
空间和区域发展；基础生产资料现代化；劳动生产率以及经济活动效率显著

---

〔1〕　Доктрина энергетической безопасности Российской Федерации，载 https://www.garant.ru/
products/ipo/prime/doc/72140884，最后访问日期：2023 年 2 月 23 日。

〔2〕　Доктрина энергетической безопасности Российской Федерации，载 https://www.garant.ru/
products/ipo/prime/doc/72140884，最后访问日期：2023 年 2 月 23 日。

提高以及社会经济转型的加快；俄罗斯不良的人口状况（包括人口增长缓慢，老龄化比例增加，劳动人口减少，内部和外部移民等问题），这些都影响了俄罗斯国内燃料能源综合体产品和服务的未来需求。除此之外，俄罗斯能源安全的内部威胁包括：燃料能源综合体的生产能力与俄罗斯联邦社会经济发展的需求不一致，即短时的能源短缺与燃料能源综合体的能源生产能力过剩以及基础设施过分扩张相矛盾；燃料能源综合体的资源质量下降，现有矿床枯竭，规模减小和已发现矿床质量下降；燃料能源综合体缺乏劳动力资源，特别是高素质人员；能源部门的犯罪数量增加，例如盗窃、腐败、假冒产品的生产和销售、偷逃税费等；燃料能源综合体、住房和公共服务及运输等组织中劳资关系方面的违法行为增加，包括违反劳动保护要求以及非法罢工的情况。[1]

在能源立法方面，俄罗斯制定与不断修订了一系列与能源有关的法律，其中与能源投资有关的重要法律文件如：《俄罗斯联邦铁路法》《俄罗斯联邦电力法》《俄罗斯联邦有限责任公司法》《俄罗斯联邦关于外国公民在俄罗斯联邦法律地位的条例》《俄联邦外资进入保障国防和国家安全具有战略意义商业组织程序法》《俄罗斯联邦环境保护法》《俄罗斯联邦生态评估法》《俄罗斯联邦融资租赁法》《俄罗斯联邦节能法》《俄罗斯联邦国际商事仲裁法》《俄罗斯联邦外商投资法》《俄联邦产品分成协议法》《俄罗斯联邦天然气出口法》《俄罗斯联邦劳动法典》《俄罗斯联邦大陆架法》《俄罗斯联邦仲裁法》等。

俄罗斯通过立法明确了能源安全的目的和主要任务：确保燃料能源综合体地下资源基础的再生产；向俄罗斯消费者提供合乎标准、质量可靠、符合可持续标准的能源资源和服务；建立国家燃料能源储备系统，维持相应的储备水平；确保燃料能源基础设施的技术可行性，并提供能源领域的相应服务；监管能源部门中燃料能源综合体产品及包括关税在内的服务价格；在能源部门开展投资活动，保护投资者权益，监督外国对俄罗斯燃料能源综合体的投资，这对于确保国防和国家安全具有重要战略意义；保证反垄断法的落实；节约能源并提高能源效率；确保燃料能源综合体基础设施以满足在反恐安全方面的保障；确保燃料能源综合体关键信息基础设施的安全；稳定燃料能源

---

〔1〕 Доктрина энергетической безопасности Российской Федерации，载 https://www.garant.ru/products/ipo/prime/doc/72140884，最后访问日期：2023 年 2 月 23 日。

综合体产品、技术和服务的出口；限制能源生产对环境的不利影响；确保燃料能源综合体经济活动的环境安全；保护居民和领土免受燃料能源设施发生紧急情况的影响；在俄罗斯领域内燃料能源领域实施投资项目时，应当使用俄罗斯技术、设备、材料、软件。

二、哈萨克斯坦的相关立法实施

哈萨克斯坦拥有独特的煤炭、铀、石油、天然气、金属和矿石储量，同时在水力发电和其他可再生能源的利用方面具有强大潜力。哈萨克斯坦燃料资源（石油，天然气，煤炭和铀）的总量约为 349 亿吨。根据世界银行的数据，哈萨克斯坦化石燃料的储备位居世界主要能源资源生产国前 20 名，其年总产量约为 1.6 亿吨。根据国际能源署的数据，哈萨克斯坦一次能源的消耗量在世界上排名第 28 位，占该国总消耗量的 0.6%。哈萨克斯坦是能源净出口国，消耗的能源不到该国生产的一次能源总量的一半。能源部门在哈萨克斯坦经济中发挥着巨大作用，油气生产、石油与石油制品运输、天然气运输、管道建设、地质勘探、炼油、石油销售等能源部门产值占哈萨克斯坦 GDP 的 20% 以上。同时，哈萨克斯坦经济具有能源密集型产业的特点。而如果要获得 100 万美元的国内生产总值就需要消耗 880 吨石油，这也使得哈萨克斯坦成为世界上最为典型的能源消耗密集型国家之一。[1]能源安全是哈萨克斯坦共和国整个国家安全体系的重要组成部分。如今，愈加清楚的是，没有能源安全就不可能确保可持续的能源生产和消耗，而后者是哈萨克斯坦社会经济系统运行和发展的必不可少条件。[2]因此，若无能源安全，就无法维持所有其他形式的国家安全。确保能源安全意味着应当保障个人、社会和国家免受燃料和能源资源短缺的影响，确保供国内消费能源稳定的供应，使国民经济在世界能源价格波动中能够平稳发展，保障核能基础设施安全，以及油气管道以及其他重要设施的正常运行。哈萨克斯坦能源安全保障主要体现在国家和市场法规规制、能源结构转型和合理利用能源资源三个方面。

---

〔1〕 См.：Шаимов，А. А. Энергетическая безопасность Казахстана：анализ，оценка и перспективы//Молодой ученый. 2020. № 14. C. 278-283.

〔2〕 См.：Прокофъев И. Три сценария развития мировой энергетики//Мировая энергетика. 2004. № 7-8. C. 91-93.

哈萨克斯坦通过调整能源结构和实现能源资源类型多样化来保障能源安全的过程中，天然气发挥了重要作用。天然气被认为是世界上最清洁的燃料，扩大天然气的使用可以改善环境并平衡哈萨克斯坦油气生产之间的差距。目前哈萨克斯坦的天然气行业处于较低水平，但是随着先进技术的引入，天然气将在哈萨克斯坦获得更加广泛的利用。核能是一种更为清洁，便宜的能源，因此哈萨克斯坦政府认为有必要进一步加快核能发展，核能将成为哈萨克斯坦下个世纪能源安全的重点。除此之外，可资开发利用的新可再生能源，还包括水电，风能和太阳能，这些将作为哈萨克斯坦能源资源开发的重要战略方向。但是，新能源转化为电力的现有技术成本，已经大大超过了传统能源转化的费用成本，这也成为哈萨克斯坦推广可再生清洁能源的重要阻碍因素。因此，通过引进更为先进的节能技术，来降低成本成为确保哈萨克斯坦能源安全的前提条件。哈萨克斯坦不可再生的能源资源潜力作为其能源安全的基石，大量的出口自然能源必将危及其未来的能源安全。

通过分析解读哈萨克斯坦《地下资源与地下资源利用法》的立法修订过程，可以发现，虽然立法上对于能源领域投资的国家控制有收有放，但在总体趋势上哈萨克斯坦政府正在逐渐强化对地下资源的监管力度，这在一定程度上能够规避投机性投资对能源安全带来的不利影响。《哈萨克斯坦-2030年战略》将能源安全视为战略核心，并强调了能源资源在可持续经济增长和改善人民生活中的重要作用。计划至2030年，哈萨克斯坦通过改革管理体系引进新技术和经济转型，制订实施提高能源利用效率的政策以及建立战略储备，加速交通基础设施建设等措施，进一步强化能源安全的相关举措。

第二节　关注能源合作可持续发展

1987年，联合国世界环境与发展委员会发布的《我们共同的未来》报告，将可持续发展定义为"既满足当代人的需求，又不危及后代满足其需求的发展"，这体现了可持续发展的"代际公平"。可持续发展的一般原则包括确保子孙后代利益和保护环境的要求。也倡导国家在发展能源产业时，应充分注意：提高能源技术效率水平；尽量减少能源对环境的影响；确保以不低于社会最低要求的水平向所有人提供所需类型的能源；优化能源产业结构；

充分参与国际能源市场等。

在可持续发展理论框架下，能源（Energy）、经济（Economy）和生态（Ecology）或环境（Environment）系统中，不断地进行着物质、能量和信息交换。首先，能源供给系统通过开发活动获取煤、原油和天然气等初级能源，为能源供给系统提供必要的资源性条件。能源供给系统在为社会经济系统提供能量的同时，也将能源的开采、加工和转化过程中产生的废弃物排放到资源环境系统中。利用能源供给系统提供的能源，社会经济系统得到发展，同时，能源利用过程中产生的废弃物也被排放到资源环境系统中，从而引起环境问题。能源、经济和环境是相互促进和制约的。一方面，人类对能源的获取与利用促进了社会经济的发展；另一方面，也改变了原有的自然资源或产生大量的废弃物。还有学者指出，所谓的能源可持续发展，至少应该具备以下特征：第一，对可更新能源的利用率必须低于他们的生产率；第二，对不可更新能源的利用率不能超过其替代能源的开发速度；第三，污染以及栖息地的环境破坏不能超过环境的同化能力。能源可持续发展要求国际能源合作要关注人类未来的生存和发展，关注人类与自然的和谐。[1]

可持续发展原则强调保护国家生态环境的完整性与统一性，强调中国与欧亚经济联盟能源合作背后的人与自然的和谐统一，能源资源的合理开发和持续利用，欧亚经济联盟国家后代人与当代人具有同等的发展机会与代际正义。改变传统的区域竞争经济发展模式，走区域经济可持续发展的道路是上合能源合作健康、快速发展的必由之路，也是解决全球能源危机的根本原则与路径。欧亚经济联盟各个成员国面临着发展经济与保护环境的双重任务。在可持续发展方面，生态系统和自然资源的保护对于可持续发展的经济生产和代际平等至关重要。从生态学的角度来看，需要必须限制人口和对资源的总需求规模，维护生态系统的完整性以及物种多样性。向生态经济和可持续发展经济的过渡也必然需要限制不可再生能源资源的生产和消费，但这反过来会对国家的社会发展产生一定程度负面影响。因此，对于俄罗斯和哈萨克斯坦而言，如何维持经济效益和生态效益的平衡，是能源开发利用领域的关

---

〔1〕　亓光、王晓冬：《能源法哲学之思：内涵、学科属性及主题》，载《学术交流》2006年第12期。

键研究。在这方面，俄罗斯与哈萨克斯坦两国的能源立法均对节能提效，能源资源监管，制定能源平衡表和矿产储量表做出了详细规定，这充分体现了两国能源立法对可持续发展的关注。

一、俄罗斯的立法体现

1. 通过立法鼓励节能提效

俄罗斯制定节能提效领域的首批国家政策文件标志着能源可持续发展立法框架的初步形成。具体文件包括：1992 年第 371 号俄罗斯政府法令《关于在石油、天然气和石油制品开采、生产、运输和利用领域实施的紧急节能措施》《俄罗斯能源政策基本构想》；1996 年第 28 号《俄罗斯联邦节能法》。2009 年通过的《俄罗斯联邦关于节约能源和提高能源利用效率法》[1]，该法基于现代技术明确了节能和生态领域的具体要求。这部法律为激励节能减排和提高能源效率奠定了法律、经济和组织基础。该法第 6 条规定，俄罗斯国家权力机关应建立贯彻实施该法的国家监督制度，规定国家对节能提效的具体扶持办法。

此外，俄罗斯政府在以下领域为节能和提效提供支持：支持节能和提升效能领域的投资活动；鼓励订立能源服务协议（合同）；鼓励开发高能效的设施和技术；协助建设高能效等级的公寓楼；支持地方提出的节能和提效地区、市政计划；在政府支持具有类似功能的商品生产和流转计划时，禁止或限制投产高能耗产品；鼓励高能效商品的生产和销售，以满足可持续发展的需求；协助开展节能和提升能效教育活动；在节能和提升能效领域建立统一国家信息系统，为定期开展节能和提升能效相关措施的实施提供信息支持；及时在立法上补充关于节能和提高能源效率的相关规定。[2]同时，国家通过税法相关规定为节能和提效领域的投资活动制定相关税收鼓励措施，并通过偿还支

---

〔1〕 Федеральный закон от 23 ноября 2009 г. N 261-ФЗ "Об энергосбережении и о повышении энергетической эффективности и о внесении изменений в отдельные законодательные акты Российской Федерации". http://ivo. garant. ru/#/document/12171109. 访问日期：2022 年 11 月 21 日。

〔2〕 Федеральный закон от 23 ноября 2009 г. N 261-ФЗ "Об энергосбережении и о повышении энергетической эффективности и о внесении изменений в отдельные законодательные акты Российской Федерации". http://ivo. garant. ru/#/document/12171109. 访问日期：2022 年 11 月 23 日。

付费用利息费的方式予以补贴。对于节能和提效领域的投资项目，俄罗斯信贷机构给予优先信贷支持。[1]

2. 由国家地下资源管理机关统一实施监管

依据《俄联邦地下资源法》的规定，地下资源管理机关可以建立统一信息数据库，管理和监管地下资源储备，进行国家地籍登记，编纂国家地下资源平衡表、地下资源的地质勘探项目清单、已开采地下资源地段清单，颁发地下资源利用许可证，预防自然灾害并采取救灾措施，确保国家及国防安全，组织实施地下资源的国家监控。

二、哈萨克斯坦的立法体现

1. 哈萨克斯坦能源立法中强调可持续发展的必要性

21 世纪初，由于国际能源领域新参与者的出现以及参与者之间影响力的洗牌，全球能源行业发生了重大变化。在这种情况下，哈萨克斯坦有必要调整能源产业结构，在全球能源市场上占有一席之地，并为发展有效和互利合作提供条件。根据 2018 年颁布的《2025 年前国家发展规划》，可持续能源战略的总体目标是为保证国民生产总值逐步提升至全球前 30 名，提供充足的能源供应，同时确保未来的环境安全和能源安全。哈萨克斯坦的能源部门作为该国社会经济生活中的支柱产业，主要通过打造能源出口型产业来提振经济。对于哈萨克斯坦而言，建立长期可持续发展的能源战略至关重要。

多年以来，哈萨克斯坦政府一直试图降低石油等矿产品的出口占比，提升产品中的高技术含量，在非原料出口领域实现突破和发展。但是，由于经济结构上传统上形成的对于石油制品的固有依赖，在摆脱历史惯性的过程中，需要哈萨克斯坦从经济结构上进行根本转型。在此背景下，哈萨克斯坦提出了"光明之路"新经济计划，这是哈萨克斯坦实现经济发展方式优化升级的重要国家战略，同时也是推动经济可持续发展的重要举措，应对经济危机以来哈萨克斯坦国内经济所面临的现实困难也是其现实考量。实际上，除油气

---

〔1〕　Федеральный закон от 23 ноября 2009 г. N 261-ФЗ "Об энергосбережении и о повышении энергетической эффективности и о внесении изменений в отдельные законодательные акты Российской Федерации". http://ivo. garant. ru/#/document/12171109. 访问日期：2022 年 11 月 26 日。

等不可再生的化石能源之外,哈萨克斯坦拥有多种重要的可再生能源,例如水能、太阳能和风能等等。哈萨克斯坦水力发电的潜力预估超过 1600 亿千瓦时。但水能、风能等可再生能源在哈萨克斯坦境内分布严重失衡,为其广泛利用带来障碍。而"光明之路"计划的实施也对于推动能源产业升级具有重要意义。

2. 通过提升技术水平提高能源资源利用效率

《哈萨克斯坦-2030》将能源视为国家重要的支柱产业之一,该文件作为哈萨克斯坦燃料和能源行业发展的指导方略,着重规定了提高能源效率和节能减排的相关规定。根据 2006 年 11 月哈萨克斯坦共和国总统令,明确了哈萨克斯坦 2007-2024 年经济发展模式向可持续发展过渡的基本理念。这部法律文件强调了哈萨克斯坦整体发展中经济,社会和环境协调发展的重要方针。哈萨克斯坦向可持续发展过渡的主要原则之一是在推动经济发展的过程中积极引进高新技术,并注意节约能源提高能源利用效率。其中,向可持续发展过渡的优先事项包括:采用可持续的生产和消费方式,使用新的环保技术,发展可持续的运输系统。对于哈萨克斯坦而言,确定国家发展新的优先事项将整合最为重要的两种资源:即有限的自然资源和无尽的科技创新。这种整合将使哈萨克斯坦由依赖于世界能源价格形势的经济增长向可持续经济发展迈进。

第三节　加强生态环境的制度约束

目前,为了实现当代人和未来人类间的代际正义,各国保护、发展和合理利用自然资源的意识逐渐加强。现代能源治理的安全价值已经从强调能源供需安全发展到供需安全与能源生态可持续安全并存,供给和需求的目的追求上应以自然状态和谐平衡为必要前提,生态可持续安全成为满足经济社会发展所需的一种状态属性。[1]纵观具体的能源法律规制,其能源治理法律体系从建立保障能源安全的根本诉求出发,生态保护已然成为能源投资建设的实质性约束。生态环境安全是一种通过生态环境保护,使公民生命和健康免

---

〔1〕 参见董溯战、赵绘宇:《生态安全问题的能源法应对:基于能源安全价值的二元论视角》,载《生产力研究》2009 年第 13 期。

受经济和其他活动以及自然和人为紧急情况可能造成的有害影响的状态。对此，俄罗斯学界认为，生态环境保护的基本原则和内容应当包括：优先保护人类生命和健康；环境保护和经济利益的科学整合；合理利用自然资源；支付利用自然资源的管理费用；遵守环境法规的要求；承担违反环境法规的责任；组织环保宣传工作；环保组织、各类公益组织、民众在解决环境问题方面的密切协作；环境保护领域的国际合作等。[1]基于上述原则，俄罗斯与哈萨克斯坦两国在能源的生态保护领域制定了相应的审查和评价制度，包括：环境影响评价制度、生态鉴定制度、生态价值保护的责任制度等。随着俄罗斯与哈萨克斯坦两国对于生态环境和资源保护意识逐渐加强，相关制度的实施也趋向严格，对能源领域投资及活动的约束力也随之增强，正在逐渐成为能源投资建设的实质性约束。

一、俄罗斯能源生态保护规定

根据《俄罗斯国家能源安全学说》，俄罗斯联邦为应对气候变化应当做出积极努力，并在该领域积极与所有国家展开合作。只要在该政策符合改善公民生活质量、环境保护和合理利用自然资源的国家利益的前提下，俄罗斯就应当积极参与解决国际气候问题政策的制定。[2]客观而言，俄罗斯能源部门对能源资源的开发（开采）、生产和消费的各个环节，在运行安全（包括生态安全）方面，均规定了严格的生态和技术限制措施。

《俄联邦地下资源法》第 8 条对地下资源利用限制做出了相关规定，为了保障国家安全和保护环境，可以限制或禁止利用某些地下资源区块。在居民点、市郊区、工业设施、交通设施和通信设施的地域利用地下资源，如果这种利用可能对人民的生命和健康产生威胁，对经济体和环境造成损害，可以部分或全部予以禁止。在受特别保护的地域内利用地下资源要根据这些地域

---

〔1〕 См.：Доктрина энергетической безопасности Российской Федерации，载 https://www.garant.ru/products/ipo/prime/doc/72140884/，最后访问日期：2023 年 1 月 8 日。

〔2〕 См.：Доктрина энергетической безопасности Российской Федерации，载 https://www.garant.ru/products/ipo/prime/doc/72140884/，最后访问日期：2023 年 1 月 8 日。

的状况进行。[1] 俄罗斯生态立法中还涵盖了有关能源勘探开采、生产加工、储存运输等各个环节的法律规制。根据《俄罗斯联邦环境保护法》，国家应对可能影响环境的活动进行环境评价和生态鉴定，登记产生不良环境影响的客体。在第 7 章第 46 条中特别规定了对石油天然气开采、生产项目及其产品加工运输、储存和销售项目的布局、设计、建设、改建、投产和运营的环境保护要求，具体措施包括生产废弃物的清除和无害化处理、土地复垦、减轻不良影响、赔偿环境损害等。[2]

二、哈萨克斯坦生态保护规定

根据哈萨克斯坦法律规定，哈萨克斯坦对可能产生环境影响的个人和法人的活动实行国家环境监管，并由能源部通过国家环境审查的方式来实施。投资者相关业务活动的各个方面均应符合环境要求。尤其是在启动项目之前，若该项目可能对环境产生影响，则必须获得国家环境专家就该项目出具的正面评估报告。例如，若企业的业务活动可能会对环境产生危害影响，则必须投保环境保险以弥补发生环境污染时可能造成的损害。同时，对于违反环境要求的行为，法人和个人对此需承担相应民事、行政和刑事责任。矿产勘查和生产项目必须进行环境影响评估。环境影响评估包括以下几个阶段：对地域的初步评估；实施综合评估并制定环境保护计划；开发相应的技术解决方案，以避免对环境造成不利影响。个人和法人应考虑环境影响评估的结果，并确保相应业务活动对环境和人类健康危害最小。

《哈萨克斯坦共和国生态法典》已经颁布施行了十余年，该法在环境保护方面发挥了重要作用，但是，社会关系快速发展，很多制度并未随之完善，其中许多制度处于"空转"状态，无法有效地实现立法旨趣。主要存在的问题包括：目前环境影响评估和环境许可证在实践中效率较低；规制废弃物的立法法规较为落后；公众对环境监管和其他决策的参与程度有限；环境损害

---

〔1〕 Закон Российской Федерации от 21 февраля 1992 г. N 2395-I "О недрах",载 http://base. garant. ru/10104313/，最后访问日期：2023 年 1 月 8 日。

〔2〕 Федеральный закон от 10 января 2002 г. N 7-ФЗ "Об охране окружающей среды",载 https://base. garant. ru/12125350/，最后访问日期：2023 年 1 月 8 日。

经济评估的程序仍需调整等。

　　为此，2021 年 7 月 1 日哈萨克斯坦将正式施行新版的《哈萨克斯坦共和国生态法典》。新版《哈萨克斯坦共和国生态法典》吸收了欧盟和其他国家的积极经验，将环境许可证分为综合环境许可证和环境影响许可证两个类别，对加强污染防控作出了更加明确细致的规定，旨在从实务角度出发消除现行法典的缺陷，强调哈萨克斯坦对环保国际义务的大国责任，提升公众对政府环保决策的参与度。其中，制度设置方面的积极变化体现在：明确了对环境具有负面影响对象的分类标准，在环境影响评估、环境许可证、最佳可用技术和废弃物回收治理等方面，设置了高效、更具操作性的制度安排。其中，新版《哈萨克斯坦共和国生态法典》第 12 条规定，根据活动类型对环境负面影响程度和污染排放物的风险大小，将对环境产生负面影响的对象分为四类：对环境有重大负面影响的对象（Ⅰ类对象）；对环境有中等负面影响的对象（Ⅱ类对象）；对环境负面影响较小的对象（Ⅲ类对象）和对环境具有负面影响最小的对象（Ⅳ类对象）。[1] Ⅰ类对象包括勘探、开采和加工烃类化合物的能源活动，适用具有强制性的综合环境许可证。Ⅰ类对象是对环境具有重大负面影响的对象，而综合环境许可证相较于环境影响许可证要求和标准上更为严格。应该说，投资者在对俄罗斯与哈萨克斯坦两国能源活动开展投资前，应详细了解项目实施东道国最新的生态保护政策及法律规定，务必严格遵守现行的生态保护制度及程序，以免构成违法，造成巨大的经济损失。

---

　　[1]　Кодекс Республики Казахстан от 2 января 2021 года № 400-VI "Экологический кодекс Республики Казахстан"，载 https：//online. zakon. kz/Document/? doc_ id = 39768520，最后访问日期：2022 年 11 月 20 日。

"一带一盟"对接与中国对外能源合作

能源合作一直被中国认为是"一带一盟"建设的重中之重，在已有能源合作关系的基础上，中国与俄罗斯两国主导共同启动了"一带一盟"对接合作关系，"一带一盟"相关国家的能源流通与国际能源合作也将会大大增强。"一带一盟"能源合作可以将能源、基础设施建设技术、能源投资有机汇集在一起，这种合作安排有能力消除国家间能源分布的不均衡，减少能源安全方面的风险。

第一节 "丝绸之路经济带"的构建

2013 年 9 月，习近平主席从全球的发展立场出发，着眼于区域大合作，在访问哈萨克斯坦时提出构建"丝绸之路经济带"的倡议。"丝绸之路经济带"是一个新的经济发展区域，被认为是"世界上最长、最具有发展潜力的经济大走廊"。[1] 构建"丝绸之路经济带"的倡议得到了很多国家的支持，只有携手进行新经济增长点的创建，各国方能得到更好的协同发展。"丝绸之路经济带"的核心区域包括了中亚和中国西部地区，事实上"丝绸之路经济带"东面毗邻亚太经济圈，西面紧接的是欧洲经济圈[2]，从而对中国与中亚

---

〔1〕 参见 http://ydyl. people. com. cn/n1/2017/04141c411837-2912060. html，最后访问日期：2023年 3 月 23 日。

〔2〕 陈永忠：《"丝绸之路经济带"与中国的地缘政治和国家安全》，载《西部学刊》2017 年第 4 期。

诸国乃至全球发展发挥了重大的区域效应。[1]能源合作是我国国家对外经贸的重要内容之一，而"丝绸之路经济带"建设则与国家能源合作有着密切的关联。如果说"古丝绸之路"不仅是一种经济意义上的地区与社会间互动交往的表征，而且是一种多元文化交流与融合的历史象征，那么"新丝绸之路经济带"概念的提出及其建设，就更应包含当今世界多元文化的交融，是"传统的再发明"。[2]"丝绸之路经济带"是建立在实际需求基础之上的，"和平合作、开放包容、互学互鉴、互利共赢"是"丝绸之路经济带"的精神内核，现阶段"丝绸之路经济带"周边及贯穿国家之间的合作呈现出独立性与自主性。这正如习近平主席在演讲中所指出的那样，两千多年前的张骞出使中亚，不仅开辟了一条横贯东西方、连接欧亚的丝绸之路，因而为促进古代不同民族与文化间的相互交流和合作做出了重要的贡献，而且还明确指出了新"丝绸之路经济带"建设的方向，即通过加强政策沟通、道路联通、贸易畅通、货币流通、民心沟通等方式，实现以点带面、从线到片，从而逐步形成相关国家和区域间经贸的大交流与文化的大合作。由此可见，习近平主席在提出"丝绸之路经济带"概念之时，也借鉴了古丝绸之路的原有含义，并赋予了新的内涵。

"丝绸之路经济带"旨在建设一条连通亚欧各国的陆上经济走廊，推动中国与中亚、西亚、欧洲等地区的经济交流与全方位合作，致力于加深双方的互惠互利关系。中亚五国是"丝绸之路经济带"的主要合作伙伴，中亚五国因苏联解体而独立，但因其本身国情特殊、物产丰富、发展潜力巨大，又因其自古以来就占据着重要的战略位置，很容易引发某些想要争夺中亚霸权、谋取私利的国家或国际势力的觊觎。"丝绸之路经济带"的目的是建立一个东

---

〔1〕 学界一般认为，中亚地区包括哈萨克斯坦、乌兹别克斯坦、塔吉克斯坦、吉尔吉斯斯坦、土库曼斯坦五国。目前，中国已经是俄罗斯和哈萨克斯坦第一大贸易伙伴国、吉尔吉斯斯坦第二大贸易伙伴国与第二大进口来源国、塔吉克斯坦第三大贸易伙伴国和第二大投资来源国、乌兹别克斯坦第二大贸易伙伴国及土库曼斯坦第一大贸易伙伴国。

〔2〕 丝绸之路分陆上丝绸之路和海上丝绸之路。陆上丝绸之路是指西汉以长安（今西安）为起点，东汉时以洛阳为起点，经甘肃的河西走廊，以及古时西域诸国，穿过中亚和西亚，抵达北非与欧洲地中海各国的陆上通道。自张骞开辟丝绸之路之后，极大地促进了沿线各国和地区的政治交往、经济发展和文化交流。经过几个世纪的不断发展，丝绸之路向西延伸至地中海和北非地区，向东达至韩国、日本，从而将东亚、中亚与中东和地中海各地紧密地联系在一起，成为亚洲、欧洲、非洲各国以丝绸贸易为媒介的交通道路。

部连接太平洋、西部连接波罗的海的公共运输网络，并在此基础上形成一个自由贸易的贸易网络。在"丝绸之路经济带"的创建过程中，交通基础设施起到了突破口的作用，道路运输相当于"丝绸之路经济带"建设的桥梁基石，具体包括对联盟内部及成员国与联盟外部的道路条件进行升级改造，强化成员国间的空间物理的联系，从而促进成员国之间的经济快速整合。中俄两国已开始对莫斯科、哈萨克斯坦到北京的高速铁路进行规划设计，同时也在积极推进中吉乌铁路和中巴铁路的建设，促使商品与资金流通速度的加快。在建立"丝绸之路经济带"的过程中，人文交流亦是一条重要的纽带，我国提倡不同宗教及多元文明之间的对话，鼓励国家和民族之间的交往，甚至建立合作关系。建立区域内各国之间的相互合作模式，可以帮助区域内各国将潜在的资源、市场和技术优势转化为实际的发展优势，从而进一步扩大彼此之间的开放与合作。丝绸之路的开通，能够有效地推动资金和其他生产要素在该地区各国间的自由流动。欧亚大陆各国作为"丝绸之路经济带"的重要组成部分，将在该地区率先建立起相互联系。经济走廊为"丝绸之路经济带"的发展提供了重要的战略依据，对建立国家间的联系也有很大的帮助。建立"丝绸之路经济带"的融资平台，对于突破欧亚大陆国家经济发展的"瓶颈"具有重大意义。

"丝绸之路经济带"显然具有政治经济复合属性，在地理层面因覆盖中亚及周边地区，而必然与该地区恐怖主义、极端主义和分裂主义（三股势力）发生关联。由于国家安全战略首要考量地区和平发展和人民的生命安全。与上述"三股势力"有着千丝万缕联系的"东突"势力成为目前我国反恐斗争的主要目标，从保障国防安全的层面出发，"丝绸之路经济带"必然与之发生关联，通过与周边国家建设"丝绸之路经济带"，将中亚和西亚地区存在的边界争端等不稳定因素进行消解，促使该地区成为我国布局周边秩序的核心。通过"丝绸之路经济带"的建设，不仅可以消除危及国家安全的隐患，从而保障中国经济区域平衡与发展，提高综合国力，而且也有助于中国与经济带相关国家，以及美国、俄罗斯、欧盟等世界主要大国和国际组织形成新型外交关系，其对中国未来发展的重大意义不容低估。"丝绸之路经济带"的建设包括中国与中亚及周边等国家政治互信、经贸往来与文化交流，联合打击"三股势力"以及危害西部社会稳定的"东突"势力，消除非传统安全威胁，以保障中国国防安全和边疆稳定。因而，建设"丝绸之路经济带"，可以加强中国与美国、俄罗斯等世界上主要大国以及欧盟等国际组织和中亚各国之间的政治合作，特别是在维护区域稳定和反恐等问题上的密切合作，从而有效保护中国与周边国家和大国之间的根本利益。

第二节　"一带一盟"的对接确立

石油和天然气的安全供应关系到一个国家的根本利益。在当前关于能源安全问题的探讨中，大致可以分为两种不同的观察方向：一种是为了能源而制定的国家外交政策，另一种是为了能源而制定的政策。前者是为了确保国家在能源开发、运输和消费等方面的经济利益，而后者则是为了确保能源安全利益，而在能源安全利益的保护中，也是为了通过能源因素来实现特定的外交政治目标。对中国而言，能源供需保障不仅是其外交活动的重要目的，更是其在保障石油和天然气资源供应方面进行的一项重大战略规划。中国正逐步发展为全球最大、最稳定的油气消费大国，其对能源的需求量也在不断增加，这一点已是不可否认的事实，同时中国对油气的依赖度在不断增高，中国能源对外依存度高表现出区域高度集中的特点。[1]当前，中国超过 2/3 的原油进口量来源于中东及非洲，而印度洋及马六甲海峡航线既是我国原油进口量最大的航线，也是我国原油进口量最大的来源地，导致我国原油进口的"马六甲难题"的出现。这种地区高度集中性，既体现在石油和天然气的输入地上，也体现在石油和天然气的输送渠道上。高依赖度与地区集中性对中国的能源供给格局产生了很大的影响。针对目前中国

---

〔1〕　中国是能源需求巨大的国家。中国石油集团经济技术研究院评估认为，大国博弈仍将持续，全球经济下行压力加大。全球能源格局继续深度调整，能源市场再平衡过程中油气价格仍将呈高位波动态势，保持能源安全稳定供应仍是能源行业的首要任务。整体能源供需将持续增长，化石能源兜底作用进一步增强。参见 https://baijiahao.baidu.com/s? id=1761749994953480349&wfr=spider&for=pc，最后访问日期：2023 年 3 月 20 日。另外，根据中国石油和化学工业联合会公布数据，油气资源对外依存度持续增高，导致中国能源安全受外域因素影响增加。2022 年我国原油进口 5.08 亿吨，同比下降 1.0%，对外依存度降至 71.2%；天然气进口量在多年连续大幅增长的情况下，2022 年进口量 1520.7 亿立方米、同比下降 10.4%，对外依存度为 40.2%。参见 https://baijiahao.baidu.com/s? id=1758046 580942530222&wfr=spider&for=pc，最后访问日期：2023 年 3 月 22 日。

的能源状况，中国面临着一个主要的出路，那就是从国外引进资源。中亚是中国多种能源输入方式的重要枢纽，也是中国最理想的能源供给区域。在中亚地区进行能源战略部署，不仅有助于中国在能源方面建立一个较为完整的均衡发展模式，也有助于中国向中东地区输送能源，降低我国对海上能源的依赖性，进而达到中国在"一带一盟"上的能源供给多样化的目的，因此，"一带一盟"的发展对于保障我国的能源安全具有十分重大的现实意义。

一、"一带一盟"对接的过程

2014 年 5 月 29 日，俄罗斯、白俄罗斯、哈萨克斯坦三国领导人签署《欧亚经济联盟条约》，该条约于 2015 年 1 月 1 日正式生效。2015 年成立的俄罗斯主导的欧亚经济联盟目前正在为促进地区发展一体化发挥着作用。基于错综复杂的国际形势、经济全球化与区域一体化的趋势以及自身发展的需要，中国与俄罗斯两国领导人于 2015 年 5 月 8 日在莫斯科签署了《中华人民共和国与俄罗斯联邦关于丝绸之路经济带建设和欧亚经济联盟建设对接合作的联合声明》，由此"一带一盟"对接关系正式确立。[1]2016 年 5 月，在最高欧亚经济理事会会议上，欧亚经济联盟成员国领导人一致同意对接"一带一盟"。2018 年 5 月 17 日，中国与欧亚经济联盟及成员国代表签署《中华人民共和国与欧亚经济联盟经贸合作协定》，该协定于 2019 年 10 月 25 日正式生效。中国与欧亚经济联盟第一次正式达成的贸易合作的制度框架安排，标志着中国与欧亚经济联盟及其成员国经贸合作从一对一模式项目为主的合作进入长期机制设置的新阶段，对于"一带一盟"的深入对接具有重要的意义。

"一带一盟"是两种不同性质的经济合作模式。丝绸之路经济带是以项目

---

[1]《中华人民共和国与俄罗斯联邦关于丝绸之路经济带建设和欧亚经济联盟建设对接合作的联合声明》明确了两个机制对接的原则，第一、双方要秉持透明、相互尊重、平等、各种一体化机制相互补充、向亚洲和欧洲各有关方开放等原则，第二、通过双边和多边机制，特别是上海合作组织平台开展合作。此外，欧亚经济委员会也与中国商务部共同签署了《中华人民共和国商务部和欧亚经济委员会关于启动中国与欧亚经济联盟经贸合作伙伴协定的联合声明》，进一步明确了与欧亚经济联盟建立贸易便利化的制度性安排，强调未来双方将建立相关会晤机制及其他双边合作机制，进一步完善二者对接合作的制度保障。

推进为主要方式的、长期化的、不设具体路线图和时间表的经济合作进程。欧亚经济联盟则是典型的区域一体化经济合作组织。两者之间有着明显区别。[1]欧亚经济联盟是一种洲际结构,其目的是建立区域经济政府间组织。欧亚经济联盟设定的任务包括提高成员国经济的竞争力,在所有领域实施现代化,确保可持续的经济发展,而"丝绸之路经济带"是旨在吸引国家、组织和多边合作机构的一项举措。为了"一带一盟"的成功对接,必须克服这种不对称性,需要建立合理正当的合作理念与具体合作机制,提升"一带一盟"发展新水平。[2]各方需要充分考虑现有经济合作的领域、特点、发展程度与现实需求,将协定的主要目的关注到消除贸易中的非关税性壁垒问题,从而为双方未来达成更高水平的区域贸易建立基础。[3]从现实考虑,"丝绸之路经济带"建设的目的不在于国家一体化运作,所需达到的核心利益与俄罗斯等国家的发展利益并不冲突矛盾,已有合作项目均在事实上证明了"丝绸之路经济带"不会损害他国国家主权。进入现阶段,中国与俄罗斯关于全面战略协作伙伴关系更是达到历史最高水平并持续向前发展,2023 年 3 月 21 日中俄发表《中华人民共和国和俄罗斯联邦关于深化新时代全面战略协作伙伴关系的联合声明》,特别指出中国支持在欧亚经济联盟框架内推动一体化进程,俄罗斯支持建设"一带一路"。两国共同努力,积极推动"一带一路"与欧亚经济联盟建设对接合作,加强亚欧地区互联互通,同时两国将继续落实 2018年 5 月 17 日所签署的《中华人民共和国与欧亚经济联盟经贸合作协定》的内容与精神。[4]

---

〔1〕 陈玉荣主编:《"一带一路"建设与欧亚经济联盟对接合作智库论坛北京会议论文集》,世界知识出版社 2017 年版,第 141 页。

〔2〕 См.: Ли На. Инициатива《один пояс,один путь》как новая модель сотрудничества КНР с Россией и странами Центральной Азии//RUDN Journal of World History. 2018. No 4. C. 382−385.

〔3〕 由于《中华人民共和国和欧亚经济联盟经贸合作协定》本身是一个框架性的协议,尚欠缺具体的约定内容,并未规定各方的强制性的义务内容。未来在实施过程中,仅提出在建立各种磋商委员会和工作组的基础上来确定相互合作的机制,缺乏强制实施手段和具体措施,面对更多的实践合作问题需要协商解决。

〔4〕 参见 http://www.gov.cn/xinwen/2023−03/22/content_ 5747726.htm,最后访问日期:2023年 3 月 22 日。在此之前中俄合作的基础性文件还包括 2001 年 7 月 16 日签署的《中华人民共和国和俄罗斯联邦睦邻友好合作条约》、2021 年 6 月 28 日发表的《中华人民共和国和俄罗斯联邦关于〈中俄睦邻友好合作条约〉签署 20 周年的联合声明》以及 2022 年 2 月 4 日发表的《中华人民共和国和俄罗斯联邦关于新时代国际关系和全球可持续发展的联合声明》等。

二、"一带一盟" 对接的动力

第一，地理资源条件。"丝绸之路经济带" 和 "欧亚经济联盟" 两者具有天然的地理亲和性[1]，中国毗邻俄罗斯、哈萨克斯坦、吉尔吉斯斯坦等国家，而欧洲的地缘核心是白俄罗斯。目前，中国和 "一带一路" 沿线各国正积极开展 6 条经济走廊的合作，包括 "蒙俄经济走廊" "新亚欧大陆桥经济走廊" 和 "中国–中亚–西亚经济走廊" 等三条经济走廊，都与欧亚经济联盟的成员国有着紧密的联系。中亚–里海–外高加索区域作为欧亚经济联盟与 "丝绸之路经济带" 的交汇区域，二者都覆盖欧亚大陆，具有一定的相似性。双方之间的资源禀赋差异，导致了它们之间在经济上的互补性，在任务和经济目标上都比较一致之下可以进行对接合作。对接合作主要聚焦在基建领域、能源领域、贸易领域、产能领域等，具体在基建道路、能源开采、贸易投资、产能释放等合作事项具备了较强的经济互补性，并且相互合作的空间很大。中国和欧亚经济联盟国家之间的互惠互利关系非常密切，而欧亚经济联盟国家目前又处在一个重要的工业发展时期，欧亚经济联盟国家的基础建设需求正在不断提高。中国与俄罗斯、哈萨克斯坦、吉尔吉斯斯坦地区的运输联系程度最好，比如，"亚欧大陆桥" 使欧洲与亚洲海陆联运得以畅通，"中欧班列" 的运行速度也在持续提高，"中哈国际货运中心" 也使得哈萨克斯坦首次涉足太平洋海域。吉尔吉斯斯坦学者别·伊玛娜丽耶娃认为对接为吉尔吉斯斯坦国家提供给了良好的机遇，"一带一盟" 框架下的基础设施项目意义重要，尤其是具体可行的项目包括：（1）中国–吉尔吉斯斯坦铁路建设。（2）陆上多渠道的地区性交通走廊，穿越吉尔吉斯斯坦连接中国、乌兹别克斯坦、塔吉克斯坦、哈萨克斯坦和阿富汗。（3）中国天然气管道 D 线。（4）互联网科技项目，成立高科技园区。[2] "丝绸之路经济带" 和 "欧亚经济联盟" 对

---

　　[1]　如果从地理上做个划界，这一区域的国家当中俄罗斯、塔吉克斯坦、乌兹别克斯坦、吉尔吉斯斯坦、白俄罗斯、亚美尼亚、哈萨克斯坦同为独联体国家，哈萨克斯坦与俄罗斯、中国、吉尔吉斯斯坦、乌兹别克斯坦、土库曼斯坦等国相邻。上述国家地理相接、文化相通，经济联系紧密，区域内合作程度持续加深，以上地理状况为 "一带一盟" 的合作共赢、共同发展提供良好的地缘基础。

　　[2]　参见陈玉荣主编：《"一带一路" 建设与欧亚经济联盟对接合作智库论坛北京会议论文集》，世界知识出版社 2017 年版，第 200~202 页。

接协作，已成中国同欧亚各国开展地区经贸合作的一个主要方面。

第二，经济需求基础。中国、俄罗斯两国都有自己的发展需求，在经济"新常态"背景下，中国 GDP 增速从高速增长转向中高速增长，中国的经济发展也从注重总量增长转向注重质量，"稳增长，调结构，促转型，谋发展"成为当前中国发展所面对的实际挑战。俄罗斯经济发展面临着欧美联手压制俄罗斯生存空间、国际石油价格下跌、卢布购买力下降、经济增长缓慢甚至停滞的"新常态"。在进入"新常态"的今天，中国、俄罗斯以及中亚各国面临着经济结构调整、经济增长模式转变的难题，寻找新的经济增长点是各国的一个共同课题，核心就是如何应对"新常态"、战胜"新常态"。建设"丝绸之路经济带"的设想是以经济全球化及区域经济一体化为基础，在此基础上提出的一种创新模式。俄罗斯同中国在经贸方面的进一步发展，将有利于改善两国之间的经贸关系，扩大在金融服务业方面的合作，这是俄罗斯缓解制裁影响以及帮助国家进行经济恢复的良机。2020 年新型冠状病毒（COVID-19）疫情加剧了全球能源的演变结构，这为中国和俄罗斯之间能源合作的发展开辟了新的机遇。冠状病毒大流行的困难形势下，中国和俄罗斯之间相互支持并进行了密切的合作。因此，中国和俄罗斯能源战略合作具有针对性、长期性和系统性的特点。

第三，战略协同发展。"丝绸之路经济带"建设作为中国"一带一盟"对接合作的重要组成部分，对中国政治、经济、能源安全有着极其深远的战略意义，"丝绸之路经济带"建设成为中俄两国全面战略协作伙伴关系发展的新平台。[1]无论是外在压力和彼此的经济联系，还是欧亚经济联盟自身的发展情况，都为对接"丝绸之路经济带"与欧亚经济联盟提供了基础。如果对接成功，不仅有利于中国发展，也符合欧亚经济联盟各成员国的利益。[2]可以说，"一带一盟"对接合作是中俄两国主导的、跨越地区与文化的多领域国际合作的一次创新尝试。各方均在"互利共赢"理念下求同存异，和平共处，走向共同繁荣。在政治领域，中国与俄罗斯将两国关系提升为"新时代中俄全面

---

〔1〕　参见李渤：《"新丝绸之路经济带"建设中的中亚地缘安全因素》，载《扬州大学学报（人文社会科学版）》2017 年第 1 期。

〔2〕　参见雷建锋：《"丝绸之路经济带"和欧亚经济联盟对接下的中俄关系》，载《当代世界与社会主义》2017 年第 4 期。

战略协作伙伴关系",与哈萨克斯坦建立起"永久全面战略伙伴关系",中国与白俄罗斯、吉尔吉斯斯坦各自建立起"全面战略伙伴关系"。中国与欧亚经济联盟成员国关系的定位和发展为共建"丝绸之路经济带"、发展区域经济合作奠定了良好的政治基础。在中俄两国主导下开展的"一带一盟"对接合作的发展势必会在新时期发挥更加具有建设性的作用,影响两国乃至更多成员国间的关系。

三、"一带一盟"对接的发展反思

有学者从共生系统理论给对接合作提出了一个很有价值的理解视角,"丝绸之路经济带"与欧亚经济联盟存在着促成共生关系形成的核心元素。共生系统理论认为,全球存在的事物共生在一个大系统中,事物之间存在相互联系、相互影响、相互作用、相互转化的关系,更为重要的是,这种共生状态不仅存在于生物之间、人与人之间、人与自然之间,而且存在于人与社会之间、国家与国家之间[1]。"丝绸之路经济带"与欧亚经济联盟作为两个共生主体,从构成共生关系的资源要素分析,两者在地域上具有丰富的油气资源和广阔的合作空间。从制度要素来看,具有两者认同并运行的若干协议和国际规则,包括国际硬法与国际软法。欧亚经济联盟以俄罗斯为中心以及辐射东西两个方向。从"丝绸之路经济带"构想方面来看,倡议是由中国发起,方向则是从东开始,向西推进。另一方面,欧亚经济联盟与"丝绸之路经济带"唯有相互合作,才能保证各自的存在,这是共生的实际需要。[2]

首先,对接合作取得了一定的成果。自 2015 年 5 月确立"一带一盟"对接合作方针以来,中俄双边、中哈双边、中俄哈多边等合作项目成果显著,尤其是在合作平台制度机制建设方面取得了巨大的进展。中俄方面,亚马尔液化天然气项目第一条 LNG(液化天然气)生产线正式投产,这是中国提出"一带一路"倡议后实施的首个海外特大型项目,也是全球最大的北极 LNG 项目;[3]中哈方面,哈萨克斯坦是"一带一路"进入欧亚的必经之路,中哈物流显得格外重要,中哈物流基地是哈萨克斯坦在中国投资最大的物流项目,

---

〔1〕 祝辉:《丝绸之路经济带和欧亚经济联盟对接合作研究》,载《实事求是》2018 年第 6 期。

〔2〕 关于共生系统理论的具体模式与内部逻辑的讨论,参见潘建屯、范乃嘉:《共生理论视域下"一带一路"能源命运共同体构建》,载《西南石油大学学报(社会科学版)》2020 年第 4 期。

〔3〕 参见 https://gas.in-en.com/html/gas-2738714.shtml,最后访问日期:2023 年 2 月 23 日。

物流合作基地运行 8 年来，累计运量达到 41.42 万标箱，班列覆盖 104 个国际货运站点；[1]中白方面，中白两国元首亲自推动的中白工业园是白俄罗斯最大的招商引资项目，两国政府高度重视"一带一路"合作项目；[2]中吉方面，比什凯克热电厂改造项目目前是吉国最大的能源建设项目，由国家主席习近平和时任吉尔吉斯斯坦总统阿坦巴耶夫推动确定，成为中吉两国务实合作的典范。[3]从长远来看，中国与欧亚地区国家的合作具有重要的示范效应。

其次，对接模式上较为明确。共建"丝绸之路经济带"倡议提出后，中国高度重视与欧亚地区的合作。欧亚经济联盟成立后，对接"丝绸之路经济带"建设和欧亚经济联盟建设成为中国与欧亚经济联盟成员国合作的重要议题。在对接的实践中，形成了欧亚经济联盟与中国的"5 + 1"模式与中国与欧亚经济联盟成员国的 5 个"1 + 1"模式[4]。

应主要注意的是，在欧亚经济联盟地区，能源既是部分国家的重要竞争优势，也是部分国家发展的软肋，加强能源合作既符合本地区国家利益，又为本地区国家提供了重要发展机会，但由于政治环境和法律体系的差异，使得该地区的合作面临着严峻挑战。为了应对这种挑战，欧亚经济联盟一方面加强了内部的制度化建设，另一方面加强了自贸区的网络建设，扩大了与其他国家的联系。"随着中国日渐成为联盟重要的合作伙伴，联盟应'东西兼顾'，在《中华人民共和国与俄罗斯联邦关于丝绸之路经济带建设和欧亚经济联盟建设对接合作的联合声明》的制度支撑下，结合《中华人民共和国和俄罗斯联邦关于新时代国际关系和全球可持续发展的联合声明》，积极推进与'一带一路'对接，深化同中国各领域务实合作。"[5]"欧亚经济联盟+"是建设自贸区网络的主要模式，联盟成立后不久就同越南签订了自贸协议。[6]从

---

[1] 参见 https://js. ifeng. com/c/8JJBskZfx4v，最后访问日期：2023 年 3 月 28 日。

[2] 参见 https://www. takefoto. cn/news/2023/03/02/10352770. shtml，最后访问日期：2023 年 3 月 5 日。

[3] 参见 https://power. in-en. com/html/power-2304527. shtml，最后访问日期：2023 年 3 月 20 日。

[4] 韦进深：《欧亚经济联盟的制度设计与"一带一盟"对接的模式与路径》，载《国际关系研究》2020 年第 2 期。

[5] 郑猛：《欧亚经济联盟一体化：特征事实与深度评估》，载《太平洋学报》2022 年第 3 期。

[6] 2015 年 5 月，欧亚经济联盟与越南正式签署了自贸协定，这是俄罗斯主导的欧亚经济联盟与第三方签署的首个自贸区协定。根据协定约定，欧亚经济联盟成员国与越南之间将通过减免协定商品目录中大部分商品的进口关税来实现贸易自由化。

欧亚经济联盟建设自贸区网络的实践来看，对于仍处于发展阶段的欧亚经济联盟来说，优先选择与具有传统经贸关系、经济规模较大、具有较强示范作用且不会对联盟产生负面效应的国家建立自贸区，是一个重要的考虑因素。通过建立自贸区网络，也巩固了欧亚经济联盟在国际法上的法人地位。欧亚经济联盟出于自身政治经济利益考虑，已与越南、伊朗、新加坡、塞尔维亚等国家签署了自贸区协定。[1]自2015年中国与欧亚经济联盟建立自贸区的决定提出以来，历经数年尚未成立，由于俄罗斯诸多的政治与经济利益考量，需要进一步推动深化。[2]

最后，应当清晰认知全球形势。中国对于已经取得的成就应当有一个清晰的判断。后疫情时代对于"一带一盟"的发展提出了更多的要求，世界经济持续低迷，全球性贸易出现了逆全球化、去全球化的新变化，保护主义、民粹主义、孤立主义抬头，美国退群和欧盟分化现象显示出旧的国际秩序的不良后果日益凸显，全球治理面临越来越多的"发展赤字"和"治理赤字"，国际金融危机依旧存在较深影响。美国维护自身霸权、捍卫旧有的国际秩序利益的方式越来越灵活多样，针对中国、俄罗斯的战略遏制手段主要表现为：第一，通过在全球范围内制造冲突进行利益牵制；第二，通过舆论、意识形态类的话语传播进行颜色革命，意图降低中国、俄罗斯在国际社会的国家评价；第三，通过建立区域性自由贸易框架，不断维护本国在科技领域的领先地位。中国和俄罗斯面对贸易保护主义抬头以及逆全球化现象，相互借力进行战略协同与提升话语权是双方最务实的发展路径。中国、俄罗斯在"丝绸之路经济带"和"欧亚经济联盟"建设的进程中，都存在着相互需要的关系。

第三节 深化能源合作的重要考量

为了持续推动"一带一盟"下的能源合作，需要在理论认知上对以下几

---

〔1〕 闫亚娟、陈志恒：《欧亚经济联盟对外自贸区建设的进展与方向》，载《俄罗斯东欧中亚研究》2021年第2期。

〔2〕 2015年5月，时任中国商务部部长高虎城和欧亚经济委员会的贸易委员斯列普涅夫签署了《中华人民共和国商务部和欧亚经济委员会关于启动中国和欧亚经济联盟经贸合作协定的联合声明》谈判的联合声明，商定通过该协定建立贸易便利化的制度性安排，并最终促成中国与欧亚经济联盟建立自贸区。

个方面的问题进行深入分析，包括对"丝绸之路经济带"所起到的作用，"一带一盟"的对接启动、能源合作中的安全概念的多维理解、能源命运共同体的塑造以及现今能源合作的现实考量等问题需要有总体的系统性把握，为推进"一带一盟"能源合作的持续深化提供基本分析框架。

一、"能源安全"的多维解读

全球化时代非传统安全议程日益复杂，非传统安全的宏观治理问题对各国提出了新的要求。解决诸如能源安全、生态安全、信息安全、恐怖主义、疾病蔓延、跨国犯罪等安全威胁，必须缔造新的地区发展理念，迅速改善贫困、封闭、保守、落后的社会经济环境，彻底消除非传统安全威胁的滋生土壤。在各类非传统安全得以保障的基础之上，只有积极推进有关国家经济稳定、增加居民就业保障、促进思想文化交流，凝聚中国与相关国家、国际组织等的合作共识，方能保证全球治理秩序的有序发展。油气资源与一般的大宗商品不同，它具有很强的国家战略属性，它不但对一个国家的安全和生存起着至关重要的作用，更是在根本上影响着世界秩序和国际势力格局[1]。保障能源安全是各国参与全球治理、推进能源合作及应对非传统安全议题的一个重要领域。要维持本国能源安全，就必须要有处于能源秩序体系中的核心国家作为后盾支撑，因为任何一种国际机制的建立和维系，都离不开核心国家在公共物品的输出中所起到的功能作用。能源秩序体系可以为其他参与国家提供溢出收益，但其自身既是能源秩序的产物，也是维护核心国家安全和能源利益的一条重要途径。不管是依赖于国家间的政治，还是出于国际社会的安全和利益考虑，能源已经变成了一种代表着政治和经济实力的"货币"，也是各国之间实力等级划分的重要因素。现实中，俄罗斯、中亚国家、伊朗、中国、印度等世界主要能源贸易国，在石油与天然气领域均缺乏话语权，尤其是石油与天然气的价格仍受美国、OPEC等国家和国际组织控制，美国仍然是全球石油和天然气价格的指挥棒，这是一个亟待解决的现实问题。

在能源政治中，对国家安全和国家利益的考量往往会反映在国家能源安

---

〔1〕 杨昊、杨文淼：《人类命运共同体理念下的中国能源战略》，载《云南社会科学》2019年第3期。

全对外政策中。"能源外交对每个国家都是必要的，因为现存能源国际体系是开放性的，它根源于生产国、消费国、过境国之间的相互依存和合作"。[1]国际上的传统能源合作都是建立在零和思维的基础上，以各自的能源利益为基础，追求的是各自国家的能源安全，而不是实现资源共享、共赢的真正意义上的合作。在构建国际能源秩序的过程中，美国等西方国家一直秉承着能源霸权的理念，所持的战略思想是"利益第一"和"零和博弈"，而要想打破旧的思维方式，构建能源命运共同体，关键就在于坚持正确的义利观，以义为本，义利相结合，追求合作共赢、共同发展的能源发展观。"一带一盟"背景下的能源贸易中涉及的能源安全是各国都予以慎重思考的问题。尽管现今参与的国家数量还不够多，但是俄罗斯和哈萨克斯坦等主要能源产出国的参加，将更加凸显能源安全问题，使得合作方式与机制也在进一步更迭升级中。

在中国学界，能源安全通常被一般性地理解为"供应安全"，即创造有保证的内部和外部能源，以克服对外部能源的依赖，提供所需数量的燃料和电力，并以可承受的价格向需要它的国家提供，以确保经济运转，维持正常的生活条件[2]。传统的能源安全观是以能源的充足供应、持续和价格合理为重点内容，确保能源的稳定供应，强调的是以可支付得起的价格获得充足的能源供应。从国家能源产业技术角度分析，能源安全是提供足够数量的标准质量的能源载体以满足可持续的需求，通过提高国内制造商的竞争力防止燃料和能源资源可能短缺，建立战略性燃料储备、储备能力和组件设备，确保能源和供热系统的稳定性。

俄罗斯学界将能源安全定义为从威胁到可靠的燃料和能源供应给整体公民、整个社会和整个经济的状态。"能源安全被理解为在正常和紧急情况下保护个人、社会、国家、经济，免受威胁的合理需求的状态，以经济上的合理价格购买燃料和能源的不间断能源供应"。[3]站在技术行业角度可以理解为，

---

〔1〕 参见于宏源：《全球能源治理的功利主义和全球主义》，载《国际安全研究》2013 年第 5 期。

〔2〕 张锐：《试析人类命运共同体思想引领下的中国能源外交》，载《国际关系研究》2018 年第 3 期。

〔3〕 ШестопаловП. В.：Энергетическая безопасность как составляющая национальной безопасности государства//Вестник Университета 2014，№5，С. 140-143.

合理选择旨在实现和维持长期向消费者提供所有必要燃料和能源的无亏损供给活动，在该方向下采取的针对经济和能源的各种负面情况的措施应保持稳定性，创造在紧急情况下为消费者提供所必需燃料和能源资源的条件。俄罗斯学者认为，能源安全的威胁具有现实性和潜在性。从外部看，这些威胁既受到地缘政治、宏观经济和世界局势等外部因素的影响，能源异化为国家间政治和经济施压的手段。从内部观察，也与国内能源部门的运行机制相关。[1]2017年俄罗斯联邦政府第1234-p号法令（以下简称《法令》）中指出能源安全是能源政策任务的一部分，能源安全是指保护国家、国家公民、社会、政体、经济不受燃料和能源供应的威胁。这类威胁的形成既有外部因素（地缘政治、宏观经济、局势情形），也有国家能源产地的现状和功能因素。上述要素包含燃料能源综合体的发展在内，同时也是俄罗斯能源安全的威胁因素。该《法令》认为目前俄罗斯面临的能源安全威胁主要来自三个方面：一是俄罗斯个别地区燃料和能源比例的失衡；二是一次能源资源、石油产品生产以及国家各地区的电能分配的地理位置差异；三是连接远东、西伯利亚和欧洲部分的电力传输线路动力不足。整体来说，对能源安全问题的讨论更多的是围绕着本国的能源安全而进行的，是对本国能源安全的追求。俄罗斯的能源安全以其最大的战略性资源为依托，而燃料能综合利用为依托，由此可见，发展燃料能综合利用是保证俄罗斯能源安全的当务之急。但是，以上的能源安全认知理念仅仅是消费国或进口国一方的能源安全观，保障了这一方的能源安全，并不能保障整个世界的能源安全。对于进口和消费两个国家来说，这是两个完全不同的要求。能源安全具有多重需求维度，涉及大国外交、地缘安全、社会利益、生态保护、经济效能等问题，没有哪一个单一的国家可独自应对复杂多变的能源安全形势。未来国际安全环境的重大变化与地缘冲突将直接影响到国家的能源安全与经济发展。2006年，时任国家主席胡锦涛在出席俄罗斯主办的八国集团首脑会议时首次提出新能源安全观，所谓的能源安全不仅包括能源的供应与经济安全，也包括能源使用的环境安全，以及能源储备安全等。

---

〔1〕 См.：Городов О. А. Введение в энергическое право：учебное пособие. М.：Проспект，2015. С. 51-88.

从安全与威胁的关系来说，能源安全作为一种国家安全状态的观察应当持有一种开放的理论视野，能源安全在更宽泛意义上，意味着在能源资源的开采、加工、运输和使用过程中，应当消除对国家和个人消费者的能源利益造成实际和潜在的威胁；受到威胁时，为保护能源利益，应当及时采取消除或使负面影响最小化的应对措施，并建立应急措施体系；通过优化能源结构以及合理消耗能源来维持国家和社会经济活动；为国家能源、工业和交通综合体的运行发展以及居民的基本生活提供必要条件。第一是能源供应安全：对一个国家或地区来说，能源供应主要有两种形式，一种是国内能源储备，另一种是进口能源。其中，国内能源资源储量是能源安全的根本，一国能源资源储量越丰富，其能源安全系数就越高。从总体上来看，全球可再生能源的可利用储量趋于枯竭已成为一种趋势。所以，不管是资源富产国家还是贫乏国家，都必须以有限的能源资源为前提来讨论能源安全问题；第二，能源运输安全：中国处于陆路交界地带，以管道运输为主要运输方式，面临着如下风险：战争风险，一旦发生战争，石油和天然气管道就有可能成为敌人军事打击的首要目标，另外存在恐怖分子袭击能源运输的风险；第三，能源储备安全：石油作为重要的战略能源，一旦出现供应中断，将会威胁到一国经济的安全运行，因此，建立能源储备体系，防范突发供应中断风险，保障国家经济安全已成为国际共识。包括企业储备、政府储备、组织储备。第四，能源利用环境安全：能源的开发利用、运输加工、废物处理等全过程，都会给环境带来一系列的负面影响，同时也给地球环境带来了越来越多的不安全因素，具体包括：能源开采导致的荒漠化，二氧化碳和氮氢化合物排放导致的酸雨污染加剧，二氧化碳、甲烷、氟利昂等温室气体排放造成的全球变暖等。

二、塑造能源命运共同体

（一）蕴含的重要意义

人类命运共同体的提出是全球治理持续深化的必然产物。冷战结束后，全球化浪潮席卷全球，以经济为中心，逐渐向政治、社会、文化等领域扩展，国家相互依存程度不断提高，在日益严峻的全球性问题不断出现的情况下，单一主权国家的行动能力明显不足。为了人类社会更好地应对 21 世纪的各种挑战，面对要建设一个什么样的世界、如何建设这个世界这一重大课题，需要倡导人类命运共同体意识，在追求本国利益时更好关注到他国合理关切，在本国发展中携手促进各国共同发展。中国的方案是构建人类命运共同体，实现共赢共享。[1]2013年3月23日，习近平主席在莫斯科国际关系学院演讲，第一次向世界传递了中国对人类命运的思考。"这个世界，各国相互联系、相互依存的程度空前加深，人类生活在同一个地球村里，生活在历史和现实交汇的同一个时空里，越来越成为你中有我、我中有你的命运共同体。"[2]中国之所以提出建设人类命运共同体，其根源在于对全球发展格局的深刻认识与敏锐判断，在全球主义的视角下，以人类整体利益为出发点，为推进全球化时代的人类发展和全球治理的需要所做出的富有中国特色的理论思考，是以更开阔的视野应对当代全球化挑战的历史选择。

人类命运共同体构建设想包含了丰富的治理内涵，"人类命运共同体思想与习近平主席诸多治国理政新思想、新实践融会贯通，在目标、原则、方法上保持高度一致。"[3]在政治上，互相尊重，平等协商，坚持对话而非对抗；在安全问题上，坚持以对话解决争端，以协商化解分歧，将传统安全与非传统安全有机地结合起来，共同打击一切形式的恐怖主义；在经济上，提高贸易和投资的便利程度，以开放、包容、普惠、平等、共赢的方式推动经济一体化；在文化上，尊重世界文明的多样性，用文明交流来超越文明间的隔阂，用文明间的交流来超越文明间的冲突，用文明间的共生来彰显多元文明的优势。[4]

学术界关于"人类命运共同体"问题的探讨日益增多，目前已有的研究结果显示，对人类命运共同体的认识已呈现出多样化的趋势，并已成为新的知识增长点。事实上，研究人类命运共同体的学者，每一个人都会有一个关于人类命运共同体的整体形象，有着某种主体认知结构，以此进行逻辑阐释促进"问题化"的生成。人类命运共同体的相关命题包含了对人类共同价值

---

〔1〕 参见《习近平谈治国理政》（第二卷），外文出版社2014年版，第539页。

〔2〕 参见 https://m.gmw.cn/baijia/2022-02/17/35525292.html，最后访问日期：2023年1月28日。

〔3〕 张锐：《试析人类命运共同体思想引领下的中国能源外交》，载《国际关系研究》2018年3期。

〔4〕 张兆端：《新时代中国特色社会主义历史方位》，载《长白学刊》2018年第3期。

的追求，所涉话题十分丰富，具体包括全球治理、国家利益观、国际法治、生态发展等诸多方面的讨论，可挖掘的内容涵盖了多个学科，议题具有很强的综合性。按照马克思主义的理解，人类命运共同体具有内在的生长逻辑，"共同体"区分为三个发展阶段，囊括了人类群体内部的三种发展样态：从"自然共同体"发展至"虚幻共同体"，最后迈进"真正的共同体"。"自然共同体"样态中的个人依赖于整体存在，无法自主与自立，部落群体是典型的自然共同体。"虚幻共同体"下的共同体形式是资本主义国家，其中个体和共同体一同发展，人的自主自立得到肯定承认，个人为共同体的发展提供了动力。人类命运共同体构建的是"真正的共同体"，将每个国家看成组成人类命运共同体的个体。[1]

人类命运共同体与法理学、国际法学等有着紧密的关系，法学界对这个时代的命题还没有完全展开。从法治层面来说，依据共同体的制度生成逻辑，虚幻共同体中的个体已经突破整体，进入到个人权利、自由话语泛滥的阶段，如何再使个人到类人，构建真正的法治共同体，需要寻求区别于西方资本主义法治话语模式的思想理念，来构建人类社会新的秩序法则。由此，人类命运共同体思想中的法治精髓，能为推动国际新秩序的建立，提供新的方法路径。人类命运共同体思想的不断传播，也将促使越来越多的学者关注国际法治、涉外法治、全球治理、"一带一盟"法律合作等重要题域，越来越重视国际社会中各国面临的全球性、普遍性与共同性的法律主题。

（二）能源领域的发展深化

在一个世纪以来的大变局中，全球疫情、大国博弈、地缘冲突等带来的影响与科技进步、经济转型等多种影响因素交织在一起，导致了全球的能源供求关系以及安全环境都发生了深刻的改变，能源问题已成为当今世界普遍存在的问题，而这一问题又与世界各国的发展紧密相连[2]。国际能源贸易的长期可持续发展，使各国认识到能源进口国的能源安全取决于能源供应的安全，因此，必须保证能源出口国的市场需求。能源出口型国家要想实现能源

---

〔1〕 李栗燕：《人类命运共同体思想的中华法文化意蕴》，载《法律科学（西北政法大学学报）》2021 年第 3 期。

〔2〕 钟联：《推进能源安全与转型加强全球治理与合作》，载《当代世界》2023 年第 2 期。

安全，就必须要有稳定的市场需求。目前，世界各地的能源结构都处在新旧能源转换的重要阶段，从高碳到低碳再到无碳，能源革命、工业革命、科技革命以及人工智能技术互相结合，共同推动着新一轮的社会系统性变革。国际上的能源关系出现了一种新的发展态势，即能源供需双方的相互融合、共生发展，合作双赢的需要和相互的利益冲突同时增多，更多的国家开始采取合作互助、抱团取暖的模式，利用现有的双边和多边合作的机制，将各种利益冲突进行调和。能源合作中，涉及到参与国的能源安全与战略需求，各国的利益关系密切，相互影响十分明显。国家间的能源安全观念正在由追求单边安全转变为强调在协作中实现，也就是说，人们对"合作"和"安全"有了一种新的认识，这种认识为构建"能源命运共同体"提供了认知依据。需要从国家认同的视角探讨能源命运共同体的建设，只有认同和合作才能真正实现这一命运共同体。如果将人类命运共同体意识聚焦于能源领域，那么能源命运共同体的逻辑基础也应是以存在人类命运认同为基础的，这种认同感不但包括地域认同和价值认同，还包括对全球面临的能源问题和挑战的认同。建立能源命运共同体是一种应对非传统安全的有效途径，有利于实现地区和平稳定和地区国家的共同繁荣与发展，尊重世界多样性。发展中国家或地区可以通过建立共同体有效地维护自身能源安全，能源命运共同体的构筑对于国家间增进互信、消除敌意、化解"能源安全"威胁具有重要意义。

能源命运共同体的建设实践主要体现在各个国家能源生产、开发与消耗的整体关系中，能源生产与消耗的问题会引起环境污染与治理的问题，影响到国际局势的稳定与国家的兴衰与命运。构建能源命运共同体，就是要协调各国之间的能源矛盾问题，从全局的角度来审视能源合作问题，以发展创新、平等互利、可持续的方式来推进现代能源合作，强调建立非武力、以和平手段解决国家间争端的国际安全模式，通过一体化进程与和平解决争端的方式，防范能源供需冲突。就国际合作与共同发展而言，各国能源利益相关者均认为加强对话与协作具有重要意义。在进行能源合作时，应本着公平公正、互相尊重、一视同仁、互惠互利的原则，当发生争端时应以谈判与和平的方式处理，不能让任何一方卷入恐怖主义，在当前的世界局势中，应该团结一致，互惠互利，推动国家朝着普惠、包容等更高层次发展的目标发展，并在环境管理与能源等方面加强合作。

（三）实践的方向

首先，增强能源命运共同体的理念转化。能源命运共同体是一种以"非武力""和平解决争端"为核心，通过"一体化"构建和"和平解决争端"两种途径来预防冲突的国际安全模式。建立能源命运共同体，是发展中国家和地区增强相互信任，消除敌对情绪，消除"能源安全"威胁的重要途径，也是实现区域和平稳定、促进区域各国共同繁荣发展的重要途径。能源命运共同体构建的核心是共同体自身的塑造，将共识、利益、规则和理念等因素纳入共同体的概念范畴。能源利益共同体的组成包含了能源生产国、消费国、过境运输国和跨国石油公司等多种角色，这些角色主体在利益命运层面上发生了关联。因为能源合作的共同利益是明确的，具体内容包括：生产高品质能源，强化能源储备，对各种类型能源进行合理利用，挖掘能源潜力。但是，科技水平在能源利益体系中起着关键作用，它决定着国家能源、工业和交通运输系统的发展水平，也最终决定了公民的福利、国家的经济实力和国际地位。为此，需要未来努力开展共同体意识的理论建设：第一，以"人类命运共同体"理念为指导，丰富发展能源新安全观，构建安全共同体的新安全观理论；第二，以"人类命运共同体"理念为指导，界定在新的国际安全形势下，共建能源命运共同体的新目标和新任务；第三，应坚持以打造能源利益共同体、责任共同体和命运共同体为目标，推动加强重点区域能源合作，构建相关能源合作机制。

其次，需要增强"一带一盟"合作的功能转化。"人类命运共同体"应当是多维的，需要在多个领域构建共同体支柱，其中一个重要支柱就是以"一带一盟"建设为契机，构建能源合作的命运共同体。在"一带一盟"对接合作过程中，进一步推动能源合作，构建能源命运共同体，对世界各国的能源安全和经济社会发展都具有重要意义，也是在全球能源转型过程中的中国维护自身能源安全的重要探索路径。能源合作是"一带一盟"对接合作的重点方向，对构建"一带一盟"能源命运共同体具有重要的连接支撑作用，通过能源生产国、能源消费国的共同体的构建，将共同体功能转化为能源安全的功能互补性。"丝绸之路经济带"与欧亚经济联盟对接合作是中国构建能源命运共同体的重要实践平台和合作载体，本身也发挥着重要的区域经济一体化的示范作用。"一带一盟"对接合作的重要任务之一是推动中国与俄罗斯、哈萨克斯坦等欧亚经济联盟能源输出国从"能源共同话语"转变为"能源共同目标"，进而发展"能源共同利益"，确立"能源共同责任"，最终形成"能源共同命运"。当前"一带一盟"已基本完成从"共同话语"向"共同兴趣""共同利益"转变的任务，正在向"共同命运"发展。中国在建立能源命运共同体、加强同各国能源合作的过程中，应当始终秉持一种互惠互利的能源合作理念，既要注重自身的能源安全与利益，又要充分考虑合作方的发展与需求。在能源消费方面，必须保证能源消费方面的安全需求，同时也必须保证能源供应方面的利益。中国应抓住世界能源管理体制调整和重组的机遇，以"一带一路""一带一盟""上海合作组织""金砖国家"为平台，在世界能源管理体制的多层面和多方位上，实现世界能源管理体制的多层次和多方向的对接和融合，健全世界能源管理体制。塑造能源命运共同体需要以下几个基本要点：一是共同体内的各个成员拥有基本的能源认可与能源利用价值观；二是成员之间能够进行全面、良好、透明互动；三是共同体存在有共同利益，内部运行坚持平等互利规范准则，共同体框架中的各成员注重整体联系、合作、依存的状态。

最后，寻求能源合作的内部环境塑造。中国与欧亚经济联盟主要成员国俄罗斯、哈萨克斯坦存在着较强的价值需求互补性，有助于形成差异化合作，各国有较强意愿借助"一带一盟"合作发展契机，扩大能源出口以及改善基础设施水平。"一带一盟"的能源合作与树立并保持一个以和平为导向的、以发展为目标的国家形象是密不可分的，中国的能源国际合作应该符合中国特色的社会主义条件，其目的与实现途径应该遵循中国的发展计划与策略，体现中国应该为全球的发展而负起的大国的职责与义务。具体分为三个方面：第一，要树立"共同发展"的观念，树立"各方共赢"的思想，特别是在同欧亚经济联盟成员国的各种合作中，要把对方的发展和自身的利益放在第一位，积极推动本国的经济发展，把"能源命运共同体"的思想逐渐变成实际的行为，比如在企业活动、医疗援助、生态环境保护、基础设施建设等方面。促进基础设施建设和创新，改善地区的能源营商环境，促进资源配置的科学化和合理化；第二，在加速欧亚经济联盟中一些相对滞后的成员国的经济发展过程中，将重点放在发展与之相关联的产业链、金融、信息通信技术、人文旅游等方面，推动文化交流，增强人道主义合作，并逐渐建立起一个具有广泛内涵与实际意义的、由人类共同缔造的、以人类为中心的"一带一盟"国家社会生活空间；第三，在"价值要素"的层次上，由于欧亚经济联盟国家多具有以"资源"为主导的产业，处在价值链条的产品供给末端，以资源消耗投入为主要特征，这决定了能源合作在发展目标、合作框架、合作领域的限定性、规模性与塑造性等问题，需要欧亚经济联盟成员国在与中国合作过程中，打破"国别法"意义上的"体制障碍"，构建"互利共存"的、"共赢"的经营环境。

三、紧扣能源合作的战略需求

苏联解体之后，俄罗斯及中亚国家在民主转型进程中，由于市场激烈变化带来的发展张力，政府治理国家的能力变弱、社会安全形势恶化，政策风险加大。国家市场发育水平低，法制观念弱，距离成熟、规范的市场环境差距较大。基于各自法律体系形成的多边条约、双边条约、合作规范事实上存在诸多不兼容甚至相对立的内容，对市场环境造成一定影响。在国际关系层面，很多国家都基于地缘政治的考虑提出了自己的计划——美国的"新丝绸之路计划"，欧盟的"中亚新伙伴关系"，日本的"丝绸之路外交"，俄罗斯、印度、伊朗的"北南走廊计划"等，全球大国的介入将一般意义上的能源合作日益复杂化。从20世纪末至今的十多年时间里，美国、日本与俄罗斯等国都陆续制定和通过了一系列的方案和计划，力图主导中亚等地区的事务。例如，1999年美国通过了《丝绸之路战略法案》，2005年提出了"大中亚计划"，2011年提出了"新丝绸之路计划"，其目的就是要推动中亚国家建立起所谓的市场经济、民主政治制度，扶持中亚地区及南高加索地区以及南亚国家实现经济、政治独立，促进区域开发与民主变革，并试图在这些国家建立美国军事基地，从而建立以美国为主导的中亚与南亚新秩序，从而削弱和遏制中国、俄罗斯、伊朗等国家的影响。[1]这些因素都对"一带一盟"能源合

---

〔1〕 陈永忠：《"丝绸之路经济带"与中国的地缘政治和国家安全》，载《西部学刊》2017年第4期。

作构成较大威胁,有的部分已经成为实际障碍。[1]

中俄之间的战略协作是"一带一盟"能源合作得以成立和顺利运行的前提基础,也是推动欧亚经济联盟组织持续发展的重要动力。加强与"丝绸之路经济带"合作伙伴的关系是俄罗斯外交政策的战略重点之一,多位俄罗斯学者都不约而同地强调,俄罗斯倡导的"大欧亚伙伴关系"应以"一带一盟"对接为核心,并应将其全面纳入欧亚地区现有的各种一体化机制。[2]在美国挑起的大国博弈和中亚地区安全发展的现实需求下,中俄战略的共同之处多于不同之处,应当建立中俄战略协调机制,为中国提供发展和安全的空间。

欧亚经济联盟的成员国,大部分都是站在世界经济体系的边缘地带,也就是产业链的最底层。欧亚经济联盟成员国在全球能源版图中具有十分重要的战略位置,俄罗斯和哈萨克斯坦等主要成员国的能源经济发展重心和要求,不仅是对能源资本,更是对技术的急需。中国和俄罗斯、哈萨克斯坦在能源开发、生产、加工和运输等领域的协作是欧亚经济联盟成员国中最密切的,石油和天然气的出口是俄罗斯和哈萨克斯坦两个国家的主要经济支柱之一,对其能源输出的安全性更为重视,能源行业的所有环节均需要比较完善的技术与装备,中国在能源勘探、开发和加工方面具有相对充裕的资金和技术优势,双方在能源领域有着广泛的共同利益。在上述背景下,促进整个能源产业链的协作,建立一个在油田勘探开发、石油工程服务、石油化工等方面的互惠互利的伙伴关系,将会产生双赢甚至多赢的局面。[3]与此同时,中俄主导下的"一带一盟"应该以现有的石油开采、油气管道等能源合作为基础,在电力网络、地下资源、水资源、新能源等方面进行全面布局,主动拓展双方的合作范围。包括中国已经或将要在新能源方面取得的技术和产品,例如风力发电、光伏发电和电动车,是否未来有可能进行合作拓展。从现阶段实

---

〔1〕 日本政府主张日本应协助中亚国家加强经济合作,使其能够更好地融入世界市场,日本先后在 1997 和 2004 年两次推出了"丝路外交"策略,并把中亚、高加索作为日本对外政策的重中之重,从而增强日本在中亚的政治与经济实力,实现对中国构成战略性的牵制。

〔2〕 杨波、唐朱昌:《共建"丝绸之路经济带":欧亚经济联盟国家学界的认知综述》,载《欧亚经济》2019 年第 3 期。

〔3〕 姜英梅:《中东能源金融化与中国能源金融战略构想》,载《阿拉伯世界研究》2014 年第 6 期。

施效果来看，虽然中国同欧亚经济联盟已签署合作协议，建立了基于能源协议的定期会晤机制，解决了能源贸易投资中出现的各种问题，但中国与各成员国之间仍以双边合作为主，中国同欧亚经济联盟各成员国能源双边、多边合作需求仍未扩展，需要在新的国际形势下继续深化能源合作。

推动 "一带一盟" 能源合作的中国方案

现今全球社会缺乏良好的能源合作机制，各国能源合作中呈现出区域化、分散化与碎片化的特征。欧亚经济联盟虽然是一个重要的地区性经济组织，但是尚处于不断发展塑形的阶段之中，中国作为欧亚经济联盟最大的贸易伙伴，已初步确定了对接合作的重点领域，双方在项目建设方面取得了显著成果，但是欧亚经济联盟组织本身与主要成员国的法律制度构建对 "丝绸之路经济带" 未来的发展具有较为复杂的影响。[1] 一方面，欧亚经济联盟同 "丝绸之路经济带" 的对接合作还处在起步阶段，各方面的对接还不够完善，大为相异的法治文化的融合协调度相对较低，在制度目的、规范规则、建立标准、立法理念等方面的基础工作需要尽快开展；另一方面，根据区域一体化发展的客观要求，需要加强我国在国际法和国内法两个层面上与外部世界进行制度和规则的协调互通。在这个角度上，国别法的规则意义被显著放大，中国企业在欧亚经济联盟共同市场建立中需要国家进行法律公共产品供给，形成有效的制度和规则对接，这成为阻碍中国企业进入共同市场的重要因素。因此，对 "丝绸之路经济带" 和 "欧亚经济联盟" 的法律体系进行研究，并在法律层面上考察 "丝绸之路经济带" 和 "欧亚经济联盟" 之间的制度对接和合作，无疑对 "丝绸之路经济带" 的建设有一定的现实意义。

---

〔1〕 参见杨泽伟：《共建 "丝绸之路经济带" 背景下中国与中亚国家能源合作法律制度：现状、缺陷与重构》，载《法学杂志》2016 年第 1 期。

第一节　塑造能源合作的基本理念

中国秉持"有别于以利为先、零和博弈的能源霸权思维，能源命运共同体理念更强调以义为先、合作共赢、共同发展的能源义利观。"[1]在全新的能源合作观指导下，在能源命运体的高度从多方面推进能源合作的理念更新。

一、倡导绿色贸易

绿色发展是点亮科技创新的主要领域，是各国提升生产效率的主要动因。在目前全球能源开发已经到了后半场的形式下，发展绿色能源合作，提升中国绿色竞争力，形成和宣传中国绿色发展理念，抢占国际环保领域话语权和解释权，塑造可信赖的环保大国形象，摆脱以往那种注重经济忽略环境治理的形象，不仅有利于增进国际协作和理解，也有益于国内生态环境的塑造。俄罗斯学者也强调从"绿色经济"和"生态文明"视角，建议在"一带一盟"对接过程中严格生态要求，打造"绿色丝绸之路"。[2]

化石能源在全球范围内的大规模开发利用导致了严重的环境污染与生态破坏，并引发了气候变暖，极端天气频发，环境恶化等一系列问题。因此，寻找低碳且环保的清洁能源替代方案、加速能源结构转型升级已成为全球应对气候变化的必然选择。中国不仅是世界上能源消费最大的国家，而且还是世界上温室气体排放量最大的国家。在构建能源命运共同体的过程中，应该促使世界上所有国家更加清楚地认识到自己所面临的严峻形势，明确自己的责任与义务，树立低碳环保的绿色发展理念，积极地参与到全球气候治理中来。跨国家和地区的绿色能源合作产业链的形成，是衡量区域能源合作的文明理念和经济实力的重要标志，提高绿色能源产品的价值附加值，在相当程度上能够抵消能源产品生产成本的攀升，并且创造出更大的品牌效应。中国

---

[1]　参见朱雄关：《能源命运共同体：全球能源治理的中国方案》，载《思想战线》2020年第1期。

[2]　См.：Глазырина. И. П. Экономический пояс Шёлковый путь：экологические аспекты// Мировая экономика и международные отношения. 2018. №1. С. 34-38.

在与欧亚经济联盟成员国能源合作中必须将生态环境的保护与绿色发展作为不可逾越的红线。绿色能源合作体系的构建，促进了国内产业的转型升级，对于国际舆论的引导以及塑造负责任的大国形象，创建人类命运共同体起到极为重要的资源聚集效应。欧亚经济联盟各成员国正在制定符合绿色发展要求的环境保护法、经济法、企业法等相关法律法规，从一般法的法律条文到环保领域的特殊法，必须考虑到绿色产业链的构建、绿色企业的打造、绿色能源产品的生产。对于容易造成污染的企业、耗能较大而经济收益较少的企业，应当坚决予以整治、治理。在全球对环境问题日益高度重视的形势下，常规能源中的天然气逐渐成为人们关注的重点。

发展清洁低碳的天然气产业，对于优化全球能源消费结构，实现低碳经济，具有重要的现实意义。因此，在构建能源命运共同体的过程中，各国应加强国际交流与合作，充分开发天然气资源，加强天然气输配系统建设，建立完善的天然气运输管网和储气库系统，为天然气工业的持续发展创造条件[1]。

基于上述考量，中国区域能源贸易的各环节需要注重参与国家的国内环境保护各要素，将环保理念和生态学原则渗入至贸易的合同到履约的各个阶段。目前，由于巨大的产业量和能耗量，坚持绿色能源合作、绿色企业、绿色生产方向，推动中国绿色产业链评价标准体系的构建和绿色企业品牌打造，是中国国内产业结构优化升级的未来提升方向。采用创新性的技术手段以及管理模式，形成绿色环保、区域开放、域内共享的合作共识，做到事先保护、过程防治，以防范能源开发可能导致的环境风险。绿色能源合作的达成，主要通过运用高科技设备最大效率利用能源、节约能耗、降低环境清洁成本。在能源产品的运输、仓储阶段采用符合环保要求的设备实现标准化管理。在能源产品市场流通、销售，乃至回收再利用阶段，理顺能源产品回收环节，进行高效回收并且将其作为生产原料投入新的循环使用。从行业上下游企业安排上有意识地进行安排和调整，勾连不同国家、地区的企业，实现从生产到回收利用环节的协调合作，形成区域能源合作绿色产业链，树立"一带一盟"的绿色能源贸易品牌，形成国际竞争优势。

---

〔1〕　朱雄关：《能源命运共同体：全球能源治理的中国方案》，载《思想战线》2020 年第 1 期。

中国对于国外相关绿色环保企业的评价标准和流程管理应当关注和学习，汲取有益因素，帮助中国企业尽快打造出一系列绿色产业链上的知名品牌。从政策制定到社会观念引领上，从相关行业标准到各奖励评判标准的制定上，从社会各层面立体式地引导可持续的消费观。加紧对于通行国际标准的研究，在研究和制定过程中，参考国际相关标准，充分考量中国国情。在绿色能源产品评价体系构建过程中，可加强国际交流协助，既注重评价体系的互相承认、认可，又注重树立本国的评价体系品牌和提高生产企业在国际上的知名度和认可度，这是中国绿色能源产品能否打开国际市场的关键。在中国绿色能源产品评价标准体系构建过程中，应当关注到行业产业链全过程管理，充分考虑原材料采购、生产、运输仓储、消费回收等环节，加强国际对标和行业示范，带动相关行业产业链上下游企业加强绿色生产过程管控。

二、注重可持续发展

在国际能源合作中，随着能源危机的出现和加剧，人们逐渐认识到，环境维护对于社会发展有着极为重要的意义，人们生存与发展所依赖的生态环境应当是可持续的，同时更是一种不受任何严重威胁或破坏的状态，以达到人与自然的和谐相处。人类和环境之间有着一种亲密而复杂的关系，一方面，人类既要从环境中获得一定的资源来支持自身发展，而另一方面，在这个过程中，又不可避免地会对生态环境产生一定程度的影响。1992 年里约热内卢《环境与发展宣言》的发表，使得可持续发展由理论成为世界各国人民共同的价值追求。可持续发展作为一种新型的发展模式，涉及人类社会经济发展的不同领域，包括能源领域合作。可持续发展以人类整体利益与长远利益为最终目标。它既要保障人类的基本生存需要，又要不断提高人类的生活质量，实现人的全面发展。这种价值目标从能源伦理角度要求，在能源经济建设过程中追求眼前的、局部的物质利益的同时，更要兼顾各个成员国的长远利益和整体利益，避免为了某一个单一国家的利益，影响各国后代生存发展需要，丧失了发展中的代际正义与正当性[1]。

---

〔1〕 黄晓众、刘明华：《生态伦理学与国民经济的可持续发展》，载《贵州大学学报（社会科学版）》1997 年第 4 期。

能源可持续发展原则的形成和发展确立了区域经济发展过程中的人与自然和谐发展、共同进步的能源生态准则，是能源合作实践的新的发展要求。在各国的合作之中，必须坚持可持续发展原则，而不能涸泽而渔。能源开采与能源合作不仅仅要满足当代人的需求，更要为子孙后代留下足够的资源。可持续发展的终极目的是维持经济社会的发展与环境保护之间关系的平衡。把能源可持续发展原则提升到战略层面，大力发展技术，提高能源利用效率，同时保护地区和全球的生态平衡，成为人类命运共同体下的能源合作中重要的理念。站在"一带一盟"合作发展的高度，相关国家不论大小强弱，享有国家发展权利与承担相应的环境保护义务。塑造公平正义的能源合作环境是当代生态伦理一项重要目的，更是建立欧亚经济联盟良好善治的内在要求。

三、尊重国家主权

通常认为，法律与政治是密不可分的，但法律也是相对独立的。在国际能源合作中，能源主权原则贯穿于能源生产、能源投资、能源运输、能源进出口、能源消费等环节，有着较为明确的国际规范。[1]随着一体化趋势和国际能源合作的加强，超国家权力和能源主权间的矛盾逐渐凸显，对于各国而言，维护能源主权是保障国际能源长期合作的必然要求。对于能源进口国、生产国和过境国来说，能源主权的保障方式各有不同。能源主权对内具有最高权力属性且对外具有独立性，国家在国际能源活动中有制定国家能源管理制度和参与的自由意志。进口国的能源主权不仅意味着能源原料的自给自足，而且意味着无论能源出口国或地区的政治局势如何，都能确保能源供应的稳定，这主要通过各种消费市场、竞争和与能源供应者建立稳定的政治关系来实现。能源生产国的能源主权是指其对能源资源的独立开采和管理权，国家通过对能源资源开采方法的控制、先进的生产技术、在世界市场上的竞争力、过境独立性或过境路线多样化保障能源主权。过境国的能源主权被理解为过境国获得多样化的能源供应，拥有和管理能源过境线路和运营利润，以及利

----

〔1〕　1952 年联合国《关于自由开发自然财富和自然资源的权利的决定》明确规定自由开发自然资源是主权所固有的内容。1962 年联合国《关于自然资源之永久主权宣言》正式确认国家对自然资源享有永久主权的原则。1974 年联合国《各国经济权利与义务宪章》《建立新的国际经济秩序宣言》及其《行动纲领》等文件进一步明确了国家经济主权原则的具体内容。

用能源的权利。[1]对于能源资源丰富的俄罗斯和哈萨克斯坦来说，能源主权的概念尤为重要。能源已从商业资源转变为具有战略意义的地缘政治资源，是国家经济发展的强大动力和施展外交政策的有力工具。国家能源主权原则是保障其不受内外影响，独立作出有效的能源决策，从而维持国民经济和政治稳定的关键。近年来，以美国、西欧和日本为主的能源消费大国与中国、印度、东南亚等世界经济体系新参与者之间的能源资源争夺愈演愈烈。这些现实因素不仅影响着世界能源市场的发展，而且与全球政治进程密切相关。

欧亚经济联盟缺少一个超国家组织架构，只对成员国的国家主权提供了一种形式上的制约，而这种制约又是一种政府间合作的模式。总体来说，欧亚经济联盟成员国中的俄罗斯、哈萨克斯坦国内能源安全立法体现出较为清晰的能源主权理念，根本目的在于保障国家能源安全利益。而其他成员国亚美尼亚、白俄罗斯、吉尔吉斯斯坦由于本国无丰富的能源资源，更多依托从联盟层面获取来自俄罗斯、哈萨克斯坦的能源利益，期望通过最低限度的主权让渡建立能源统一市场来保证自身能源安全。

第二节　深化能源贸易的顶层设计

"一带一盟"的对接发展不仅仅是能源，还包括其他经济领域的合作，在宏观设计上要从战略高度需要对合作过程中一些根本性的、普遍性的问题进行一个全局的把握，积极从多边条约谈判、双边合作机制、公共产品输出等方面进行顶层战略设计。中国为有效维护能源合作的能源利益、加强能源命运共同体建设，塑造以能源合作为核心的基本理念以及完善区域多边能源合作机制。中国学界提出，"一带一盟"对接合作的主体有两个层面，一是中国与欧亚经济联盟成员国之间；另一个层面，就是中国与欧亚经济联盟本身。在前一个层面，要进行开放式的、自由的、各种双边和多边合作。[2]中国和

---

〔1〕 См.：Береза Алексей Николаевич. Юридические технологии обеспечения энергетической безопасности современной России，载 http://www. dslib. net/polit-instituty/juridicheskie-tehnologii-obe-spechenija-jenergeticheskoj-bezopasnosti-sovremennoj-rossii. html，最后访问日期：2023 年 1 月 2 日。

〔2〕 参见陈玉荣主编：《"一带一路"建设与欧亚经济联盟对接合作智库论坛北京会议论文集》，世界知识出版社 2017 年版，第 89 页。

欧亚经济联盟成员国在经贸合作中存在着产业结构不合理、合作方式落后、贸易便利化程度不高等问题。例如，中国对俄罗斯及中亚地区出口商品主要是服装、鞋帽、轻工产品、机电产品，进口商品主要是资源类产品，包括石油、天然气、矿产品等。在贸易方式方面，中国对中亚地区的口岸经济、边境贸易仍占很大比重。双方的现有对接模式是实践性的结果，在全面考量相关国家的能源供需、产业发展目标、法律设置、利益趋向等因素的基础上，采取"5+1"模式以及多个"1+1"模式进行单一项目、项目组、项目群等不同结合的方式，将点线面进行有机覆盖，既保证重点突破，又兼顾整体推进，最终实现能源合作的全面推进。

一、推动多边条约谈判

能源合作的高度政治性、长期性，要求合作国家通过国际条约的方式，妥善安排合作方式、确认相关各国的利益所在，更是最后关头动用强制力保卫国家能源安全的道义合法性所在。欧亚经济联盟与丝绸之路经济带能源合作所面临的最大障碍是，联盟成员国在发展目标和发展布局上存在着不同的利益，这就导致了在能源等敏感领域，他们更倾向于各自独立行事，协调的过程比较复杂，无法以统一的身份与非联盟国家进行合作。欧亚经济联盟自身正处于自我完善与体制发展阶段，考虑到各成员国之间的主权平等，最后导致欧亚经济联盟内部缺乏实质上具有强制执行力的多边法律合作机制。目前，中国在上海合作组织、中国-中亚合作论坛、"一带一盟"倡议等机制平台下都存在能源合作议题。例如，2009 年 10 月，哈萨克斯坦总理卡里姆·马西莫夫在上海合作组织成员国总理会议上提出了关于制定上海合作组织能源战略的建议；2018 年中国与 17 国共同发布《共建"一带一路"能源合作伙伴关系部长联合宣言》，致力于建成以推动能源互利合作为宗旨的合作平台。[1]这些国际合作机制都在或直接或间接帮助中国与欧亚经济联盟国家进行能源合作。

但要注意的是，分散化、碎片化的能源合作机制并不能帮助相关合作达

---

〔1〕 参见 http://www.spic.com.cn/spic_ m/xwzx/zhxx/201810/t20181019_ 294075.html，最后访问日期：2023 年 4 月 3 日。

到能源合作的有效高度，通过多边能源条约对相关机制的整合无疑是更具实效性的政策工具。中国目前对外能源合作法律仍然只是以国别合作为主，例如《中俄东线天然气合作项目备忘录》《中华人民共和国和哈萨克斯坦共和国关于在油气领域开展全面合作的框架协议（2004 年 5 月 17 日）的议定书》《中华人民共和国政府与哈萨克斯坦共和国政府关于中哈天然气管道建设和运营的合作协议》等。在经过逾三十年的能源合作后，中国和欧亚经济联盟国家都有责任、有义务尽快启动能源条约谈判，在能源投资、能源贸易、互联互通、争端解决机制、清洁能源等全产业链范围内，为能源合作提供切实的法治保障。用大国听得懂的语言明确释放中国意图，宣示中国在相关国家的能源利益，是避免不必要的大国竞争导致全球能源安全危机的最佳手段。从区域合作的角度看，以中国为主体与相关国家签订条约，能够打消俄罗斯等国与中国的能源合作解构欧亚经济联盟的疑虑，通过与中国的良性互动，促使相关国家互相理解、更加高效地合作，同时使中国在域外能源谈判中获得优势地位。

二、完善双边合作机制

《欧亚经济联盟条约》对其外贸政策的执行方式作出了明确规定，即"欧盟与各成员国分别或共同签署各种条约，与第三方签署各种国际条约，参加各种国际组织，以及自行制定各种外贸政策措施与机制"。在欧亚经合组织的对外交往实践中，将与区域外国家签订经贸合作协定、建立自贸区网络，作为未来对外交往的主要途径。中国与欧亚经济联盟地区之间的冲突解决方式多为协商，并未确立法律层面的有效手段。其原因在于，由于中国的双边投资协定（Bilateral Investment Treaty，以下简称 BITs）在内容方面大多以原则性规定为主，以强调"友好"为基调，因而存在着显著的模式化、可操作性差等缺陷，也由此在实践中暴露出诸多问题。由于多数 BITs 签订于 20 世纪，已经严重滞后于时代发展，加之 BITs 内容的老旧，导致其内容规制无法跟上中国利益结构和投资身份的变化，也无法满足新时代的投资保护需求。

1. 投资身份界定与保护

国体和国情决定了中国国有企业是海外投资的主力军。据统计，截至

2019 年末，国有企业对外投资存量整体占比过半，[1]截至 2022 年底，中国对外直接投资总额累计约 2.94 万亿美元。[2]然而传统的中国投资协定却不能保证其拥有合格的投资者身份。这是因为，中国签署的 BITs 对国有企业投资者重视不足，几乎未规制关于国有企业投资者身份的认定和保护的相关内容。

第一，大多数情形下中国 BITs 仅以"自然人"和"经济实体"对投资者进行定义，并不以所有权区分投资者，也并未明确规定国有企业投资者的身份。例如，在中国和俄罗斯、白俄罗斯、哈萨克斯坦政府的 BITs 中均规定："投资者"系根据任一方法律和法规有权在双方领土内进行投资的自然人或企业、公司等法律实体。但是，该类模糊立法仅适合以私人投资为主的资本主义国家，而中国国有企业因其自身具有的诸多复杂性，很难被归入"私人投资者"行列，若投资协定又不对其投资者地位加以明确，在实践中极易被确认为不适格的投资者，无法获得投资保护。[3]

第二，适用于国际投资仲裁的惯例在判断国有企业投资地位的问题上存在缺陷，而中国的投资协定又未对其进行补充规定，是为立法空白。当前适用的国企身份判断标准又称"商业判断标准"，是指国企投资者如果被认为是政府的代理人或者代为履行政府职能，则会拒绝其投资仲裁申请，反之则会接受。但是该判断标准过于笼统抽象且欠缺实操性，中国国有企业因其自身的特殊性，世界各国都缺乏处理中国此种性质的国有企业的国际法经验，如何定位中国国企及其投资仍是目前国际立法所面临的难题。[4]中国国企是否具有商业主体身份，中国和西方国家争论多年未果，加之中国 BITs 缺少相应的补充规定，种种情况加大了中国国有企业获得投资保护的困境。

2. 间接征收界定问题

一般来说，间接征收是指采取与征收或者国有化相类似的措施。间接征

---

〔1〕 参见商务部：《中国对外投资合作发展报告 2020》，载 http://www.mofcom.gov.cn/article/news/202102/20210203036239.shtml，最后访问日期：2024 年 1 月 19 日。

〔2〕 参见 https://news.cri.cn/20230224/dcda672f-68fb-5a3f-365d-e7b2756c4eec.html，最后访问日期：2023 年 3 月 1 日。

〔3〕 刘雪红：《中国海外投资保护的法律障碍与制度重构——基于北京城建诉也门等五案的分析》，载《华东政法大学学报》2019 年第 2 期。

〔4〕 王鹏：《北京城建诉也门：国有企业身份是否妨碍投资仲裁?》，载 http://blog.sina.com.cn/s/blog_6374a8090102xeyr.html，最后访问日期：2021 年 10 月 3 日。

收是国际投资法的核心，与投资者利益的保护和东道国政府管制权滥用的限制息息相关，也是国际投资仲裁的主要诉由之一。然而，中国传统 BITs 中，间接征收条款的设计存在缺陷，内容规定比较模糊，在实践中很可能因无法覆盖层出的政府管制风险而削弱对中国投资者的保护。中国与欧亚经济联盟成员国签订的 BITs 均以"其他与国有化类似措施"的内容对间接征收进行界定。如《中华人民共和国政府和俄罗斯联邦政府关于促进和相互保护投资的协定》（2006 年签订）、《中华人民共和国政府和哈萨克斯坦共和国政府关于鼓励和相互保护投资协定》（1992 年签订）、《中华人民共和国政府和白俄罗斯共和国关于鼓励和相互保护投资协定》（1993 年发布）第四条第一款规定等。从这些条款能够直观地看出中国传统双边投资协定对间接征收规定存在两大缺陷：（1）概念界定不明且用词模糊。一般情况下，资本输出国偏向于将"间接征收"作缩小解释，而资本输入国则更愿意作扩大解释。若不明确规定"间接征收"的内涵和范围，在实践中就极易引发东道国的各种管制措施是否应被认定为"间接征收"的争议，也将难以约束东道国政府打着正当管制的幌子行使间接征收的行为。（2）间接征收的评判标准不具备实操性。一般表述为"具有类似国有化、征收效果的其他措施"。以效果作为单一标准，将重点放在政府行为对投资造成的后果上面，但实际上这样的标准并不具备明确的指引性，实践过程中难以把握，仍易引起争议。[1]

根据中国与五个欧亚经济联盟成员国签订的 BITs，提交国际仲裁的争议可以划分为三种。与白俄罗斯、哈萨克斯坦、亚美尼亚签订的 BITs 规定"与征收补偿额有关的争议"可提交仲裁，与吉尔吉斯斯坦签订的 BITs 规定"与征收款项有关的任何争议"可提交仲裁，与俄罗斯签订的双边投资协定规定"与投资相关的任何争议"可提交仲裁。然则，这三种仲裁范围却都无助于投资者获得投资仲裁救济。第一，文本中仅将"征收数额"与"征收款项"设定为仲裁范围，仲裁员理当遵循条款内容，而不能尝试管辖与征收数额无关、征收款项无关的争端。并且这样的立法设计还存在另一个矛盾点，即"征收存在与否"难以被划归入可仲裁范围，但其本身又是 BITs 中最重要的保护事

---

〔1〕 刘雪红：《中国海外投资保护的法律障碍与制度重构——基于北京城建诉也门等五案的分析》，载《华东政法大学学报》2019 年第 2 期。

项之一，理应和征收款项与征收数额一同归入仲裁范围条款。

另外，中国与"一带一盟"沿线国家的合作愈加紧密，但某些沿线国法治不健全、国内司法救济保障性不强。因此，中国投资者需要获得更加完备的非东道国的投资保护，狭隘的仲裁范围极易令投资者陷入无处救济的境地。第二，"与投资相关的任何争议"看似包罗万象，但不加任何限制地将一切投资纠纷都列为可仲裁范围的立法方式，既易引起滥诉，又无法有效地保护投资者的合法利益。因为对其可以做不同解释，一方面，可能被理解为违反条约义务的争议，另一方面，也可能被理解为"纯合同请求""保护伞条款"[1]。尽管在实践中一些仲裁庭对"保护伞条款"做扩张解释，将东道国违反投资合同的纠纷看作国际条约予以解决，但现实中仍有人持不同的观点。例如，SGS v. Pakistan 案中，仲裁庭就认为《巴基斯坦-瑞士双边投资协定》中第九条第一款的"与投资有关的争议"单指东道国违反了本协定的某一实体条款之争议，并不包括双方的其他投资争议[2]。

总之，能源跨国合作是"丝绸之路"经济带建设的重要引擎，而欧亚经济联盟成员国是"一带一盟"建设的重要伙伴，中国与欧亚经济联盟成员国开展的能源合作既符合共同的政治与经济利益诉求，也有助于消除地区安全隐患。中国与欧亚经济联盟成员国开展的合作仍存在利益诉求差异、能源政治工具化等风险。从投资者的角度来看，目前在欧亚经济联盟国家的能源投资仍然面临着不可控的制度障碍和风险。法律是作为保护海外投资最强有力的手段之一。因此，有必要参照世界贸易组织相关法律法规，借鉴他国的优秀立法经验，结合实践中突出的问题，完善中国海外投资领域的立法，更好地维护中国企业的合法权益。同时还应深入地思考中国对外双边投资协定设计上的不足和缺陷，有针对性地进行制度重建。

三、扩大公共产品供给

国际公共产品的供给对于国际行为体能产生积极的外部性效应。相较于

---

〔1〕 "保护伞条款"是指缔约一方恪守对另一方投资者所作出的承诺，以保障投资者利益的最大化。

〔2〕 刘雪红：《中国海外投资保护的法律障碍与制度重构——基于北京城建诉也门等五案的分析》，载《华东政法大学学报》2019 年第 2 期。

其他方面激烈的大国博弈，国际公共产品的消费处于小国欢迎、大国默许的地带。着眼于相关国家经济相对落后、政府对社会各方面投入不足的现实，向欧亚经济联盟国家供给优质公共产品，通过此种软性方式实现双方共同利益目标，逐步提高双方政治互信水平，是实现能源合作的政治承诺的最优选择。中国与欧亚经济联盟国家的能源合作，也一直伴随着西方某些势力的"中国威胁论""债务陷阱"等污名化。提供公共产品，承担起相应的区域政治责任，是帮助相关国家消除对中国错误认识的关键，也将使某些国家削弱中国能源供给安全的图谋不可能得逞。为相关国家提供公共产品的最佳契机便是以双方能源合作项目为中心，改善项目所在地的交通、通信基础设施，适当提供一定的福利设施，带动当地经济发展，让当地民众得到实在利益。长远来看，公共产品的供给应该突破国别限制，中国应该通过提供普惠性的公共产品，不断提升区域公共产品的质量和层次，缩小欧亚经济联盟所在地区国家的发展差距，帮助相关国家实现国内政治稳定、区域环境稳定、国家发展利益，保证能源的过境安全，促进能源合作向更高层次演进。

丝绸之路经济带发展成就已表明其区域价值与发展潜力，在保持乐观自信的同时应不断保持"一带一盟"合作机制与制度上"自我革新"。目前会晤机制很多，但相关工作的执行机制较少。回归区域组织公共产品供给的核心任务，丰富"联盟组织+项目"的内涵与形式，应不断创新区域公共产品供给与共享模式，开发人工智能和第五代（5G）通信网络等后疫情时代数字产品，在云存储、大数据、电子政务服务等领域提高合作效率与活力，提升制度认同感。研判"一带一盟"框架内的道路基础设施发展计划的发展前景，高度重视利用上海合作组织平台对于欧亚经济联盟的协同联系。此外，欧亚经济联盟区域内的疫情已对区域能源合作发展产生消极影响，互联互通与人文交流近乎停止，经贸数据大幅减少，司法与反恐安全合作事务停滞不前。区域面临的问题在于成员国之间"各自为战"，缺乏公共卫生安全合作机制，导致区域内卫生安全公共产品供给不足。此外，欧亚经济联盟成员国之间经济与民生发展不均衡，存在公共卫生治理能力差、防控资金投入不足、医疗基础设施落后等问题，不排除中亚地区由于疫情"返贫"造成政治与社会不稳定的可能，或使其再次成为恐怖主义等极端势力的土壤。对此应当站在能源合作的立场，最大化减少疫情对合作产生的负面影响，积极提供相关公共产品，推动成员国在"疫情寒冬"中"抱团取暖"，彰显中国践行多边主义、合作共赢的大国风范。设立成员国领导人（包括首脑、总理、外交部长、卫生部长等）定期视频或会话的协商机制；建立疫情防控经验与技术交流机制，包括医疗防控专家交流与学术交流等；建立医疗卫生信息共享系统，通过互联网及时有效地完成卫生信息的收集、整理与使用，保证成员国间公共卫生信息畅通透明。

从中国自身能源产品供给来说，中国的页岩油气资源储量非常丰富，美国的能源发展模式为中国如何更好地保障能源安全提供了借鉴。中国的页岩油气资源具备推动中国转型成为能源双向流动国家的潜力，随着这种潜力逐步转化成为实际生产力，中国也将会具备影响国际能源格局的筹码和能力。中国风电和光伏发电的建设成本在快速下降，并取得了突出的成果。中国的特高压超远距离输电技术和设备制造能力全球领先，核电、"人造太阳"、氢能等新能源技术不断取得突破。这为中国在与欧亚经济联盟国家进行能源合作时提供了技术优势和新的资源优势，中国影响世界能源格局的能力也正在日益综合化。顺应全球能源双向流动加速的趋势，今后中国可能将不再只是通过输入国的身份影响能源市场价格，能源供需双侧的并行发展将会愈发突出。这为中国依靠自身丰富的页岩油气资源、新能源资源、技术优势和完备的工业制造能力以及"一带一盟"相关国家丰富的油气储量，打造能源合作伙伴关系并推动构建能源命运共同体提供了良好的基础。简单来说，"一带一盟"不仅仅是油气资源通道，也具备建设能源设施、能源产业链的伙伴关系的能力，具有深化构建能源命运共同体的潜力和趋势。

四、发挥上合组织平台作用

"一带一盟"的顺利推进必须有赖于合作平台与机制建设。放眼未来，为了将共同点和互补性变为现实合作，还需要做许多工作。国家发展改革委、外交部、商务部均认为强化多边合作机制作用是个重要的着力点，需要发挥上海合作组织（SCO）、中国-东盟"10+1"、亚太经合组织（APEC）等现有多边合作机制作用，让更多国家和地区参与"一带一路"建设。[1]2015年5月，中俄联合声明中特别指出，努力将丝绸之路经济带建设和欧亚经济联盟建设相对接，确保地区经济持续稳定增长，加强区域经济一体化，维护地区和平与发展。双方将秉持透明、相互尊重、平等、各种一体化机制相互补充、向亚洲和欧洲各有关方开放等原则，通过双边和多边机制，特别是上海合作组织平台开展合作。[2]2015年7月在上海合作组织乌法峰会上，各成员国就共建"一带一盟"达成共识，并写入峰会宣言，标志着上海合作组织区域经济合作进入与"一带一盟"融合发展的新阶段，由此，上海合作组织成为了对接的重要平台之一，在这一合作框架下的相关国家既有多边协作，又有双边合作的对接模式。中国和俄罗斯明确通过丝路基金、亚洲基础设施投资银行、上海合作组织银联体等金融机构，加强金融合作。推动区域和全球多边合作，以实现和谐发展，扩大国际贸易，在全球贸易和投资管理方面形成并推广符合时代要求的有效规则与实践。[3]

2001年至2023年间，经过二十余年的发展，上海合作组织各个领域的法治建设取得了积极成果，包括上海合作组织区域持续有效打击三股势力、维护地区安全稳定、吸收印度和巴基斯坦加入上海合作组织的扩容工作，贸易便利化进程不断深化，区域国家间的人文交流合作不断加强等。[4]由于国际法律和国际机构的创立促进了国际的相互依赖关系的协调，国家间的和谐得以维系。国家内部的福利和安全日益与全球的福利和安全紧密联系在一起，国际机构的政治权威和管辖权呈现了自然扩张的趋势。[5]上海合作组织诞生

---

〔1〕 参见国家发展改革委、外交部、商务部：《推动共建丝绸之路经济带和21世纪海上丝绸之路的愿景与行动》，载 http://ydyl. people. com. cn/n1/2017/0425/c411837-29235511. html，最后访问日期：2023年3月30日。

〔2〕 参见《中华人民共和国与俄罗斯联邦关于丝绸之路经济带建设和欧亚经济联盟建设对接合作的联合声明》，载 http://www. gov. cn/xinwen/2015-05/09/content_ 2859384. htm，最后访问日期：2023年4月2日。

〔3〕 参见《中华人民共和国与俄罗斯联邦关于丝绸之路经济带建设和欧亚经济联盟建设对接合作的联合声明》，载 http://www. gov. cn/xinwen/2015-05/09/content_ 2859384. htm，最后访问日期：2023年4月2日。

〔4〕 上海合作组织法律渊源内容多样，包括宪章、决议、建议、宣言、联合声明、各类公约、约束性决定以及适用于该组织的国际法、一般法律原则与习惯法。

〔5〕 ［英］戴维·赫尔德、［英］安东尼·麦克格鲁：《全球化与反全球化》，陈志刚译，社会科学文献出版社2004年版，第90页。

至今已经呈现出将成员国利益保障与区域、全球发展紧紧联系在一起,密切融合的发展态势。目前,上海合作组织发展重点越来越多表现在经济领域,这不是巧合,如何能够有力建立经济合作是上海合作组织的未来,只有共同的经济利益可以促进全面合作。[1]经贸合作是推动上海合作组织不断发展的重要内容,是可持续发展的动力。自 2001 年成立以来,上海合作组织通过并签署主要法律基础文件有《上海合作组织成员国多边经贸合作纲要》《上海合作组织成员国政府间关于区域经济合作的基本目标和方向及启动贸易和投资便利化进程的备忘录》《上海合作组织成员国政府间国际道路运输便利化协定》《〈上海合作组织成员国多边经贸合作纲要〉实施措施计划》等,确定了组织框架内经济合作的优先方向;批准成立了银行联合体、实业家委员会等。推进贸易便利化与区域经济的一体化是上海合作组织区域经济合作的重要工作,深入推进贸易便利化对各国自身的经济发展、本区域经济合作长远目标的实现具有重要意义,也能让上海合作组织成员国切实地感受到上海合作组织区域经济一体化合作功能的发挥,进一步加强政治、安全合作的动力与意愿。

《上海合作组织宪章》规定,支持和鼓励各种形式的区域经济合作,推动贸易和投资便利化,以逐步实现商品、资本、服务和技术的自由流动。在这方面上合组织与欧亚经济联盟存在功能上的共同性。《欧亚经济联盟条约》确定的发展目标是消除联盟内关税和非关税壁垒,在 2025 年前实现联盟内部商品、服务、资本和劳动力的自由流动,推行协调一致的经济政策。俄罗斯作为上合组织和欧亚经济联盟的重要成员国,是"一带一盟"对接协作中最大的经济市场之一,是亚洲基础设施投资银行的创始成员国之一,俄罗斯的对外战略对于上合组织发展走向意义重大。2014 年 5 月,俄罗斯总统普京在中国上海出席亚洲相互协作与信任措施会议第四次峰会,与中国国家主席习近平共同签订《中俄关于全面战略协作伙伴关系新阶段的联合声明》,象征着中俄关系已提升到全面战略协作伙伴关系新阶段。2015 年俄罗斯总理梅德韦杰夫作出关于上海合作组织作为欧亚经济联盟对接"丝绸之路经济带"对接平台的提议,并得到了中国等成员国的积极回应,包括诸如设立上海合作组织

---

〔1〕 Лукин. А. В. Шанхайская организация сотрудничества: от становления к всестороннему развитию. М.: Москва МГИМО. 2008. С. 109.

自由贸易区的构想。由俄罗斯主导的欧亚经济联盟与中国"一带一盟"倡议的对接，对于将来上海合作组织区域政治经济格局的发展有着非同一般的战略意义，同时中国和有关成员国包括哈萨克斯坦"光明之路"等发展战略积极对接，上海合作组织为此需要充分发挥其重要平台作用。俄罗斯学者库兹米娜撰文指出，上海合作组织作为欧亚经济联盟对接"丝绸之路经济带"存在对接平台的可能性。在这方面，经济联系是互利的，这一点是毫无疑问的。双方可以在能源项目、基础设施建设以及农产品、食品方面进行合作。[1] 建立上海合作组织与欧亚经济联盟的对接机制，可以有效地降低欧亚经济联盟成员国的商品进口价格以及抵消通货膨胀的不利影响，同时这也对于中国在欧亚经济联盟成员国的投资活动是个巨大的刺激。当然，这其中存在很多需要各个成员国克服的困难，比如中亚国家会比较关心自身国内市场的竞争力问题，毕竟中国在出口制造领域的优势是明显的。上海合作组织与欧亚经济联盟成员结构上具有很大的重叠性（见下表），这也为上海合作组织从组织机制建设角度出发促进"一带一盟"合作提供了重要基础。

表 7

	上海合作组织成员国	上海合作组织对话伙伴国	上海合作组织观察员国	欧亚经济联盟成员国	欧亚经济联盟候选国
俄罗斯	√			√	
哈萨克斯坦	√			√	
吉尔吉斯斯坦	√			√	
塔吉克斯坦	√				√
白俄罗斯			√	√	
亚美尼亚		√		√	

中国和俄罗斯两国在 2015 年就利用上海合作组织平台展开合作已经达成国家共识，双方将秉持透明、相互尊重、平等、各种一体化机制相互补充、向亚洲和欧洲各有关方开放等原则，通过双边和多边机制，特别是上海合作

---

〔1〕 参见［俄］E. M. 库兹米娜，农雪梅译：《上海合作组织作为欧亚经济联盟与"丝绸之路经济带"对接平台的可能性》，载《欧亚经济》2016 年第 5 期。

组织平台开展合作。[1]"一带一盟"关系对上海合作组织提出了新的要求，上海合作组织必须缔造新的上海合作组织经济社会环境与地区发展理念，迅速改善贫困、封闭、保守、落后的社会经济环境，彻底消除恐怖主义滋生的土壤与温床。在充分发挥上海合作组织对接平台的建设过程中，能源合作法律建设是必需的。中俄、中哈等国的能源安全合作由于各国在政治、经济、尤其是价格方面的考量，导致中俄两国作为需求者与供应者、中印两国作为需求者出现了较多能源贸易摩擦，不可避免地降低了上海合作组织在全球能源治理中的整体话语力量与平台发展形象。只有积极将合作平台内容丰富化、类别化与务实化，通过建立能源信息交易共享机制，达成上海合作组织在能源拥有及消费状况、新能源开发、能源生态环境及相关技术等方面互通联通，避免虚假与诱导能源信息衍生；建立全球能源市场的预测与分析的常态化工作机制，为上海合作组织参与全球能源治理的决策提供及时、准确的能源情报分析，形成上海合作组织在能源领域的合作与竞争并存的良性互动关系，最终增强上海合作组织作为平台协调欧亚经济联盟与"丝绸之路经济带"对接在能源治理方面的话语能力，促进中国与欧亚经济联盟成员国合作的透明化与机制化。在能源政策、能源信息、能源研发、能源价格等领域展开平台话语合作，以一个统一的声音提出能源治理倡议，强化上海合作组织与欧亚经济联盟参与全球能源治理的行动能力，积极推进有关国家经济复苏，提供居民就业保障，促进思想文化交流，完善基础设施建设与凝聚各成员国间的合作共识，从而保证国际社会政治经济的有序发展。

事实上，在上海合作组织中，能源合作一直是一个重要领域，历届首脑会议都把能源合作放在优先位置。这表明，尽管上海合作组织的"能源俱乐部"还没有正式启动，但"能源俱乐部"已经在实际运行中发挥作用。2006年，上海合作组织决定成立"能源合作特别工作组"，以"能源俱乐部"的身份，不断推进成员国之间的能源合作。2011年9月，中国与俄罗斯、塔吉克斯坦、吉尔吉斯斯坦共同发布了关于建立"上海合作组织能源俱乐部"的

----

〔1〕　参见2015年5月发布的《中华人民共和国和俄罗斯联邦关于丝绸之路经济带建设和欧亚经济联盟建设对接合作的联合声明》，载http://www.hkwb.net/news/content/2015-05/09/content_2539482.htm? node=268，最后访问日期：2023年4月10日。

《西安倡议》，提出了建立"上海合作组织能源俱乐部"的建议。2012 年 5 月，俄罗斯外长拉夫罗夫在出席上合组织外长会议时表示，"能源俱乐部"已经在上海合作组织的框架下成立，为各国就重大能源合作问题开展对话提供了一个公开的平台。在 2012 年 6 月举行的上海合作组织北京峰会上，成员国将致力于"加强本组织能源合作"和"维护区域能源安全"。2013 年 9 月，习近平在上合组织峰会上提出，要组建能源俱乐部，稳定供需关系，保障能源安全，要用好上海合作组织这一核心平台。[1]2013 年 12 月相关国家在莫斯科签署《建立能源俱乐部的备忘录》，作为一个非正式的讨论平台，为能源领域的深入合作注入了新的动力。[2]在欧亚经济联盟的成员国中，吉尔吉斯斯坦、哈萨克斯坦和俄罗斯都是上海合作组织的成员国，白俄罗斯和中国的关系很好，合作项目也很多，这四个国家都是上合组织的合作伙伴。借助上海合作组织这一重要平台，中国能够充分发挥自身的作用，从而更好地融入"丝绸之路经济带"和"欧亚经济联盟"。

建立上海合作组织"能源俱乐部"机制，可在打造丝路经济带能源命运共同体的进程中加以借鉴。"能源机制"是 2007 年 8 月在上海合作组织首脑会议上提出的一项新构想，为合作确立了开放性的原则。建立能源命运共同体，对于欧亚各国充分发挥各自的能源禀赋优势，维护各自的能源战略利益，促进互惠互利的经济合作，具有重要的现实意义。上海合作组织"能源俱乐部"机制的启动，"丝路基金""亚投行""上合发展投资基金"等机构的设立，将为"丝绸之路经济带"能源命运共同体的构建提供重要的基础平台与金融支持。虽然在建立"丝绸之路经济带"能源共同体的过程中还存在着诸多障碍，但以"上海合作组织"与"欧亚经济联盟"为核心，以建立"一带一盟"能源命运共同体为实现目标，本着"丝绸之路经济带"的"和平合作、开放包容、互学互鉴、互惠共赢"的精神，能够达到"丝绸之路经济带"

---

〔1〕 参见习近平在上海合作组织峰会第十三次会议上的讲话，载 http://www.gov.cn/ldhd/2013-09/13/content_ 2488259.htm，最后访问日期：2023 年 2 月 19 日。

〔2〕 根据统计，俄罗斯、哈萨克斯坦、中国、塔吉克斯坦、阿富汗、白俄罗斯、印度、伊朗、蒙古国、巴基斯坦、土耳其和斯里兰卡参加了俱乐部，目前上合组织框架内燃料能源综合体领域的合作还没有理顺，亟待深化细致工作。具体参见 ［塔］拉希德·阿利莫夫：《上海合作组织的创建、发展和前景》，王宪举等译，人民出版社 2018 年版，第 71~72 页。

与"欧亚经济联盟"能源合作深层次对接。综上来看,我国应恰当处理与欧亚经济联盟成员国,主要是俄罗斯、哈萨克斯坦两国的能源合作关系,区分各个成员国的不同地位与作用。中国应以双边合作为纽带,借助上合组织平台扩大与欧亚经济联盟成员国能源合作领域;以多边合作为依托,强化国际能源合作机制效能;以区域合作为基础,从多方面达成丝绸之路经济带建设与欧亚经济联盟建设对接合作的目的。

第三节　加强贸易制度体系的完善

实践中,"一带一盟"能源命运共同体的建立存在着若干障碍。在国际上,如美国、中东、欧洲等国家或地区在全球能源交易平台上的垄断地位在短时间内很难被打破;俄罗斯一直期望作为欧亚经济联盟的主导者参与能源建设;印度在"丝绸之路经济带"建设中表现得较为消极,与中国在能源投资、贸易等方面存在着竞争[1]。合作进程受软环境的因素制约,对接的互补优势没有被充分挖掘,由于涉及国家甚多,利益诉求、国情不同,双边和多边经贸合作服务体系,包括投资、财税、通关等保障机制以及纠纷协调解决机制、法律合作机制尚待有效建立或完善。[2]在国内,"中国能源安全的法律制度主要存在两方面的缺陷,一是没有有效的能源安全的政府管理体制,二是能源领域的法律、法规不健全。"[3]未来,中国应在能源合作命运共同体的模式选择、框架体系搭建、体系流程设计、组织协调与运作机制的建立、资金筹措等诸多方面发挥建设性作用。

一、能源信息共享

信息在社会发展和科学技术进步中所起的作用越来越大,信息与国家政治和经济的关系也越来越密切。信息所具有的巨大经济价值已为人们所关注。

---

〔1〕 吴大辉、祝辉:《丝路经济带与欧亚经济联盟的对接:以能源共同体的构建为基石》,载《当代世界》2015 年第 6 期。

〔2〕 陈玉荣主编:《"一带一路"建设与欧亚经济联盟对接合作智库论坛北京会议论文集》,世界知识出版社 2017 年版,第 248~249 页。

〔3〕 杨泽伟:《中国能源安全法律保障研究》,中国政法大学出版社 2009 年版,第 215 页。

在能源合作中，如果能够在互利互信的基础上，定期地进行信息交换，这将有助于保证各国决策的正确性和执行的可预期性，从而保证能源合作的顺利进行。尤其是，中国和欧亚经济联盟能源合作的内容主要集中在基础设施、技术等方面，对信息的实时更新与交换提出了更高的要求。

当前，在中国与欧亚经济联盟之间的能源合作中，存在着许多问题需要解决。一是信息的不完备。各国对信息、数据以及网络空间的主权意识越来越强。对进行信息共享持怀疑态度，或者认为进行信息共享将会泄露其国家机密而非常警惕，或者将信息数据视为其国家财产而拒绝进行信息共享，或者将其视为他国别有用心的举动，或者是国内资料收集系统不健全，信息收集、分析和整合能力低下，很难提供有效的信息，或者是由于各国对信息的收集、分析、整合、储存、传输等诸多环节缺乏统一的规范。二是信息的非对称性。各国对信息的管理方式、管理体制的不同，导致了对信息的认识存在差异，进而产生了诸如信息不对称等一系列问题。三是信息的低质性和片段性。通过中国和各成员国的共同努力，建立了一个沟通机制和共享平台，使信息畅通。在此基础上，通过对各国经济、政治、人文和能源市场等方面的研究，构建和完善能源合作信息平台，降低中国在能源合作中的盲目性，提高本国的能源效益。建立能源统计数据对外发布机制，加强能源统计数据分析研究，将数据研究成果提供给世界各国，建立国际研究网络。要以大数据技术为基础，构建出各个层级的能源信息数据库，强化对需求的预测，引导合理消费，确保市场供应稳定。

建立能源信息共享机制，需要将中国和欧亚经济联盟国家的能源部门联合起来，并建立专门的组织机构，并规定中国和欧亚经济联盟国家必须定期向能源信息共享平台报告国内能源法律法规及相关信息，从而为能源信息共享平台在能源市场分析、能源战略调整、能源危机应对、能源合作协议制定等方面的决策提供数据支撑。通过对能源资料的收集、调查、分析、整理、分类等环节，达到所需的系统化信息服务体系的要求，确保信息的权威性和独立性。除了在政府层面上达成合作共识之外，各国企业与相关机构也需要加强务实合作，在上下游、跨行业、金融资本与工业资本之间建立起一个信息利益共同体。针对各国在经济、能源等方面的差异，采取灵活的合作模式，建立"一带一盟"的长期合作伙伴关系；商讨建立国际能源公司联盟，为能源公司搭建信息交流与合作的"一带一盟"平台；加强双边开放，发展金融机构与商业金融机构间的投融资合作，扩大跨境人民币收付结算规模；建立能源信息在企业之间的交换与共享机制。在"一带一盟"框架下，许多国家的统计信息发布机制不健全，市场透明度较低，存在行政干预和垄断现象，影响了国际合作的效率。建立能源生产和消费国家间的信息交流机制，提高能源资源交易的透明度，是促进国际能源合作的重要途径。信息的真实性有助于降低市场的非理性波动，增强市场参与者的信心。建立"一带一盟"能源数据发布机制，按照国际能源组织现行标准，全面、准确、及时地发布各类型能源的产量、消耗、炼制、库存等数据；建立"一带一盟"能源贸易数据库，加强数据分析，提高需求预测水平；将数据研究结果提供给沿线国家，建立国际研究网络；加强数据统计方面的能力。

二、能源贸易投资

推动贸易便利化是区域经济合作的一项重要任务，推动贸易便利化的深入发展，不仅有利于促进各国经济发展，也有利于实现区域经济合作的长远目标，还可以使欧亚经济联盟的成员国感受到"丝绸之路经济带"区域经济一体化所带来的合作功能的发挥，从而更好地推动和加强政治和安全方面的合作。由于各成员国在国内的产业结构、市场准入、资本运营、投资壁垒等方面都有很大的不同，这就导致经济合作法律环境不完善，体制性障碍很多。在这一点上，推动贸易便利化是非常重要的。中国同欧亚经济联盟国家在信息技术、生物、新能源、新材料等领域的投资也在不断扩大。探索新的投资合作方式，鼓励合资建设各种类型的园区，如境外经贸合作区和跨境经济合作区，推动产业集群的发展。[1]推进贸易投资便利化，有利于贸易理念、政策、体制、手段等方面的创新，尤其是交通体系、信息体系的应用，特别是电子报关技术的应用，为贸易投资便利化创造了充足的创新空间，提高了合作国贸易对接部门的工作效率，改善了贸易投资环境。促进能源合作与投资，可以促进中、俄两国积极优化能源产业上下游资源配置，丰富能源产品品种，

---

〔1〕 См.：ЕЭК начала переговоры с Китаем по торгово-экономическим связям，载 http://eurasiancenter.ru/economynews/20150918/1004180386.html，最后访问日期：2023 年 1 月 5 日。

降低交易费用，提升中国能源消费者的真实购买力，同时还能改善地区的投资环境。[1]针对在欧亚经济联盟国家办理投资手续复杂、审批时间长、法规对外资企业不利等问题，中国应利用上海合作组织、亚信会议和亚洲合作对话等平台，加强与各国各级政府的沟通协调，促进高层互访达成的共识落到实处。[2]降低投资准入标准，实行中资企业国民待遇，加快边境口岸"单一窗口"建设，可以大大提高效率、减少政府和贸易各方成本。[3]此外，中国与欧亚经济联盟成员国应共同努力，采取更多措施，提高区域贸易便利化水平，具体体现在通关程序、口岸通行手续的化简、企业注册审批手续效率的提高、检验检疫标准的一致化以及物流渠道成本的降低等便利化措施能够直接有效地降低交易成本、实现交易渠道的畅通有序。根据目前全球贸易便利化的发展趋势，加强海关信息交流，加强海关管理方面的合作，促进跨国界管理流程的协调，实现与欧亚经济联盟国家的海关管理相互认可；推动检验检疫标准的互认和对检验检疫证照进行网上核查；加强在认证和认可领域的合作，共同开展国家间的制度研究、标准比对和能力验证，推动各国之间的认证和认可体系建设。

三、能源制度供给

"一带一盟"倡议将推动区域国家间能源合作由双边合作为主逐步走向多边合作，需要构建新的能源贸易和投资机制，制定适应多边合作模式的区域能源贸易和投资准则，优化区域贸易和投资环境，提高合作效率，降低合作

---

〔1〕 投资便利化作为一个独立的议题被提出始于 2008 年 APEC 公布的《投资便利化行动计划（IFAP）》。投资便利化是国家采取的一系列意在吸引境外投资，并在注资周期的全部阶段上使其管理高效率并达到最大化的行动或做法。投资便利化通常包含六个方面的内容：资金结算、投资准入、投资保护、投资待遇、争端解决、国际合作。

〔2〕《中华人民共和国与俄罗斯联邦关于丝绸之路经济带建设和欧亚经济联盟建设对接合作的联合声明》提出扩大投资贸易合作，优化贸易结构，为经济增长和扩大就业培育新的增长点。促进相互投资便利化和产能合作，实施大型投资合作项目，共同打造产业园区和跨境经济合作区。促进扩大贸易、直接投资和贷款领域的本币结算，实现货币互换，深化在出口信贷、保险、项目和贸易融资、银行卡领域的合作。推动区域和全球多边合作，以实现和谐发展，扩大国际贸易，在全球贸易和投资管理方面形成并推广符合时代要求的有效规则与实践。

〔3〕 目前中国和欧亚经济联盟国家跨境贸易中还存在海关通关效率低，验检疫单证等手续复杂，关税、非关税贸易壁垒和"灰色清关"现象普遍的问题。

风险。需加强沿线国家能源政策沟通，共同建设"一带一盟"国家能源合作水平的贸易规则，建立区域统一标准，实施贸易投资便利化安排；加强与沿线《能源宪章条约》成员国的沟通，共同探讨能够为各方可接受的规则，抓住时机提出"一带一盟"能源合作发展倡议、推动区域能源产品供给框架。构建能源过度金融化监管合作机制。能源市场过度波动对于能源生产国和消费国都是不利的，国际社会已经就此形成共识，能源生产国、消费国和过境国在促进区域和全球能源安全方面有共同利益。"一带一盟"国家应建立能源过度金融化监管机制，加强金融市场和能源市场的监管合作，防止能源市场过度金融化导致价格偏离供求关系，破坏能源市场稳定。各国应加强对能源市场过度金融化的国内立法，并建立联合预警机制，及时发现对市场的投机和操纵价格行为；推行能源衍生品交易合同标准化，实施透明度高和操作简易的标准化期货合同；推动多边金融监管合作，逐步在区域内和全球范围内建立高效监管协调机制。

过去很长一段时期，中国经济相对落后，把大力引进外资、发展国内经济作为主要经济政策，而对外投资需求较小。随着时间的推移，经济的飞速发展，中国海外投资情况也呈现出日新月异的变化，到2016年，中国已然转变为世界第二大对外投资国。投资身份的转变，更加凸显出保护中国海外投资利益的重要性。在海外投资活动中，中国投资者不仅会面临一般的商业风险，而且东道国的国有化征收、国家安全审查、反垄断审查等制度性障碍都将影响着海外投资企业的投资命运。除此之外，对外投资者可能还会涉及欧亚经济联盟成员国，主要是俄罗斯、哈萨克斯坦等国国内环境保护、知识产权保护和劳工保护等方面的法律问题。陌生的海外投资环境使可能发生的风险更加难以预测，资本输入国的领土争端、民族、社会等矛盾，以及战争、动乱、恐怖主义袭击、抢劫等诸多安全风险，威胁着中国企业的财产安全以及中国投资者和员工的人身安全。建立健全境外投资促进保障机制，能更好地保障中国企业对联盟国家能源投资的安全。在国家范围内投资保险旨在确保社会经济稳定，有助于减轻自然灾害和人为灾害造成的损失。

面对着欧亚经济联盟国家复杂的制度环境，现有海外投资法的缺失，海外投资保险制度、知识产权保护以及管道运输制度方面的立法保障不足，无法有效化解中国企业在欧亚经济联盟国家投资所面临的制度性风险。中国对外投资"走出去"战略的实施至今已有 30 多年的历史,但中国至今未制定统一的海外投资基本法。而原本的对外投资法律制度已经不再适用于当今的域外环境,无法为中国企业提供更好的保护,不利于海外投资的长远发展。从国内法律治理层面,中国能源投资亟需一部完备的对外投资基本法的保驾护航。在中国,行政规章处在一个"微妙"的地位,其法律效力常常遭到排斥,[1]对外投资领域恰恰是因为没有更高级别法律的引领,导致各部门的行政规章处于散乱的、重复的、乃至相互冲突的碎片化状态。海外投资基本法的制定有利于解决多头管理的问题。国家多部委均参与并从不同方面制定海外投资领域的行政规章,难免出现重复管理的现象,为了化解欧亚经济联盟国家能源投资的制度风险,国家适时地调整相应的政策,更好地建立健全的海外能源投资机制。

首先,对中国的海外投资保险体系进行规范化建设。建立健全保险制度,扩大保险投资市场;建立完善的法律框架,扩大和完善投资风险保险机构,并积极制定国家财政政策,对中国的保险企业提供支持;在投资风险保险市场上,提高保险公司的资本金水平;丰富能源服务产品保险品种;规范再保险市场的发展等。中国能源部门应制定相应的指导方针,就中国企业对外能源投资保险问题展开专门讨论,支持中国出口信用保险公司或其他专门机构,承担能源投资的风险补偿和代位赔偿责任,向外国投资机构提供中国经济情况、投资机会等信息;协助并组织投资人对国外能源投资项目开展调研工作;研究能源投资的可行性;为中国投资者办理欧亚经济联盟各成员国的能源投资项目审批手续及相关咨询。其次,在国际层面上,中国和欧亚经济联盟成员国应尝试建立更为密切的金融合作制度,以构建公平、有序、互惠互利的区域金融秩序,有效应对外部冲击。[2]鼓励中国企业积极在欧亚经济联盟成员国进行能源投资,将中国企业对外能源投资所遭受的政治风险降到最低。在中国与其他区域长期的能源战略中,中国需要吸取其他区域海外投资保险体系的经验,构建完善的中国能源投资保险制度,采用专业的能源投资保险机构,尽可能地保障中国企业对联盟国家能源投资的资产安全。完善金融保

---

〔1〕 参见张金粹:《中国对外直接投资立法的必要性分析》,载《中国市场》2015 年第 39 期。

〔2〕 参见陈小沁:《俄罗斯能源安全与中亚能源一体化:动因、实践与前景》,载《俄罗斯东欧中亚研究》2020 年第 5 期。

险与能源项目的相互支持机制,为"一带一盟"对接合作提供资金保障。[1]特别是为了最大程度地确保从投资资本中获得收入,有必要将投资风险保险纳入对外能源投资项目框架中。最后,中国国内保险机构需要制定实施投资保险的某些标准,包括申报保险的投资风险评估,保险费率和修正系数系统;与投保人和参与投资活动的其他实体进行交互的算法等。对投资对象国家的经济社会经济状况,外债水平和通货膨胀分析评估政治风险。针对政治风险的保险合同需要确定保险的主体和对象,地理区域,保险条款等。

"一带一盟"区域无论是能源生产量、消费量还是消费增长潜力都处于全球前列,但在能源交易中始终以西方交易平台的价格作为定价基准,未能形成反映区域能源供求关系和稀缺程度的市场价格。建立区域能源交易市场,可推动"一带一盟"区域在国际市场上形成与自身体量相匹配的能源定价话语权,既有利于保障区域能源安全,也有利于稳定全球能源市场。可先利用亚太经合组织、中国–东盟"10+1"、上合组织等多边合作机制,逐步推进区域市场建设。加强上海与新加坡原油交易所、香港国际石油交易所等较为成熟平台的合作;与新加坡或俄罗斯等国合作开发区域天然气价格指数;在与俄罗斯和中亚五国的交易中加大人民币结算比例;发挥中哈霍尔果斯国际边境合作中心的作用,建设以中亚地区为目标的离岸金融市场。

四、能源纠纷解决

由于国际能源投资兼具政治经济双重风险属性,现有的国际投资仲裁机制远远难以适应能源投资纠纷仲裁的需要。中国投资者在东道国因能源项目环境纠纷遭受损失的事件频发,在既往欧亚经济联盟国家投资引发的纠纷中,签订于 20 世纪的 BITs 内容已经滞后,无法在投资争端,尤其是能源投资争端中更好地维护中国利益。企业主体在双边协议框架内无法积极拿起法律武器捍卫自身利益,面临着重重困难,相关的解决机制必须尽快加以完善。

第一,加强现有涉外争端解决机制的改造升级。中国国际能源投资争

---

[1] 黄梦、肖湘:《中国对中亚能源投资的法律问题及对策》,载《长沙理工大学学报(社会科学版)》2016 年第 2 期。

端的解决，首先在于国内法治的机制支持。应以商务部全国外商投资企业投诉中心为基础，建立国家投资争端预防中心，并在其中进一步理顺能源投资争端预防的体制机制；借鉴世界银行建设 ICSID 的有益经验，支持亚洲基础设施投资银行参与欧亚经济联盟国家能源投资相关融资，推动亚投行以此参与能源投资争端的解决；借鉴欧盟国际投资仲裁法庭制度及其上诉机制，适时设立专门处理投资争端的国际投资仲裁法庭，加强国际投资仲裁法庭与欧亚经济联盟法院在国际投资仲裁，尤其是能源投资仲裁上的对接。

第二，构建区域投资争端解决机制。近年来仲裁程序的不透明、仲裁过程的低效率、仲裁结果的不可预见性等问题，使得传统的 ISDS 机制受到的争议越来越大，国际社会已经开始为传统 ISDS 机制的改革进行各项准备工作，这一改革的过程将是中国突破投资争端解决机制领域西方话语权的最好时机。中国作为"一带一盟"对接的推动者，积极推动沿线国家通过签署能源多边条约，以绿色贸易、能源安全、可持续发展为原则，以公平、透明、效率为理念，构建从争端预防、磋商、调解到仲裁、上诉、执行在内的全流程的区域投资争端解决机制恰逢其时。中国参与的双边投资协议多数签订于 20 世纪，目前中国已经由投资国转变为投资领域的东道国与投资国双重身份。中国应在条约中加入投资争端尤其是能源投资争端，应优先提交至条约下的争端解决机制下解决条款，为中国的国际能源投资争端提供一致、公正、可信赖的解决路径。

第三，积极参与全球能源治理，推动《能源宪章条约》的现代化。截至 2020 年 1 月 6 日，《能源宪章条约》下共有 130 起投资仲裁案。俄罗斯、吉尔吉斯斯坦等欧亚经济联盟国家均参与过该条约下的投资仲裁案。包括欧亚经济联盟中的白俄罗斯、哈萨克斯坦、亚美尼亚、吉尔吉斯斯坦在内，已经有 55 个国家签署或加入该条约，成为能源宪章会议成员。在世界贸易组织争端解决机制没能对能源领域设定单独规则的情况下，《能源宪章条约》已经成为国际投资法下具有实在法律约束力的国际性多边条约，引领着国际能源治理体系的进一步变革。中国作为利益攸关方，对全球能源治理的进一步深度参与，与欧亚经济联盟的能源合作，必然面临着《能源宪章条约》在能源投资、能源贸易、能源运输和能源效率等问题上的直接影响。中国应该利用好该条约的签约观察员国身份，积极参与到条约现代化的磋商、谈判之中，并在该条约的运转程序下提出反映中国能源投资诉求的改革方案，推动《能源宪章条约》在适用范围、投资者与东道国之间的平衡、投资仲裁机制的客观公正性等问题上的进一步改善。

结　语

　　国际社会的秩序正在不断地调整重组，地区格局正在加速演变，全球多极化的趋势得到了进一步的发展，新兴市场国家和发展中国家正在崛起，这已经是一个不争的事实。未来全球经济规模将日益扩大，能源需求不断增加，环境问题日益突出，能源安全问题日益突出。面对错综复杂的国际局势，中国坚持以联合国为主导的国际社会运行机制，积极推进国际关系法治化进程，努力构建符合中国国情、符合中国需要的意识形态表达系统，积极主动地把握国际交流合作的主动权。中国提出构建人类命运共同体的理念受到世界多数国家的欢迎和认可，[1]人类命运共同体是一种全球合作的概念，其宗旨是建设一个"持久和平、普遍安全、共同繁荣、开放、包容、清洁、美丽"的新世界。能源合作是国际合作中的一个重要方面，也是关系到国家之间关系的一个重要因素，还关系到世界各国的安全稳定与持续发展。随着全球能源格局的深刻变化，构建"相互依存"的能源命运共同体，是解决当前全球能源治理混乱、维护国际能源供需格局安全稳定的重要途径，也是中国倡导构建人类命运共同体的关键环节和重要内容。对中国而言，"一带一盟"能源合作的目标脱离不开建立和维护一个和平发展的国家的形象，要依靠能源共同发展的理念和所有参与者的双赢局面，推动基础设施的发展、创新，改善区域能源商业环境，使能源合作项目生产要素更加科学合理分配，在加快欧亚经济联盟内部落后国家经济发展的同时，聚焦发展相关的产业链，在金融、信息通信技术、旅游业等领域，促进人文交流，加强人道主义合作，逐步形

---

　　〔1〕　参见张文显：《法治中国的理论建构》，法律出版社 2016 年版，第 476 页。

成务实合作且内容丰富的能源命运共同体。合作机制法治化是全球和区域关系健康发展的重要组成，秉承"丝路精神"能源合作在法治建设层面向国际社会提出了新型的国际关系法治化的制度需求，需要各国从根本上建立区域范围内公正合理的能源安全治理秩序。

中国与欧亚经济联盟在全球治理体系形成和机制化方面的作用已经毋庸置疑，对于保障全球能源安全意义重大。如何通过能源外交与合作，从而实现能源命运共同体内部资源的合理配置、发展的协调平衡，促使相关国家人民共享合作的成果与红利，成为中国在 21 世纪务必予以思考的重要问题。国际秩序法治化的组成部分，是中国与欧亚经济联盟成员国良性互动的结果，有利于构筑坚实牢固的国际社会实践基础。"一带一盟"背景下的能源命运共同体的塑造需要法治提供基础。"一带一盟"区域合作机制法治化是国际社会法治化的一种表现形态，为中国与欧亚经济联盟国家贡献了新型的合作路径与概念。欧亚经济联盟区域机制的法治化状态在区域治理进程中的地位十分重要，作为机制建构和运行的结果，不仅对组织本身、各个成员国国家以及周边区域的发展产生了重要作用，而且对全球化、区域一体化国际趋势下的国际关系也带来巨大影响。丝绸之路经济带旨在建立一个经济合作区，使未来中国经济长久发展成为可能。"丝绸之路经济带"建设与欧亚经济联盟都是跨欧亚的区域经济合作方式，建设对接应共同维护中国与欧亚经济联盟成员国在国际能源市场的利益。[1]持续推动中国与欧亚经济联盟成员国能源合作建设逐步走向正轨，建构符合中国利益的能源贸易发展理念与法律机制的重要性正日益彰显。

---

〔1〕　参见张金萍、项义军：《中国与欧亚经济联盟成员国能源合作风险研究》，载《商业研究》2017 年第 2 期。

REFERENCE

参考文献

中文著作：

1. 张文显：《二十世纪西方法哲学思潮研究》，法律出版社 2006 年版。

2. 张文显：《法治中国的理论建构》，法律出版社 2016 年版。

3. 冯绍雷：《制度变迁与对外关系——1992 年以来的俄罗斯》，上海人民出版社 1997 年版。

4. 张森主编：《俄罗斯和东欧、中亚国家年鉴 1997》，当代世界出版社 1999 年版。

5. 黄道秀：《俄罗斯联邦民法典》，中国大百科全书出版社 1999 年版。

6. 刘向文、宋雅芳：《俄罗斯联邦宪政制度》，法律出版社 1999 年版。

7. 张寿民：《俄罗斯法律发达史》，法律出版社 2000 年版。

8. 刘春萍、赵微主编：《当代俄罗斯法学通论》，黑龙江人民出版社 2003 年版。

9. 吴康和、袁胜育主编：《当代国际关系》，军事谊文出版社 2001 年版。

10. 王树义：《俄罗斯生态法》，武汉大学出版社 2001 年版。

11. 曾华群、余劲松主编：《促进与保护我国海外投资的法制》，北京大学出版社 2017 年版。

12. 张秀华主编：《欧亚经济联盟一体化政策》，经济科学出版社 2018 年版。

13. 朱雄关：《中国与"一带一路"沿线国家能源合作》，社会社会科学文献出版社 2019 年版。

14. 俞可平等：《全球化与国家主权》，社会科学文献出版社 2004 年版。

15. 余劲松主编：《国际经济法问题专论》，武汉大学出版社 2004 年版。

16. 饶戈平主编：《全球化进程中的国际组织》，北京大学出版社 2005 年版。

17. 王志华译：《俄罗斯联邦公司法》，北京大学出版社 2008 年版。

18. 何沙、秦扬主编：《国际石油合作法律基础》，石油工业出版社 2008 年版。

19. 张俊杰：《俄罗斯法治国家理论》，知识产权出版社 2009 年版。

20. 杨泽伟：《中国能源安全法律保障研究》，中国政法大学出版社 2009 年版。

21. 于宏源、李威：《创新国际能源机制与国际能源法》，海洋出版社 2010 年版。

22. 姜哲、宋魁主编：《俄罗斯联邦矿产资源政策研究》，地质出版社 2010 年版。

23. 姜哲：《俄罗斯联邦矿产资源法律法规汇编》，地质出版社 2010 年版。

24. 秦鹏、王芳：《中亚地区跨界环境污染法律问题研究》，兰州大学出版社 2010 年版。

25. 肖国兴、叶荣泗主编：《中国能源法研究报告 2009》，法律出版社 2010 年版。

26. 张勇：《能源基本法研究》，法律出版社 2011 年版。

27. 杨泽伟主编：《发达国家新能源法律与政策研究》，武汉大学出版社 2011 年版。

28. 宋杰：《国际法中普遍性法律利益的保护问题研究——基于国际法庭和国家相关实践的研究》，中国人民大学出版社 2012 年版。

29. 郭学兰：《中亚五国企业法律概论》，知识产权出版社 2013 年版。

30. 何志鹏：《国际法哲学导论》，社会科学文献出版社 2013 年版。

31. 饶戈平主编：《国际组织与国际法实施机制的发展》，北京大学出版社 2013 年版。

32. 江荣卿：《境外投资法规解读及双边投资保护协定应用》，法律出版社 2013 年版。

33. 阿不都热合曼·卡德尔：《上海合作组织经济合作法律机制研究》，社会科学文献出版社 2013 年版。

34. 桑东莉：《气候变化与能源政策法律制度比较研究》，法律出版社 2013 年版。

35. 陈彤主编：《中亚经济法律问题研究论文集》，企业管理出版社 2014 年版。

36. 王文革、莫神星主编：《能源法》，法律出版社 2014 年版。

37. 杨振发：《国际能源法发展趋势研究——兼论对中国能源安全的影响》，知识产权出版社 2014 年版。

38. 杜群等：《能源政策与法律——国别和制度比较》，武汉大学出版社 2014 年版。

39. 胡森林：《能源大变局：中国能否引领世界第三次能源转型》，石油工业出版社 2015 年版。

40. ［英］戴维·赫尔德、［英］安东尼·麦克格鲁：《全球化与反全球化》，陈志刚译，社会科学文献出版社 2004 年版。

41. 邓正来等主编：《布莱克维尔政治学百科全书》，中国政法大学出版社 2002 年版。

42. 高郁等主编：《新编俄语通用国家概况》，哈尔滨工业大学出版社 2018 年版。

43. 刘鸣等：《"丝绸之路经济带"与相关区域合作机制研究》，上海社会科学院出版社 2018 年版。

44. 刘伟主编：《读懂一带一路蓝图——〈共建"一带一路"：理念、实践与中国的贡献〉

详解》，商务印书馆 2017 年版。

45. 刘颖、邓瑞平：《国际经济法》，中信出版社 2003 年版。

46. ［美］帕拉格·康纳：《超级版图：全球供应链、超级城市与新商业文明的崛起》，崔传刚、周大昕译，中信出版集团 2016 年版。

47. 孙钰、贾亚男编译：《欧亚经济联盟一体化机制文件汇编（上卷）》，社会科学文献出版社 2018 年版。

48. 王晨星：《欧亚经济联盟：成因、现状及前景》，社会科学文献出版社 2019 年版。

49. 王志华、张振利主编：《俄罗斯中亚国家矿产资源法》，中国政法大学出版社 2013 版。

50. 李永全主编：《丝绸之路经济带和欧亚经济联盟对接研究》，社会科学文献出版社 2017 年版。

51. 闫世刚：《"一带一路"下中国能源合作新战略：打造能源合作共同体》，对外经济贸易大学出版社 2018 年版。

中文期刊：

1. ［俄］E·维诺库罗夫：《欧亚经济联盟：发展现状与初步成果》，载《俄罗斯研究》2018 年第 6 期。

2. 陈航航等：《区域一体化研究综述：尺度、联系与边界》，载《热带地理》2018 年第 1 期。

3. 陈小沁：《俄罗斯能源安全与中亚能源一体化：动因、实践与前景》，载《俄罗斯东欧中亚研究》2020 年第 5 期。

4. 封帅：《世界历史中的欧亚空间——源起、建构与衰朽》，载《俄罗斯研究》2019 年第 5 期。

5. 冯连勇、赵曼丽：《俄罗斯〈产品分成协议法〉评述》，载《俄罗斯中亚东欧研究》2005 年第 5 期。

6. 宫艳华：《欧亚经济联盟的规则、成效与前景》，载《西伯利亚研究》2017 年第 3 期。

7. 郭德香、李璐玮：《"一带一路"倡议下我国对外投资保险法律制度的完善》，载《中州学刊》2018 年第 10 期。

8. 黄登学、王骏腾：《俄罗斯的欧亚一体化政策：目标、风险及影响因素》，载《当代世界社会主义问题》2018 年第 3 期。

9. 黄进：《习近平全球治理与国际法治思想研究》，载《中国法学》2017 年 5 期。

10. 李兴：《普京欧亚联盟评析》，载《俄罗斯研究》2012 年第 6 期。

11. 刘丹：《"俄白联盟国家"20 年历史嬗变与发展趋势》，载《俄罗斯学刊》2019 年第 6 期。

12. 吉戈尔·贾那布尔、朱世恒：《对欧亚经济联盟及其表现的初步评估》，载《东北亚经济研究》2019 年第 6 期。

13. 王晨星、李兴：《欧亚经济共同体与欧亚经济联盟比较分析》，载《俄罗斯东欧中亚研究》2016 年第 4 期。

14. 王晨星：《美国对欧亚经济联盟的认知与对策分析——兼对俄美关系的若干思考》，载《北京教育学院学报》2018 年第 1 期。

15. 王晨星：《欧亚经济联盟发展态势评估及中国的战略选择》，载《世界知识》2020 年第 6 期。

16. 王志：《比较地区主义：理论进展与挑战》，载《国际论坛》2017 年第 6 期。

17. 王志：《欧亚经济联盟：进展与挑战》，载《俄罗斯研究》2018 年第 6 期。

18. 杨进：《亚美尼亚"天鹅绒革命"及其逻辑》，载《世界知识》2018 年第 10 期。

19. 张金萍、项义军：《中国与欧亚经济联盟成员国能源合作风险研究》，载《商业研究》2017 年第 2 期。

20. 张可云：《区域经济一体化：追求理想的共赢格局》，载《区域经济评论》2015 年第 6 期。

21. 张悦：《欧亚经济联盟一体化进程的特点及前景评析——以欧盟为参照》，载《新疆大学学报（哲学·人文社会科学版）》2020 年第 2 期。

22. 周明：《哈萨克斯坦对欧亚经济联盟的参与及限度——结构制约与精英偏好的影响》，载《俄罗斯学刊》2020 年第 3 期。

23. 马骧聪：《俄罗斯联邦的生态法学研究》，载《外国法译评》1997 年第 2 期。

24. 姜振军：《俄罗斯保护生态安全的措施分析》，载《俄罗斯中亚东欧研究》2007 年第 6 期。

25. 叶芳芳：《哈萨克斯坦共和国投资法律环境利弊分析》，载《伊犁师范学院学报（社会科学版）》2008 年第 1 期。

26. 解晓燕：《俄罗斯油气投资法律环境研究》，载《俄罗斯中亚东欧市场》2010 年第 11 期。

27. 朱南平：《中俄保护投资协定评析》，载《西伯利亚研究》2011 年第 5 期。

28. 张弘：《白俄罗斯的政治转轨——市场改革与民主化的博弈》，载《俄罗斯中亚东欧研究》2012 年第 5 期。

29. 卢海清：《俄罗斯能源法的现状、特点及对中俄能源合作的影响》，载《南京工业大学学报（社会科学版）》2014 年第 2 期。

30. 袁胜育、汪伟民：《丝绸之路经济带与中国的中亚政策》，载《世界经济与政治》2015 年第 5 期。

31. 胡德胜：《关于拟定〈能源法〉的定性定位问题》，载《江西理工大学学报》2015 年第 6 期。

32. 黄河：《公共产品视角下的"一带一路"》，载《世界经济与政治》2015 年第 6 期。

33. 王海滨：《欧亚经济联盟及其世界影响》，载《现代国际关系》2015 年第 8 期。

34. 李永全：《和而不同：丝绸之路经济带与欧亚经济联盟》，载《俄罗斯东欧中亚研究》2015 年第 8 期。

35. 张宁、张琳：《丝绸之路经济带与欧亚经济联盟对接分析》，载《新疆师范大学学报（哲学社会科学版）》2016 年第 1 期。

36. 张建平、樊子嫣：《"一带一盟"国家贸易投资便利化状况及相关措施需求》，载《国家行政学院学报》2016 年第 1 期。

37. 杨昌宇：《欧亚经济联盟的多重一体化目标及其法治困境》，载《北方法学》2020 年第 1 期。

38. 王海军：《欧亚经济联盟运行机制及其法治化路径》，载《北方法学》2020 年第 1 期。

39. 徐向梅：《欧亚经济联盟反倾销措施的法律解读》，载《欧亚经济》2016 年第 2 期。

40. 韦进深：《欧亚经济联盟的制度设计与"一带一盟"对接的模式与路径》，载《国际关系研究》2020 年第 2 期。

41. 王韬钦：《上合组织促进区域经济一体化的行动逻辑——基于上合组织与欧亚经济联盟关系的思考》，载《新疆大学学报（哲学·人文社会科学版）》2021 年第 2 期。

42. 王维然、王京梁：《试析欧亚经济联盟的发展前景》，载《现代国际关系》2015 年第 8 期。

43. 徐海燕：《欧亚经济联盟一体化：现实困境、优势及展望》，载《俄罗斯学刊》2017 年第 6 期。

44. 李丛：《亚美尼亚为外资提供法律及政策保障》，载《中国投资》2017 年第 13 期。

45. 宫艳华：《欧亚经济联盟的规则、成效与前景》，载《西伯利亚研究》2017 年第 3 期。

46. 张熙：《"一带一路"倡议实施中的白俄罗斯宗教风险研究》，载《世界宗教文化》2021 年第 2 期。

47. 李建民：《丝绸之路经济带、欧亚经济联盟与中俄合作》，载《俄罗斯学刊》2014 年第 5 期。

48. 王树春、万青松：《上海合作组织与欧亚经济共同体的关系探析》，载《世界经济与政治》2012 年第 3 期。

49. 唐朱昌：《中国与未来欧亚联盟国家的经济合作定位》，载《社会科学》2014 年第 5 期。

50. 王海燕：《上海合作组织成员国能源合作：趋势与问题》，载《俄罗斯研究》2010 年第 3 期。

51. 庞昌伟：《俄罗斯油气资源及中俄油气合作》，载《俄罗斯学刊》2013 年第 4 期。

52. 许勤华：《后金融危机时期上合组织框架内多边能源合作现状及前景》，载《俄罗斯中亚东欧研究》2012 年第 4 期。

53. 张艳璐：《欧亚联盟与新丝绸之路经济带的复合型共生关系分析》，载《国际展望》2015 第 2 期。

54. 岳树梅：《国际能源合作法律问题研究》，西南政法大学 2007 年博士学位论文。

俄文著作：

1. Александров Ю. Г. Евразийская экономическая интеграция：ЕАЭС. М.：Аналит. -консультатив. центр "Стратег. Изыскания". 2018.

2. Волков С. Н. Землеустройство. Т. 8. М.：КолосС. 2007.

3. Винокуров Е. Ю. Евразийский экономический союз. СПб.：Евраз. банк развития，Центр интеграц. исслед. 2017.

4. Городов О. А. Введение в энергическое право：учебное пособие. М.：Проспект. 2015.

5. Ершова И. В.，Шевченко О. М.，Отнюкова Г. Д. Инвестиционное право. М.：Проспект. 2019.

6. Литвинюк А. И. 5 лет Евразийскому экономическому союзу：проблемы и перспективы интеграции. Минск：Медисонт. 2019.

7. Мокров Г. Г. Евразийский экономический союз：инструменты защиты внутреннего рынка от недобросовестной конкуренции：науч. -практ. Пособие. М.：Проспект. 2018.

8. Москалевич Г. Н. Правовое регулирование антимонопольной деятельности в рамках Евразийского экономического союза. Минск：БИП-Ин-т правоведения. 2018.

9. Новикова Л.，Сиземская И. Россия между Европой и Азией：Евразийский соблазн. Антология. М.：Наука. 1993.

10. Наабер Ю. Р. Национальные инновационные системы государств ЕАЭС и пути их перспективного развития в Евразийском экономическом союзе. Бишкек：Кыргызско – Рос. славян. ун-т. 2017.

11. Петров В. В. Экологическое право России. М.：БЕК. 1995.

12. Стержнева М. Европейский союз и СНГ：сравнительный анализ институтов. М.：Московский общественный научный фонд. 1999.

13. Хейфец Б. Российский бизнес в странах ЕврАзЭС. Модернизационный аспект. М.：Экономика. 2011.

14. Шеров-Игнатьев В. Таможенные союзы в интегрирующемся мире. СПб. : Издательский дом СПбГУ. 2012.

俄文期刊：

1. Асеев, С. Ю. Современные геополитические условия развития ЕАЭС//Рос. полит. процесс в регион. измерении: история, теория, практика. 2019. № 12.

2. Бахматов С. А. О Приоритетных Направлениях Развития Страхования Инвестиций В России //Baikal Research Journal. 2012. № 1.

3. Бордачёв Т. В., Казакова А. В., Скриба А. С. Институты для мира в Евразии // Вестник международных организаций. 2016. № 2.

4. Волковская Л. Н. Проблемы правового регулирования инвестиционной деятельности в энергетическом секторе России // Право и государство: теория и практика. 2020. № 6.

5. Винокуров Е. Ю. Евразийский экономический союз без эмоций // Вопросы экономики. 2016. № 12.

6. Гензель В. В. Правовое обеспечение энергетики // ЭЖ-Юрист. 2014. № 24.

7. Глазырина И. П. Экономический пояс Шёлковый путь: экологические аспекты // Мировая экономика и международные отношения. 2018. № 1.

8. Глазырина И. П., Забелина И. А. Перспективы "зелёного" роста на востоке России и Новый Шёлковый путь // Всероссийский экономический журнал. 2016. № 7.

9. Ефременко Д. В. Рождение Большой Евразии//Россия в глобальной политике. 2016. №6.

10. Кадырбаев И. А. Финансовые аспекты привлечения инвестиций в экономику России // Инновации и инвестиции. 2016. №1.

11. Каныгин П. С. Энергетическая безопасность Европы и интересы России //Мировая экономика и международные отношения. 2007. № 5.

12. Караганов С. А. От поворота на Восток к Большой Евразии // Международная жизнь. 2017. № 5.

13. Кавешников Н. Развитие институциональной структуры Евразийского экономического сообщества // Евразийская экономическая интеграция. 2011. № 2.

14. Кузнецов А. Российские прямые инвестиции как фактор евразийской интеграции // Вопросы экономики. 2014. № 8.

15. Ли На. Инициатива《один пояс, один путь》как новая модель сотрудничества КНР с Россией и странами Центральной Азии // RUDN Journal of World History. 2018. № 4.

16. Лисоволик Я. , Чимирис Е. Сербия—ЕАЭС：перспективы интеграции в рамках зонысвободной торговли // Рабочая тетрадь. 2016. № 37.

17. Мишина В. , Хомякова Л. Интегрированный валютный рынок Евразийского экономического пространства и расчеты в национальных валютах：мифы или реальность? // Вопросы экономики. 2014. № 8.

18. Нешатаева Т. Суд Евразийского экономического союза в действии // Евразийский юридический журнал. 2016. № 9.

19. Нысанбаев А. , Курманбаев Е. Евразийская идея Чокана Валиханова // Евразийское сообщество. 1999. № 2.

20. Петровский В. Е. На пути к Большому евразийскому партнёрству：вызовы и возможности // Международная жизнь. 2017. № 6.

21. Прокофъев И. Три сценария развития мировой энергетики // Мировая энергетика. 2004. № 7—8.

22. Савельева В. М. К вопросу об определении места концессионного соглашения в системе гражданско-правовых договоров // Право и политика. 2008. № 4.

23. Трунина Е. К вопросу проведения оценки регулирующего воздействия решенийЕвразийской экономической комиссии на наднациональном и национальном уровнях // Евразийский юридический журнал. 2015. № 12.

24. Чайка К. Актуальные вопросы права интеграционного образования и конституционного права государств－членов // Журнал зарубежного законодательства и сравнительного правоведения. 2016. № 1.

25. Шестопалов П. В. Энергетическая безопасность как составляющая национальной безопасности государства // Вестник Университета. 2014. № 5.

26. Шаимов А. А. Энергетическая безопасность Казахстана：анализ, оценка и перспективы // Молодой ученый. 2020. № 14.

网络文献：

1. Береза А. Н. Юридические технологии обеспечения энергетической безопасности современной России. http：//www. dslib. net/polit-instituty/juridicheskie-tehnologii-obespechenija-jenergeticheskoj-bezopasnosti-sovremennoj-rossii. html. 访问日期：2023 年 1 月 2 日。

2. Бижигитова Л. Т. Законодательная база в сфере инвестиций в Казахстане. https：//articlekz. com/article/10864. 访问日期：2022 年 9 月 26 日。

3. Владимир Путин. Новыйинтеграционный проект для Евразии-будущее, которое рождается сегодня // Известия, 3 октября 2011. https：//topwar. ru/7360-vladimir-putin-novyy-integracionnyy-proekt-dlya-evrazii-buduschee-kotoroe-rozhdaetsya-segodnya. html. 访问日期：2023 年 4 月 5 日。

4. Вызовы и перспективы евразийской интеграции. https：//vavt-irip. ru/upload/iblock/a7e/ Doklad-Vyzovy-i-perspektivy-Evrazii_ skoi_ -integratsii. pdf. 访问日期：2023 年 1 月 24 日。

5. Договор о Евразийском экономическом союзе. （г. Астана, 29 мая 2014 года）（с изменением от 15. 03. 2018 г. ） https：//online. zakon. kz/Document/? doc_ id = 31565247#pos = 4；-248. 访问日期：2022 年 6 月 10 日。

6. Дораев М. Г. Допуск иностранных инвесторов в стратегические отрасли экономики （правовые основы）. 2012. https：//www. consultant. ru/cons/cgi/online. cgi? req=doc&base = CMB&n = 17455&ysclid = lg4jh1t6rj906194925#OHz5caTny6e5JUN7. 访问日期：2022 年 11 月 20 日。

7. Евразийская экономическая интеграция：цифры и факты. http：//www. eurasiancommission. org/ru/Documents/broshura26_ RUS_ v5. pdf. 访问日期：2023 年 1 月 2 日。

8. Мороз С. Инвестиционное законодательство стран СНГ：история становления и перспективы развития. https：//online. zakon. kz/Document/? doc_ id = 31292550#pos = 7；218. 访问日期：2022 年 9 月 24 日。

9. Мовкебаева Г. ，Айдарханова Э. ，Есмуханбетова М. Проблемы энергетического сотрудничества в рамках ЕАЭС //Вестник КазНУ. 2017. https：//articlekz. com/article/18750. 访问日期：2023 年 1 月 9 日。

10. Саркисян Т. С. Создание общих рынков энергетических ресурсов в ЕАЭС：этапы и содержание // Известия Санкт-Петербургского государственного экономического у-ниверситета. 2017. https：//cyberleninka. ru/article/n/sozdanie-obschih-rynkov-energeticheskih-resursov-v-eaes-etapy-i-soderzhanie. 访问日期：2023 年 1 月 9 日。

11. Чумаченко Т. Н. Концепция экологической безопасности и развитие экологической политики республики Казахстан // Вестник КазНПУ. 2015. https：//articlekz. com/article/19152. 访问日期：2023 年 3 月 2 日。

12. Юрий Корсун. Энергетическая стратегия России до 2010 г：Топливно-энергетический комплекс. http：//www. allrus. info/main. php? ID = 153830&arc_ new = 1. 访问日期：2022 年 1 月 3 日。

欧亚经济联盟组织架构

表1　欧亚经济联盟组成机构[1]

最高欧亚经济理事会										欧亚经济联盟法院
欧亚政府间理事会										
欧亚经济委员会										
行政后勤部	一体化和宏观经济部	经济和金融政策部	工业农业综合体部	贸易部	技术调节部	海关合作部	能源和基础设施部	竞争和反垄断部	内部市场、信息和通信技术部	

　　〔1〕　最高欧亚经济理事会——由各成员国国家元首组成,是联盟的最高决策机构,负责战略决策和组织重大事项。各成员国按照国名的俄文字母顺序轮流担任理事会主席国,每年至少召开1次理事会议,由主席国主持。最高欧亚经济理事会采取"协商一致"的决策原则,所有成员国一律平等,一国一票。欧亚政府间理事会——由各成员国政府首脑(总理)组成,负责落实最高理事会的决议,并监督欧亚经济委员会的工作落实情况,解决其未能协商一致的问题。政府间理事会每年至少召开2次会议,由轮值主席国主持。欧亚政府间理事会采取"协商一致"的决策原则,所有成员国一律平等,一国一票。欧亚经济委员会——联盟的执行机构,负责联盟的日常管理和运行。分为理事会(совет)和执委会(коллегия)两部分。理事会由成员国各派一位副总理组成,负责联盟日常事务的决策。执委会由成员国各派3位部长级代表组成。执委会主席由执委会成员选举产生,由最高欧亚经济理事会任命,任期4年。欧亚经济委员会实行协商一致的决策原则,每个执委会委员各1票,通常采用三分之二多数票决策机制,涉及最高欧亚经济理事会确定的敏感问题,采用协商一致原则。欧亚经济委员会下设10个业务板块,25个具体业务部门。

表 2　欧亚经济委员会下设机构

行政后勤部	礼宾和组织保障司
	财务司
	法律司
	办公厅
一体化和宏观经济部	宏观经济发展司
	统计司
	一体化发展司
经济和金融政策部	金融政策司
	企业活动发展司
	劳务移民和社会保障司
工业农业综合体部	工业政策司
	农业政策司
贸易部	关税和非关税调节司
	内部市场保护司
	贸易政策司
技术调节部	技术调节和信托司
	卫生和动植物检疫司
海关合作部	海关法律和司法实践司
	海关基础设施司
能源和基础设施部	交通和基础设施司
	能源司
竞争和反垄断部	反垄断调节司
	竞争政策和政府采购政策司
内部市场、信息和通信技术部	信息技术司
	内部市场运行司

欧亚经济联盟历年大事记

1994 年	3 月，哈萨克斯坦总统纳扎尔巴耶夫在首次正式访问俄罗斯期间，在莫斯科国立大学首次提出了组建欧亚国家联盟的想法
1995 年	白俄罗斯共和国、哈萨克斯坦共和国和俄罗斯联邦签署了关税同盟协议，旨在消除各方经济实体之间自由经济互动的障碍，确保自由贸易和公平竞争，最终保障各方经济的可持续发展。该协议确立了一体化的核心，目前仍然是欧亚空间一体化进程的推动力
1996 年	3 月，俄罗斯、白俄罗斯、哈萨克斯坦、吉尔吉斯斯坦签署了关于深化经济文化领域一体化的协定，决定成立四国关税联盟旨在协调四国的经济改革进程，加快四国一体化进程
1999 年	2 月，白俄罗斯共和国、哈萨克斯坦共和国、吉尔吉斯共和国、俄罗斯联邦和塔吉克斯坦共和国总统在莫斯科签署了《关税同盟和统一经济空间条约》
2000 年	10 月，俄罗斯、白俄罗斯、哈萨克斯坦、吉尔吉斯斯坦、塔吉克斯坦签署条约决定将关税联盟改建为欧亚经济共同体，有效推进欧亚经济共同体进程，形成关税同盟和统一经济空间
2001 年	5 月，欧亚经济共同体跨国委员会第一次会议在白俄罗斯首都明斯克举行，会议宣布欧亚经济共同体正式成立
2003 年	9 月，白俄罗斯、哈萨克斯坦、俄罗斯和乌克兰签署了关于建立统一经济空间的协定。各方政府已开始为统一经济空间制定法律框架，旨在创造统一的经济空间，确保商品、服务、资本和劳动力的自由流动
2007 年	10 月，俄罗斯、白俄罗斯和哈萨克斯坦三国签署新的关税同盟条约，确保相互贸易中货物自由流通，关税同盟与第三国的有利贸易条件，推进经济一体化发展
2008 年	10 月，乌兹别克斯坦申请停止在欧亚经济共同体内的成员国资格 12 月，俄罗斯、白俄罗斯和哈萨克斯坦三国成立超国家机构——关税联盟委员会

续表

2009 年	11 月，俄罗斯、白俄罗斯和哈萨克斯坦关税联盟委员会在明斯克召开会议，签署确定在欧亚经济共同体框架内建立关税联盟的一揽子协议
2010 年	1 月，俄罗斯、白俄罗斯和哈萨克斯坦三国关税同盟启动对外实行统一进口关税（部分商品有过渡期） 7 月，俄罗斯、白俄罗斯和哈萨克斯坦三国关税同盟海关法正式生效 12 月，通过了 17 项基本国际条约，为统一经济空间的启动奠定了基础，并签署了建立俄罗斯、白俄罗斯和哈萨克斯坦统一经济空间宣言
2011 年	7 月，俄罗斯、白俄罗斯和哈萨克斯坦三国建立统一海关空间，取消海关关境，标志着关税同盟开始实施运作 11 月，关税同盟国家首脑签署了《关于发展欧亚经济共同体内部一体化的宣言》，宣布一体化过渡到下一建设阶段——统一经济空间，并签署了《欧亚经济委员会条约》
2012 年	1 月，建立俄罗斯、白俄罗斯和哈萨克斯坦统一经济空间的国际条约正式生效，欧亚经济共同体国家监委员会作为欧亚经济空间的超国家机构正式运作 3 月，欧亚经济共同体国家间委员会召开，就欧亚经济共同体的发展和变革交换了意见，并同意在 2015 年 1 月 1 日前起草并签署关于建立欧亚经济联盟的条约
2014 年	5 月，在最高欧亚经济理事会会议上，俄罗斯、白俄罗斯和哈萨克斯坦三国首脑签署《欧亚经济联盟条约》，标志着欧亚经济一体化向更深层次过渡 10 月，欧亚经济共同体各成员国签署了关于撤销欧亚经济共同体的协议
2015 年	1 月，《欧亚经济联盟条约》生效，欧亚经济联盟正式启动 1 月，亚美尼亚正式加入欧亚经济联盟 8 月，吉尔吉斯斯坦正式加入欧亚经济联盟
2016 年	10 月，欧亚经济联盟与越南自由贸易区协定生效 12 月，发表欧亚经济联盟数字议程声明
2017 年	11 月，批准了关于《欧亚经济联盟海关法典》的条约
2018 年	1 月，《欧亚经济联盟海关法典》条约生效 5 月，授予摩尔多瓦共和国欧亚经济联盟观察员国地位 5 月，欧亚经济联盟与中国签署经贸合作协定 5 月，欧亚经济联盟与伊朗签署建立自由贸易区的临时协议
2019 年	5 月，《欧亚经济联盟条约》缔结五周年 10 月，欧亚经济联盟与新加坡签署自由贸易协定 10 月，欧亚经济联盟与塞尔维亚签署自由贸易协定 10 月，欧亚经济联盟与中国经贸合作协定生效 10 月，欧亚经济联盟与伊朗建立临时自由贸易区的协议生效 12 月，签署养老金保障协议

2020 年	3~4 月，通过了欧亚经济委员会的一系列决定，旨在应对新型冠状病毒大流行的后果 12 月，给予乌兹别克斯坦共和国和古巴共和国欧亚经济联盟观察员国地位 12 月，欧亚经济联盟成员国元首批准《2025 年前欧亚经济一体化发展战略方向》 12 月，欧亚经济联盟开始与伊朗制定自由贸易协定的谈判
2021 年	2 月，欧亚经济委员会与中美洲经济一体化秘书处签署谅解备忘录 4 月，批准宏观经济政策咨询委员会条例 11 月，修订以国家（市政）采购目的确定某些货物原产地的规则 11 月，通过欧亚经济联盟电子服务贸易税收机制的决定
2022 年	2 月，欧亚经济委员会理事会声明，准备启动欧亚经济联盟危险产品通用信息系统 2 月，欧亚经济委员会理事会声明，准备建立欧亚经济联盟数字运输走廊生态系统，推动技术监管、文件、服务数字化 12 月，欧亚经济联盟建立新的工业融资专门机制的决定 12 月，欧亚经济联盟开始与阿联酋制定自由贸易协定的谈判 12 月，决定建立欧亚经济联盟成员国能源领域授权机构负责人理事会 12 月，修订了欧亚经济联盟以电子形式提供服务时收取间接税的程序
2023 年	5 月，中国国家主席习近平应邀以视频方式出席欧亚经济联盟第二届欧亚经济论坛开幕式

欧亚经济联盟能源相关规定（节选）

　　根据《欧亚经济联盟条约》约定，到2025年欧亚经济联盟内部将实现商品、服务、资金和劳动力的自由流动，在能源、工业、农业、交通等重点领域实施协调一致的政策，并最终建立类似于欧盟的经济联盟。《欧亚经济联盟条约》除了正文之外，另外有33个附件。

序号	附件名称
1	《欧亚经济委员会条例》
2	《欧亚经济联盟法院条例》
3	《欧亚经济联盟框架下的信息技术和信息互动议定书》
4	《欧亚经济联盟官方统计信息编制和传播办法议定书》
5	《进口关税（其他行政税费和手续费）计算和分配及其上缴成员国预算办法》
6	《统一海关税率调整议定书》
7	《对第三国的非关税调整措施议定书》
8	《对第三国适用特殊保护、反倾销和补贴措施的议定书》
9	《欧亚经济联盟框架下的技术调整议定书》
10	《实施保障统一计量领域的协调政策议定书》
11	《合格评估机关认证工作结果承认议定书》
12	《卫生、兽医和植物检疫措施适用议定书》
13	《实施消费者权利保护领域协商性政策的议定书》
14	《实施协商性的宏观经济政策议定书》

序号	附件名称
15	《旨在实施协商性货币政策措施的议定书》
16	《服务贸易、设立机构、活动和投资议定书》
17	《金融服务议定书》
18	《在商品进出口、完成劳务和提供服务中的间接税征收程序及其缴税监督机制议定书》
19	《竞争一般原则和规则议定书》
20	《自然垄断主体活动监管的统一原则和规则议定书》
21	《电力领域自然垄断主体服务包括定价和费率政策原则的议定书》
22	《获得天然气运输领域自然垄断主体的天然气运输系统服务规则包括定价基础和费率政策的议定书》
23	《石油和石油产品共同市场组织、管理、运行和发展程序议定书》
24	《协调性的运输政策议定书》
25	《采购监管办法议定书》
26	《知识产权保护议定书》
27	《工业合作议定书》
28	《实施工业补贴统一规则议定书》
29	《国家支持农业措施议定书》
30	《给予成员国劳务人员及其家属医疗救助的议定书》
31	《在多边贸易体制下欧亚经济联盟运作议定书》
32	《欧亚经济联盟社会保障、特权与豁免条例》
33	《因〈欧亚经济联盟条约〉的生效在建立关税同盟和欧亚统一经济空间框架下签订的国际条约效力终止议定书》

《欧亚经济联盟条约》

（阿斯塔纳，2014 年 5 月 29 日）

（修订和补充：2014 年 10 月 10 日，2014 年 12 月 23 日，

2015 年 5 月 8 日，2018 年 3 月 15 日，2019 年 5 月 29 日，

2019 年 10 月 1 日，2022 年 3 月 24 日）

第 79 条　成员国在能源领域的协作

1. 为了有效利用成员国的燃料能源，并保障各成员国经济的基本能源（电力、天然气、石油与石油产品）供应，成员国应当在能源领域保持长期互利合作，实行协调的能源政策，在确保能源安全的基础上，依照本条约第 81 条、第 83 条和第 84 条规定中的国际条约分阶段构建能源共同市场，并遵守下列基本原则：

（1）保障能源市场定价；

（2）保障能源共同市场竞争发展；

（3）能源及相关设备、技术和相关服务无技术障碍、行政障碍和其他贸易障碍；

（4）保障能源共同市场基础运输设施发展；

（5）保障为成员国经营主体在能源共同市场中创造非歧视条件；

（6）为成员国能源综合体吸引投资创造有利条件；

（7）协调能源共同市场技术和商业基础设施运行的国家规范和规则。

2. 在本编无规定的情况下，成员国经营主体在电力、天然气、石油与石油产品领域活动的关系适用成员国立法。

3. 在适用本条约第十八编中有关成员国经营主体在电力、天然气、石油与石油产品领域活动的规定时，应综合考虑本编和本条约第十八编、第十九编的特别规定。

第 80 条　天然气、石油与石油产品的指示性（预测性）平衡表

1. 为了有效发挥能源总体潜力，优化联盟内部国家间能源供应，成员国的授权机关应协商制定：

联盟天然气指示性（预测性）平衡表；

联盟石油指示性（预测性）平衡表；

联盟石油产品指示性（预测性）平衡表。

2. 本条第 1 款所述的平衡表应在欧亚经济委员会参与下，经成员国授权机关协调，按照天然气、石油与石油产品指示性（预测性）平衡表的制定方法，在本条约第 104 条第 1 款规定的期限内制定。

根据 2019 年 5 月 29 日通过的欧亚经济联盟议定书，第 81 条自 2022 年 4 月 5 日起修订。

第 81 条 联盟电力共同市场的构建

联盟电力共同市场的构建、运行和发展依照本条约第 21 号附件和本条约第 104 条第 8 款实行。

第 82 条 保障获得电力领域自然垄断主体的服务

根据 2019 年 5 月 29 日通过的欧亚经济联盟议定书，第 1 款自 2022 年 4 月 5 日起修订

1. 在现有的技术能力范围内，成员国按照本条约第 21 号附件和该附件第 5 款中联盟机构的规定，在满足成员国内部电能（电力）需求优先的条件下，确保无障碍地获得电力领域自然垄断主体的服务。

2. 根据 2019 年 5 月 29 日通过的欧亚经济联盟议定书，自 2022 年 4 月 5 日起失效。

第 83 条 构建联盟天然气共同市场，保障获得天然气运输领域自然垄断主体的服务

1. 成员国依照本条约第 22 号附件和本条约第 104 条第 4 款和第 5 款的过渡规定，分阶段构建联盟天然气共同市场。

2. 成员国制定构建联盟天然气共同市场的构想与纲要，并交由最高理事会批准。

3. 成员国应根据已批准的构想与纲要，在联盟框架下签订关于构建天然气产品共同市场的国际条约。

4. 成员国在现有技术能力和天然气运输系统剩余功率的范围内，依照本条约第 22 号附件中的一般规定、条件和规则，根据联盟天然气指示性（预测性）平衡表，并基于经营主体所签订的民事合同，保障其他成员国的经营主

体无障碍地进入位于成员国境内的天然气运输系统。

第 84 条　构建联盟石油与石油产品共同市场，保障获得石油与石油产品运输领域自然垄断主体的服务

1. 成员国依照本条约第 23 号附件和本条约第 104 条第 6 款和第 7 款的过渡规定，分阶段构建联盟石油与石油产品共同市场。

2. 成员国制定构建联盟石油与石油产品共同市场的构想与纲要，并交由最高理事会批准。

3. 成员国根据已批准的构想与纲要，在联盟内部签订关于构建石油与石油产品共同市场的国际条约。

4. 成员国在现有技术能力的范围内，根据联盟石油指示性（预测性）平衡表和石油产品指示性（预测性）平衡表，并基于经营主体所签订的民事合同，依照本条约第 23 号附件中的一般规定、条件和规则，保障其他成员国的经营主体无障碍进入位于成员国境内的石油与石油产品运输系统。

根据 2019 年 10 月 1 日通过的欧亚经济联盟议定书，第 85 条自 2021 年 7 月 15 日起修订。

第 85 条　欧亚经济委员会在能源领域的职权

欧亚经济委员会在能源领域的职权如下：

监督本编的执行；

在构建和运行能源共同市场时，为保障具有能源监管职责的成员国政府机构、技术与商业基础设施组织以及成员国能源资源市场参与者之间的协作提供组织和技术保障；

监督关于构建能源共同市场的联盟机构文件的执行。

第 104 条　关于第二十编的过渡规定

1. 为确保联盟天然气、石油与石油产品指示性（预测性）平衡表的发展，促进能源总体潜力有效利用，优化联盟内部国家间的燃料能源供应，成员国的授权机关于 2015 年 7 月 1 日前制定并批准天然气、石油与石油产品指示性（预测性）平衡表的编制方法。

2. 根据 2019 年 5 月 29 日通过的欧亚经济联盟议定书，自 2022 年 4 月 5 日起失效。

3. 根据 2019 年 5 月 29 日通过的欧亚经济联盟议定书，自 2022 年 4 月 5

日起失效。

4. 为构建联盟天然气共同市场，最高理事会于 2016 年 1 月 1 日前批准联盟天然气共同市场构想，于 2018 年 1 月 1 日前批准天然气共同市场构建纲要，并规定在 2024 年 1 月 1 日前完成该纲要实施措施的具体期限。

5. 联盟天然气共同市场构建纲要实施措施完成后，成员国应签订关于构建天然气共同市场的国际条约，内容应包括进入各成员国境内天然气运输系统的统一规则，并确保该条约在 2025 年 1 月 1 日前生效。

6. 为构建石油与石油产品共同市场，最高理事会于 2016 年 1 月 1 日前批准联盟石油与石油产品共同市场构想，于 2018 年 1 月 1 日前批准构建石油与石油产品共同市场的纲要，并规定在 2024 年 1 月 1 日前完成该纲要实施措施的具体期限。

7. 联盟石油与石油产品共同市场构建纲要实施措施完成后，成员国应签订关于构建石油与石油产品共同市场的国际条约，内容应包括各成员国境内石油与石油产品运输系统准入的统一规则，并确保该条约在 2025 年 1 月 1 日前生效。

根据 2019 年 5 月 29 日通过的欧亚经济联盟议定书，第 8 款自 2022 年 4 月 5 日起修订。

8. 根据《欧亚经济联盟电力共同市场议定书》（本条约第 21 号附件）第 5 款至第 8 款确定的规定生效之日起：

该议定书的第 43 款至 49 款及其附件失效；

该议定书的第 2 款、第 5 款第一段和第二款、第 10 款至 38 款、第 39 款第三段和第四段以及第 40 款生效。

9.《获得天然气运输领域自然垄断主体的天然气运输系统服务规则包括定价基础和费率政策的议定书》（本条约第 22 号附件），在本条第 5 款规定的国际条约生效前有效。

10.《石油与石油产品共同市场的组织、管理、运行和发展程序议定书》（本条约第 23 号附件）在本条第 7 款规定的国际条约生效前有效。

欧亚经济联盟条约第 22 号附件

获得天然气运输领域自然垄断主体的天然气运输系统服务规则
包括定价基础和费率政策的议定书

1. 本议定书依照《欧亚经济联盟条约》（下列简称《条约》）第 79 条、第 80 条和第 83 条制定，确定天然气领域合作的基础、保障获得天然气运输领域自然垄断主体的天然气运输系统服务的原则和条件，包括满足成员国天然气需求的定价和费率政策原则。

2. 本议定书使用的概念含义如下：

天然气国内需求，是指各成员国境内消费所必需的天然气用量。

天然气，是指在成员国境内开采和（或）生产的且通过天然气管道运输系统以气体形式运输的主要由甲烷构成的气体碳氢化合物和其他气体可燃混合物。

天然气开采成员国，是指其境内天然气消费量少于开采和生产量的成员国。

天然气消费成员国，是指其境内天然气消费量高于开采和生产量的成员国。

天然气运输系统，是指包括天然气管道干线和与其技术过程有关的设施，天然气分配网除外。

获得天然气运送领域的自然垄断主体服务，是指给予使用由运输天然气的自然垄断主体管理天然气运输系统的权利。

天然气的平等收益价格，是指根据下列原则确定的满足天然气国内需求的天然气批发价格：

天然气开采成员国的天然气市场批发价格由在国外市场的售价减去这些国家征收的关税、费用、税费和其他支出，以及天然气开采成员国境外的天然气运输成本，并考虑供气国国内外市场的天然气运输成本差异而确定；

天然气消费成员国的天然气市场批发价格由天然气开采成员国的生产者

通过在国外市场的售价减去国家征收的关税、费用、税费和其他支出，以及天然气开采成员国境外的天然气运输成本而确定。

天然气运输服务，是指经天然气运输系统运输天然气的服务。

授权机关，是指成员国被授权监督本议定书实施的国家机关。

3. 成员国在完成联盟天然气共同市场的分阶段构建，并确保获得天然气运输领域自然垄断主体的天然气运输服务时，应遵守下列原则：

（1）在相互贸易中不征收进出口关税（以及其他具有同等意义的关税、费用和税费）；

（2）优先保障成员国国内的天然气需求；

（3）依照成员国法律确定满足成员国国内需求的天然气运输价格和费率；

（4）统一成员国天然气规范和标准；

（5）保障生态安全；

（6）以包括国内天然气消费情况在内的信息为基础进行信息交换。

4. 根据本议定书的规定，只对成员国境内生产的天然气提供天然气运输领域自然垄断主体的服务。本议定书的规定不适用于第三国生产的天然气获得自然垄断主体运输服务，也不适用于联盟境内外间的天然气运输。

5. 根据本议定书的规定，为了保障获得天然气领域自然垄断主体经成员国天然气运输系统提供的服务，成员国采取一系列措施，包括：

以包括国内天然气消费情况在内的信息为基础建立信息交换系统；

依照本议定书建立指示性（预测性）平衡表的制定机制；

统一成员国天然气规范和标准；

保持在成员国境内销售天然气具有商业盈利性的市场价格；

各成员国以缔结相关议定书的形式履行本款所述的措施。

6. 成员国尽力在所有成员国境内达成具有平等收益的天然气价格。

7. 成员国在履行本议定书第 5 款所述的措施后，应在现有技术能力和天然气运输系统剩余功率的范围内，根据联盟天然气指示性（预测性）平衡表，并基于经营主体所签订的民事合同，依照下列原则保障其他成员国的经营主体进入位于成员国境内的天然气运输系统：

允许成员国经济主体进入其他成员国的天然气运输系统，且进入条件与非成员国天然气运输系统所有者的天然气生产商在其境内运输的条件（包括费率）平等；

通过天然气运输系统运输天然气的体积、价格和运费，以及进行天然气运输的商业和其他条件，根据成员国的经营主体之间依照成员国法律签订的民事合同确定。

成员国应促进在其领土上开展活动的经营主体之间通过天然气运输干线输气的生效协议适当履行。

8. 成员国授权机关依照《天然气、石油与石油产品指示性（预测性）平衡表制定方法》，在欧亚经济委员会的参与下商议制定为期五年的联盟天然气指示性（预测性）平衡表，内容包括生产、消费和供应，以满足国内及成员国间相互需求，并于每年 10 月 1 日前细化内容。

根据成员国商议后的天然气平衡表获得成员国内部市场天然气运输领域自然垄断主体的服务。

9. 成员国在下列领域发展长期互利合作：

（1）在各成员国境内运输天然气；

（2）建设、改建和运行天然气管道、天然气地下储存设施以及其他天然气基础设施；

（3）提供满足成员国内部天然气需求所必需的服务。

10. 成员国保障各成员国境内天然气运输系统运行的规范性技术文件统一。

11. 本议定书不影响各成员国参加的其他国际条约所规定的权利和义务。

在《条约》无规定的情况下，成员国在天然气运输领域的关系适用成员国立法。

12. 在适用《条约》第十八编中对自然垄断主体运输石油与石油产品的规定时，应同时参照本议定书规定的特别情况。

13. 成员国间若无其他约定，在《条约》第 83 条第 3 款中所规定的有关构建联盟天然气共同市场的国际条约生效之前，成员国之间在天然气供应领域签订的双边协议有效。

欧亚经济联盟条约第 23 号附件

石油与石油产品共同市场组织、管理、运行和发展程序议定书

1. 本议定书依照《欧亚经济联盟条约》（下列简称《条约》）第 79 条、第 80 条和第 84 条规定，对石油领域的合作基础、联盟石油与石油产品共同市场的构建原则以及保障获得石油与石油产品运输领域自然垄断主体服务的原则做出解释。

本议定书基于在 2008 年 12 月 12 日欧亚经济共同体成员国有关构建能源共同市场构想的规定，目的是有效发挥成员国燃料能源共同体潜力，并为成员国的国民经济提供石油与石油产品。

2. 本议定书所使用的概念含义如下：

获得石油与石油产品领域自然垄断主体的服务，是指为了运输石油与石油产品，给予使用由石油与石油产品运输领域的自然垄断主体管理的石油与石油产品运输系统的权利；

石油与石油产品，是指依照欧亚经济联盟对外经济活动统一商品名录和欧亚经济联盟统一关税确定的商品；

成员国石油与石油产品共同市场，是指为满足成员国消费需求，成员国经营主体在成员国领土上开采、运输、交付、加工和销售石油与石油产品领域的经贸关系的总合；

联盟指示性（预测性）平衡表，是指由天然气、石油与石油产品指示性（预测性）平衡表制定方法所规定的指示预测体系；

石油与石油产品运输，是指以任何方式运输石油与石油产品的行为，包括发货人使用运输管道将其从发出地运输至收货地以及注油、卸油、用其他运输工具转运、保存和混合石油与石油产品的行为。

3. 成员国在构建联盟石油与石油产品共同市场时，应遵守下列原则：

（1）在相互贸易时不采取数量限制，不征收出口关税（以及其他具有同等意义的关税、税费、费用）。向联盟境外出口石油与石油产品的关税缴纳规定由成员国签订的包括双边协议在内的单独协议确定；

（2）优先保障成员国石油与石油产品的需求；

（3）统一成员国有关石油与石油产品的规范和标准；

（4）保障生态安全；

（5）为联盟石油与石油产品共同市场提供信息保障。

4. 成员国在构建石油与石油产品共同市场时采取一系列措施，包括：

（1）以海关信息为基础建立信息交换系统，包括通过一切运输方式交付、出口和进口石油与石油产品的海关信息；

（2）建立预防违反本议定书规定的监督机制；

（3）统一成员国有关石油与石油产品的规范和标准。

5. 本议定书第 4 条中规定的措施在相关国际条约的框架下，根据成员国或经成员国授权的机关签署的方法及规定实行。

6. 成员国应根据成员国间签订的国际条约，在现有技术能力范围内保障下列条件：

（1）利用成员国境内现有的运输系统，包括石油与石油产品运输干线系统，保障开采的石油及由其制成的石油产品在成员国境内长期运输的可行性；

（2）在进入各成员国境内的石油与石油产品运输系统时，在其他成员国境内注册的经营主体具有与该运输国的经营主体相同的条件。

7. 石油与石油产品的运输和运输系统服务费由各成员国立法做出规定。

对其他成员国经营主体收取的石油与石油产品的运输服务费不得高于对运输所在成员国的经营主体收取的运输服务费。

成员国无义务保障对其他成员国经营主体收取的石油与石油产品的运输服务费低于对运输所在成员国的经营主体收取的运输服务费。

8. 成员国授权机关应根据天然气、石油与石油产品指示性（预测性）平衡表制定方法，在欧亚经济委员会的参与下商议：

每年在 10 月 1 日前制定并批准下一年度的联盟石油与石油产品指示性（预测性）平衡表；

制定并批准联盟石油与石油产品长期指示性（预测性）平衡表，在必要时能够根据成员国石油开采、石油产品生产和消费的实际变化作出更正；

每年从某一成员国开采的石油经由另一成员国运输的总量和方向由成员国授权机关间签订的议定书确定。

9. 成员国内部的石油与石油产品市场由成员国的国家机关管理。成员国应根据各成员国立法开展石油与石油产品市场的自由化措施。

10. 本议定书不影响各成员国参加的其他国际条约所规定和权利和义务。

11. 在适用《条约》第十八编中对自然垄断主体运输石油与石油产品的规定时，应同时参照本议定书规定的特别情况。

12. 成员国间若无其他约定，在《条约》第 84 条第 3 款中所规定的有关构建联盟石油与石油产品共同市场的国际条约生效之前，成员国间签订的关于石油与石油产品交付以及关于解释和规定缴纳出口关税（其他具有同等意义的关税、税费和费用）的双边协议有效。

重要合作文件

中华人民共和国与俄罗斯联邦关于丝绸之路经济带建设和欧亚经济联盟建设对接合作的联合声明[1]

中华人民共和国和俄罗斯联邦（以下简称"双方"），确认将深化两国全面战略协作伙伴关系，促进欧亚地区及全世界平衡和谐发展，声明如下：

一

俄方支持丝绸之路经济带建设，愿与中方密切合作，推动落实该倡议。

中方支持俄方积极推进欧亚经济联盟框架内一体化进程，并将启动与欧亚经济联盟经贸合作方面的协议谈判。

双方将共同协商，努力将丝绸之路经济带建设和欧亚经济联盟建设相对接，确保地区经济持续稳定增长，加强区域经济一体化，维护地区和平与发展。双方将秉持透明、相互尊重、平等、各种一体化机制相互补充、向亚洲和欧洲各有关方开放等原则，通过双边和多边机制，特别是上海合作组织平台开展合作。

二

为推动实现上述目标，双方将在以下优先领域采取步骤推动地区合作：

---

[1] http://www.gov.cn/xinwen/2015-05/09/contemt_ 2859384.htm，最后访问日期：2023 年 4 月 8 日。

——扩大投资贸易合作，优化贸易结构，为经济增长和扩大就业培育新的增长点。

——促进相互投资便利化和产能合作，实施大型投资合作项目，共同打造产业园区和跨境经济合作区。

——在物流、交通基础设施、多式联运等领域加强互联互通，实施基础设施共同开发项目，以扩大并优化区域生产网络。

——在条件成熟的领域建立贸易便利化机制，在有共同利益的领域制订共同措施，协调并兼容相关管理规定和标准、经贸等领域政策。研究推动建立中国与欧亚经济联盟自贸区这一长期目标。

——为在区域经济发展方面能够发挥重要作用的中小企业发展创造良好环境。

——促进扩大贸易、直接投资和贷款领域的本币结算，实现货币互换，深化在出口信贷、保险、项目和贸易融资、银行卡领域的合作。

——通过丝路基金、亚洲基础设施投资银行、上海合作组织银联体等金融机构，加强金融合作。

——推动区域和全球多边合作，以实现和谐发展，扩大国际贸易，在全球贸易和投资管理方面形成并推广符合时代要求的有效规则与实践。

三

双方支持启动中国与欧亚经济联盟对接丝绸之路经济带建设与欧亚经济一体化的对话机制，并将推动在双方专家学者参与下就开辟共同经济空间开展协作进行讨论。

双方将成立由两国外交部牵头、相关部门代表组成的工作组，协调上述领域的合作。双方将通过中俄总理定期会晤机制及其他双边合作机制，监督上述共识的落实进程。

二○一五年五月八日于莫斯科

中华人民共和国　　俄罗斯联邦

主席　　　　　总统

习近平　　弗·弗·普京

中华人民共和国和俄罗斯联邦联合声明[1]

应中华人民共和国主席习近平邀请，俄罗斯联邦总统弗·弗·普京于 2018 年 6 月 8 日对华进行国事访问。两国元首在北京举行会谈，访问天津并于 2018 年 6 月 9 日至 10 日在青岛出席上海合作组织成员国元首理事会第十八次会议。

中华人民共和国和俄罗斯联邦（以下称"双方"），声明如下：

一

在双方多年共同努力下，中俄全面战略协作伙伴关系已成为内涵丰富，战略意义突出的一组大国关系，为促进两国各自发展振兴、捍卫世界和平与稳定作出重要贡献。中俄关系建立在政治领域高度互信、相互尊重、平等，相互支持和照顾彼此核心利益，尊重主权和领土完整及对方选择的发展道路，互不干涉内政、不以意识形态划线，恪守国际法等原则基础上。两国和两国人民发展世代友好和互利合作的愿望坚定不移，为双边关系健康稳定发展提供了强大动力。双方重申，将继续视中俄关系为各自外交政策的关键优先方向之一，共同致力于将两国关系提升至新的更高水平。

双方强调，2001 年 7 月 16 日签署的《中华人民共和国和俄罗斯联邦睦邻友好合作条约》是中俄关系现阶段和长期发展的理念基础。双方高度评价中俄边境地区的友好合作氛围，两国边界线已成为双方和平与多领域合作的纽带，这为中俄平等信任的战略协作伙伴关系持续稳步发展提供了保障。

双方将继续发展和深化各领域合作，为此将开展具有战略意义和高度互信的高层对话，进一步完善双方政府、立法机关、政党、各部门、地区间合作机制。

双方强调，两国元首的密切交往是双边关系高水平的标志，将继续保持

---

[1] http://www.gov.cn/xinwen/2018-06/08/content_ 5297290.htm，最后访问日期：2023 年 10 月 27 日。

两国元首互访惯例，延续在各类国际会议框架内举行两国元首会晤的传统。

中俄双方认为，两国总理定期会晤及其框架下的 5 个政府间副总理级委员会、相应分委会和工作组的工作富有成效，将致力于深化该机制发展，提高工作效率。

中俄高度评价中共中央办公厅和俄联邦总统办公厅之间开展的合作，支持两办及相关部门在两办合作议定书框架内保持定期交往，以便确保高质量筹备两国元首定期会晤，落实两国元首达成的各项共识。

在世界面临的不稳定不确定性突出的背景下，双方将继续深入开展战略安全磋商，保持两国外交部密切沟通，加强在各相关国际平台的协调配合。

双方将充分利用中俄执法安全合作机制，进一步加强执法安全合作，共同维护两国安全与稳定。

中俄双方愿继续加强两军战略沟通协调，完善两军现有合作机制，拓展军事和军事技术领域务实合作，携手应对地区和全球安全挑战。

二

双方相信，中俄务实合作为巩固两国关系基础作出了实质性贡献，并指出上述合作在多个领域取得显著进展，诸如双边贸易额持续提升，贸易结构不断优化，高科技等领域大型合作项目推进落实，两国科技、教育、卫生健康、大众传媒、体育、文化、旅游领域合作和人员往来不断扩大。

根据两国元首达成的共识，中俄于 2018-2019 年举办地方合作交流年。这一新的大型合作项目延续了两国举办主题年的传统，有利于促进中国各省、自治区、直辖市和俄罗斯各联邦主体间加强互利交往。双方将在地方合作交流年框架内举办投资推介会，贸易、工业和农业展，研讨会，艺术节以及考察参观等数百项活动。此外，圣彼得堡国际经济论坛、东方经济论坛、中俄博览会也将为两国各地方提供积极交流平台。

双方强调，应继续共同努力，以确保两国务实合作真正具有全面性。双方商定落实下列任务：

（一）巩固中俄贸易增长势头，进一步优化贸易结构，深化服务贸易合作，支持跨境电子商务发展，探索两国经贸合作的新增长点和新合作形式。

（二）持续深化两国投资合作，充分发挥中俄投资合作委员会统筹协调作用，加强两国经济和具体领域发展战略、规划和措施协调，为两国企业营造良好的外部环境，按照"企业主体、市场导向、商业运作、国际惯例"的原则共同推动重大项目，不断提升两国投资合作规模和水平。

（三）继续加强中俄金融领域合作，推动增加本币在贸易和投融资领域的比重，在支付系统、保险等领域开展合作。

（四）密切两国在新开发银行、亚洲基础设施投资银行等多边开发机构内的合作，为两国境内的基础设施建设和现代化改造吸引资金。

（五）进一步加强会计审计合作，为跨境发行债券提供便利，并积极推进会计审计互认。

（六）深化在油气、煤炭、电力、可再生能源、能源设备和能效、资源型城市转型等领域的合作。

（七）根据两国总理发表的联合声明，本着互利互惠和利益均衡原则，继续在和平利用核能领域开展合作。

（八）推动在工业及高科技领域的合作，重点落实大型合作项目，建立稳固的产业链。

（九）在《中华人民共和国国家航天局与俄罗斯联邦国家航天集团公司2018-2022年航天合作大纲》框架下深化双方协作，共同推动金砖国家开展航天合作。

（十）加大在知识产权保护和执法方面的合作力度，防止和减少知识产权侵权，为两国创新者和知识产权制度用户提供更好的创新环境。

（十一）在消费维权领域交流信息，加强双方主管部门在该领域的沟通合作。

（十二）支持两国高校、研究机构及企业在科技优先领域开展密切科技交流，包括落实联合科研项目。

（十三）充分利用中俄创新对话机制，深化在创新领域的互利合作。

（十四）扩大两国在信息和通信技术、数字经济等方面的交流，提升信息通信基础设施互联互通水平，加强无线电频率和卫星轨道资源管理领域合作。促进两国信息网络空间发展，深化两国在网络安全领域的互信。

（十五）深化两国在农业领域的合作，逐步相互开放农产品市场，加强在检验检疫领域的合作，确保动植物卫生和食品安全。鼓励和支持企业参加在两国举办的各类农业展会和论坛活动，积极推动在农业投资、农产品贸易与加工、渔业、农业科技等方面的务实合作，共同编制好《中国东北地区与俄罗斯远东及贝加尔地区农业发展规划》。

（十六）新建和改造现有跨境交通基础设施，推进通关便利化。加大从中国经俄罗斯的过境运输量，发展经过两国境内的国际运输线路和走廊。

（十七）加强中俄北极可持续发展合作，包括支持双方有关部门、机构和企业在科研、联合实施交通基础设施和能源项目、开发和利用北方海航道潜力、旅游、生态等方面开展合作。

（十八）提升在灾害防治和紧急救灾领域，包括自然灾害和生产事故后续处理方面合作的水平和质量。

（十九）通过共同实施2018年5月17日在阿斯塔纳签署的《中华人民共和国与欧亚经济联盟经贸合作协定》等，继续推进"一带一路"建设和欧亚经济联盟对接；将在开放、透明和考虑彼此利益的基础上，探讨构建"欧亚伙伴关系"，促进地区一体化进程。

双方欢迎签署关于完成欧亚经济伙伴关系协定联合可行性研究的联合声明，期待有关后续工作尽快取得积极进展。

（二十）保持两国尤其是两国边境地区在环境和生态保护方面的沟通协作。

（二十一）继续扩大并提升两国人文交流至新水平，巩固两国关系的社会基础，深化两国人民的相互理解和友谊，落实中俄人文合作行动计划。

（二十二）推动两国在教育、文化、卫生、体育、电影、大众传媒、旅游、青年和档案等领域的合作和相互配合。

（二十三）提高地方合作在两国经贸、科技、人文和其他各领域总体合作中的分量；推动中国东北地区和俄罗斯远东及贝加尔地区政府间合作委员会及中国长江中上游和俄罗斯伏尔加河沿岸联邦区地方合作理事会框架下相关工作。

（二十四）为进一步促进人员相互往来创造便利条件，全方位支持提升旅游服务质量和安全性。

（二十五）继续致力于落实"上海－圣彼得堡"双边馆舍问题两国政府间

协议，尽早向对方移交建馆用地；推动中国驻喀山总领馆尽快全面履行职能、俄罗斯驻哈尔滨总领馆尽快开馆。

（二十六）推动两国在社会组织、社会救助、养老服务、社会福利、社区治理等领域的交流与合作。

中方邀请俄方积极参与首届中国国际进口博览会，为双边贸易发展创造新机遇。

双方支持尽快召开中俄能源合作论坛，讨论深化两国能源领域具体合作。

双方相信，即将在俄罗斯开幕的世界杯足球赛将成为全世界的体育盛会和各大洲运动员的友谊联欢。双方认为，国际体育赛事和活动不应受非体育因素的干扰。

俄方愿为中方筹备 2022 年北京冬季奥运会提供必要支持。

三

中俄伙伴关系是当今国与国关系的典范，中俄协作是维持世界战略平衡与稳定的关键因素。当今世界冲突高发，地缘政治矛盾激化，建设性协作空间压缩，经济保护主义抬头。

双方主张坚定维护以《联合国宪章》宗旨和原则为核心的国际秩序和国际体系，推动建设相互尊重、公平正义、合作共赢的新型国际关系，推动构建人类命运共同体，在各国平等参与全球治理、遵循国际法、保障平等和不可分割的安全、相互尊重和考虑彼此利益、摒弃对抗和冲突的基础上，促进更加公正合理的世界多极秩序的形成。

面对复杂多变的国际形势，中俄将进一步加强双方在国际事务中的战略协作，深入探讨广泛的国际和地区问题，将两国外交部门协作和在国际事务中的相互支持提升至新水平。

鉴此，双方将：

（一）坚持多边主义，捍卫联合国作为最具普遍性、权威性和代表性国际组织在全球治理中发挥的核心作用。

（二）为提高联合国及其安理会的运转效率，根据《联合国宪章》，协同支持对联合国及其安理会进行必要、合理的改革，以更好地履行《联合国宪章》。继续将通过广泛、民主的磋商作为探讨改革的唯一方式，在不人为设置时限和强推不成熟方案前提下，寻求兼顾各方利益和关切的"一揽子"解决方案。安理会改革应优先增加发展中国家的代表性和发言权，使广大中小国家有更多机会轮流进入安理会并参与决策。

（三）主张维护联合国安理会对维护世界和平与安全承担的主要责任，反对任何国家在未获得联合国安理会相应授权或未经一国合法政府同意的情况下在该国境内采取单边军事行动。

（四）在地区和全球范围内，积极参与构建平等和不可分割的安全架构，不使用或威胁使用武力、不干涉别国内政、完全通过政治外交手段解决国际争端。

（五）高度关注保障全球和地区战略平衡与稳定，特别是考虑到，某些国家以所谓导弹威胁为借口，单方面发展并在欧洲和亚太地区部署反导系统，严重损害包括中俄在内的域内国家战略安全利益，为国际和地区战略平衡与安全稳定带来消极影响。

（六）考虑到在外空部署武器的威胁正在上升，将破坏战略稳定，损害国际安全，欢迎第 72 届联合国大会通过《防止外空军备竞赛的进一步切实措施》决议，在中俄《防止在外空放置武器、对外空物体使用或威胁使用武力条约》新草案基础上，推动制定有关法律文书。

（七）充分重视拟在第 73 届联合国大会上讨论的"外空作为可持续发展的驱动因素"议题，支持联合国和平利用外层空间委员会工作朝着加强国际外空法及其适用、规范管理外空事务方向发展，确保由联合国主导在真正的国际基础上对外空事务进行全球治理。

（八）支持国际社会共同应对恐怖主义、极端主义及其他传统和新威胁、新挑战。重申中俄两国决心开展反恐合作，摒弃政治化和"双重标准"，主张建立国际反恐统一战线，坚持国际社会应巩固联合国及其安理会的核心协调作用，严格遵守《联合国宪章》及国际法准则和原则，包括各国主权平等和不干涉纯属别国内政的事务。

（九）根据 2016 年 6 月 25 日签署的《中华人民共和国和俄罗斯联邦关于促进国际法的声明》，要求所有国际关系参加者全面遵守国际法准则及坚持所有国家一律平等原则，反对诉诸武力或以武力相威胁。

（十）反对绕开联合国安理会采取单边经济制裁，反对破坏公平诚信竞争原则和损害世界经济的讹诈、施压。

（十一）共同采取措施，促进世界经济可持续增长，确保全球金融体系稳定，促进贸易和投资自由化便利化，反对单边主义和一切形式的贸易保护主义，维护和巩固以世界贸易组织为核心的多边贸易体制，在世贸组织框架下坚持和完善兼顾各方利益的非歧视多边规则，保障国际金融机构的合法性与有效性，提升发展中国家和新兴市场国家的代表性和发言权，保持国际货币金融体系改革动力。

（十二）共同推进落实《变革我们的世界：2030 年可持续发展议程》，加强全球发展伙伴关系，支持联合国在全球落实进程中发挥核心作用，推动联合国发展领域改革取得积极成果，继续支持扩大新兴市场和发展中国家共同发展。

（十三）通过多边及双边合作加强全球能源、粮食安全。

（十四）尊重彼此在第三国、世界各地及国际组织的利益。当双方利益冲突时，从两国关系的特殊性出发，通过对接双方利益，找到彼此都能接受的解决方案。

（十五）为进一步发展中俄共同参与的地区及国际组织而努力，特别是上海合作组织、金砖国家、中俄印机制、东亚峰会、二十国集团、亚太经合组织。为此，要加强双方在上述机制框架下的配合与协调。

（十六）推动深化金砖国家战略伙伴关系，共同支持南非办好金砖国家领导人第十次会晤，促进金砖合作第二个"金色十年"良好开局，继续通过"金砖+"模式同其他新兴市场和发展中国家及其所在一体化组织扩大共识合作。

（十七）加强两国在解决地区热点问题上的协调与务实协作，包括：

——共同主张应维护叙利亚领土完整，尊重叙利亚主权，在联合国支持和日内瓦和谈、阿斯塔纳进程平台促进下，并考虑到 2018 年 1 月 30 日在索契召开的叙利亚全国对话大会成果，推动叙利亚人民自主实现国内和解进程；为保证叙利亚冲突后有效重建，中俄就有关计划和具体措施开展协调。

——就和平全面解决朝鲜半岛问题继续协作努力。

——就促进阿富汗国内和平进程和国家重建同本地区其他国家开展协作，

并对加强打击阿境内恐怖主义和毒品贩运给予持续关注。

——美国单方面退出伊朗核问题全面协议令人失望，为此要尽全力维护全面协议，注意到维护各方同伊朗经贸合作利益免受单边长臂管辖制裁极其重要。

双方表示将继续深化在双边各领域的中俄全面战略协作伙伴关系，大力提升双方在国际事务中的协作和相互支持水平。双方呼吁世界其他国家，在不对抗、相互尊重、平等和遵守国际法准则基础上，同中国与俄罗斯就地区及全球问题开展建设性对话。

中华人民共和国主席　　俄罗斯联邦总统
二〇一八年六月八日于北京

中华人民共和国和俄罗斯联邦关于深化新时代全面战略协作伙伴关系的联合声明[1]

应俄罗斯联邦总统普京邀请，中华人民共和国主席习近平于 2023 年 3 月 20 日至 22 日对俄罗斯联邦进行国事访问。两国元首在莫斯科举行会谈。习近平主席还同俄罗斯联邦政府总理米舒斯京举行会见。

中华人民共和国和俄罗斯联邦（以下称"双方"），声明如下：

一

在双方不懈努力下，中俄新时代全面战略协作伙伴关系达到历史最高水平并持续向前发展。双方重申遵循 2001 年 7 月 16 日签署的《中华人民共和国和俄罗斯联邦睦邻友好合作条约》、2021 年 6 月 28 日发表的《中华人民共和国和俄罗斯联邦关于〈中俄睦邻友好合作条约〉签署 20 周年的联合声明》和 2022 年 2 月 4 日发表的《中华人民共和国和俄罗斯联邦关于新时代国际关

---

[1] https://politics.gmw.cn/2023-03-22/content_36445344.htm，最后访问日期：2023 年 4 月 3 日。

系和全球可持续发展的联合声明》确定的原则和精神发展双边关系。

双方指出，中俄关系不是类似冷战时期的军事政治同盟，而是超越该种国家关系模式，具有不结盟、不对抗、不针对第三国的性质。中俄关系成熟、稳定、自主、坚韧，经受住了新冠疫情和国际风云变幻的考验，不受外部影响，展示出生机活力。两国人民世代友好具有坚实根基，两国全方位合作具有广阔前景。俄罗斯需要繁荣稳定的中国，中国需要强大成功的俄罗斯。

中俄视彼此为优先合作伙伴，始终相互尊重，平等相待，成为当今大国关系的典范。在元首外交引领下，双方保持各层级密切交往，就彼此关心的重大问题深入沟通，增进互信，确保双边关系始终高水平运行，并愿进一步深化两国关系和发展各领域对话机制。

双方指出，当前世界变局加速演进，国际格局深刻调整，和平、发展、合作、共赢是不可阻挡的历史潮流，多极化国际格局加速形成，新兴市场和发展中国家地位普遍增强，具有全球影响力、决心捍卫本国正当权益的地区大国不断增多。同时，霸权主义、单边主义、保护主义依然横行，用"基于规则的秩序"取代公认的国际法原则和准则的行径不可接受。

应秉持普遍、开放、包容、非歧视和兼顾各方利益的原则，实现世界多极化和各国可持续发展。中俄呼吁各国弘扬和平、发展、公平、正义、民主、自由的全人类共同价值，对话而不对抗，包容而不排他，和睦相处，合作共赢，促进世界的和平与发展。

在这一形势下，双方保持密切外交协调，开展紧密多边协作，坚决捍卫公平正义，推动构建新型国际关系。

双方强调，巩固和深化中俄新时代全面战略协作伙伴关系是双方基于各自国情作出的战略选择，符合两国和两国人民根本利益，符合时代发展潮流，不受外部影响。双方将：

——以两国元首共识为引领，确保双边关系始终沿着正确方向前行。

——在维护各自核心利益，首先是主权、领土完整、安全、发展问题上互予坚定支持。

——秉持互利原则，在现代化建设过程中持续深化和拓展务实合作，实现共同发展和繁荣，更好造福中俄两国人民。

——促进两国人民相知相亲，不断夯实两国世代友好的社会民意基础。

——推进世界多极化、经济全球化、国际关系民主化，推动全球治理朝着更加公正合理的方向发展。

二

双方指出，各国自身历史、文化、国情不同，都有自主选择发展道路的权利。不存在高人一等的"民主"，双方反对把本国价值观强加于人，反对以意识形态划线，反对所谓"民主对抗威权"的虚伪叙事，反对将民主、自由作为向别国施压的借口和政治工具。俄方高度重视中方提出的全球文明倡议。

双方指出，实现人人享有人权，是人类社会的共同追求。各国都有权利自主选择人权发展道路，不同文明、不同国家应该相互尊重、相互包容、相互交流、相互借鉴。双方将坚定不移推进本国人权事业和世界人权事业。

俄方支持中方实现中国式现代化。中方支持俄方实现 2030 年前国家发展目标。

双方反对外部势力干涉内政。

俄方重申恪守一个中国原则，承认台湾是中国领土不可分割的一部分，反对任何形式的"台独"，坚定支持中方维护本国主权和领土完整的举措。

双方同意加强涉外法治和立法经验交流，为中俄关系发展和两国对外合作提供法律保障。

双方将继续开展中央及其下属机构之间，以及战略安全磋商和执法安全合作机制框架下高级别代表之间的互信对话。双方将促进两国政党交往。

双方同意协商举行公安、内务部部长年度会晤，加强在防范"颜色革命"，打击包括"东伊运"在内的"三股势力"、跨国有组织犯罪、经济犯罪、毒品犯罪等执法领域合作。

双方将定期组织海上、空中联合巡航和联演联训，加强包括现有双边机制下两军各项交流合作，进一步深化军事互信。

双方高度重视维护两国海外人员和机构安全及权益，将进一步推动双多边机制建设和对口交流，不断拓展海外公民、项目、机构安全保护合作方式和领域。

三

双方将加强协调，精准施策，从战略高度出发，切实提升两国各领域务实合作水平，以夯实两国关系物质基础，造福两国人民。

双方将巩固双边贸易增长势头，持续优化贸易结构，实施好《中俄货物贸易和服务贸易高质量发展的路线图》，支持电子商务发展，培育经贸新增长点，拓展经贸合作广度，提升合作效率，将外部风险降到最低，确保产业链供应链的稳固和安全。双方将深化地方合作，拓宽合作地域和领域，推动双方中小企业扩大交流合作。

双方将稳步推进多领域投资合作，优化营商环境，完善法规保障，创新合作方式，深化数字经济、绿色可持续发展合作。双方将继续推动新版《中俄投资合作规划纲要》编制工作。

双方欢迎中国商务部和俄罗斯经济发展部于 2022 年 12 月 5 日发表的《关于启动 2006 年 11 月 9 日签署的〈中华人民共和国政府与俄罗斯联邦政府关于促进和相互保护投资协定〉升级谈判的联合声明》，将就此持续进行谈判，提升投资保护水平，促进投资便利化，为投资者及其投资营造更加稳定、公平、透明、可预期的营商环境。

双方将继续加强在金融领域的互利合作，包括保障两国经济主体间结算畅通，支持在双边贸易、投资、信贷等经贸活动中扩大本币使用。

双方将打造更加紧密的能源合作伙伴关系，支持双方企业推进油气、煤炭、电力、核能等能源合作项目，推动落实有助于减少温室气体排放的倡议，包括使用低排放能源和可再生能源。双方将共同维护包括关键跨境基础设施在内的国际能源安全，维护能源产品产业链供应链稳定，促进公平的能源转型和基于技术中立原则的低碳发展，共同为全球能源市场长期健康稳定发展作出贡献。

双方将继续在民用航空制造、汽车制造、船舶制造、冶金和其他共同感兴趣领域开展务实合作。

双方将加强交通运输领域合作，完善跨境基础设施，提高口岸通行能力，保障口岸稳定运行。双方将继续支持中欧过境俄罗斯开展铁路和海上货物运输，提升运输效率。

双方将在航天领域共同感兴趣的方向深化互利合作，包括落实《中华人民共和国国家航天局与俄罗斯联邦国家航天集团公司 2023-2027 年航天合作大纲》。

双方将积极创造便利，提升互输农产品和粮食的多样性和供应量。

双方支持 2023 年在俄罗斯叶卡捷琳堡举办第七届中俄博览会。

中方支持在欧亚经济联盟框架内推动一体化进程，俄方支持建设"一带一路"。双方共同努力，积极推动"一带一路"与欧亚经济联盟建设对接合作，加强亚欧地区互联互通。双方将继续落实 2018 年 5 月 17 日签署的《中华人民共和国与欧亚经济联盟经贸合作协定》。

双方愿继续推动共建"一带一路"和"大欧亚伙伴关系"建设并行不悖、协调发展，推动双多边一体化进程，造福亚欧大陆各国人民。

双方高度重视落实 2015 年《中华人民共和国、俄罗斯联邦、蒙古国发展三方合作中期路线图》和 2016 年《建设中蒙俄经济走廊规划纲要》，以进一步深化三方一揽子合作，将积极推动这一具有发展前景的机制同上海合作组织、欧亚经济联盟等区域组织和机制进一步对接。双方将共同努力，推动新建中蒙俄天然气管道项目研究及磋商相关工作。

双方同意加强反洗钱领域交流合作，包括多边框架下协作。

四

双方反对国际人文合作政治化，反对以国籍、语言、宗教、政治或其他信仰、民族或社会出身为由歧视文化、教育、科学、体育界人士。

双方将努力恢复和扩大两国线下人文交流合作，不断巩固两国人民友谊和双边关系社会基础。

双方将深化教育合作，推进双向留学提质增效，鼓励高校合作，支持中俄同类大学联盟和中学联盟建设，推动合作办学和职业教育交流，深化语言教学合作，增进两国学生交流，开展数字化教育合作。

双方将深化科技创新领域互利合作，扩大行业人才交流，发挥基础研究、应用研究、科技成果产业化等方面合作潜力，聚焦科技前沿领域及全球发展共性问题联合攻关，包括应对及适应气候变化问题。在人工智能、物联网、5G、数字经济、低碳经济等技术与产业领域探索合作新模式。

双方将加强两国博物馆、图书馆、美术馆、剧院等文化、文学、艺术机构交流交往。双方将拓展旅游合作和往来，鼓励构建舒适旅游环境。

双方将深化医疗卫生领域合作，扩大科研和高等医学教育领域交往，加强药品和医疗器械监管领域交流合作，在灾害医学、传染病、肿瘤学、核医学、妇幼保健、眼科、精神病学等领域开展合作，在世界卫生组织、金砖国家、上海合作组织、二十国集团、亚太经合组织等多边平台加强相关合作。

双方将继续开展卫生防疫合作，应对疫情威胁。双方将共同反对借在国际组织框架内形成具有法律约束力的机制，谋求限制各国在传染病防治及预警和应对生物威胁方面主权权利的企图。

双方高度评价2022-2023年中俄体育交流年取得的积极成果，将继续加强各领域体育合作，促进两国体育运动事业共同发展。中方支持俄方2024年在俄罗斯喀山举办国际电子竞技赛事"未来运动会"。双方反对体育政治化，希望发挥体育独特作用，促进团结与和平。

双方欢迎国际奥委会和亚奥理事会有关倡议和决定，共同捍卫奥林匹克价值观，愿为符合条件的各国运动员搭建良好参赛平台。

双方将继续加强在海洋科学研究、海洋生态保护、海洋防灾减灾、海洋装备研发等领域合作，持续深化在极地科学研究、环境保护和组织科考等方面务实合作，为全球海洋治理贡献更多公共产品。

双方愿携手提升应急管理合作水平，在航空救援技术、应急监测预警、人才培养等领域开展合作，组织包括边境地区在内的应急救援联演联训，加强海上搜救信息共享与合作。

双方愿加强广播电视网络视听领域政策沟通合作，促进联合制作、节目互播、技术研发应用等合作，推动产业共同发展。

双方同意加强媒体、智库、出版、社科、档案、文艺等领域交流合作。

双方将在加强青年思想道德教育方面开展合作，为两国青少年自我成才、创业、创新、创意和其他成长型活动提供机遇，加强两国青年直接交往，拓展联合青年项目。

双方将继续开展志愿服务、创业、产业创新和创意、少儿团体等领域的双边活动，在联合国、金砖国家、上海合作组织、亚洲相互协作与信任措施会议和二十国集团框架内多边青年平台上相互协调，进一步深化协作。

五

双方重申致力于坚定维护以联合国为核心的国际体系、以国际法为基础的国际秩序、以联合国宪章宗旨和原则为基础的国际关系基本准则，反对一切形式的霸权主义、单边主义、强权政治，反对冷战思维，反对阵营对抗，反对搞针对特定国家的小圈子。

俄方指出，中方关于构建人类命运共同体的理念对加强国际社会团结、合力应对共同挑战具有积极意义。中方积极评价俄方为推动构建公正的多极化国际关系所作建设性不懈努力。

双方支持建设开放型世界经济，维护以世界贸易组织为核心的多边贸易体制，促进贸易和投资自由化、便利化，呼吁打造开放、公平、公正、非歧视的发展环境，反对单边主义和保护主义行为，反对"筑墙设垒"、"脱钩断链"，反对单边制裁和极限施压。

俄方高度评价全球发展倡议，将继续参与"全球发展倡议之友小组"工作。双方将继续推动国际社会聚焦发展问题，增加发展投入，共同推动联合国可持续发展目标峰会取得积极成果，加快落实联合国 2030 年可持续发展议程。

双方对国际安全面临的严峻挑战深表关切，认为各国人民命运与共，任何国家都不应以他国安全为代价实现自身安全。双方呼吁国际社会本着共商共建原则积极参与全球安全治理，切实巩固全球战略稳定和维护共同、综合、合作、可持续的安全，用好军控、裁军和防扩散等国际机制。为此，双方重申有必要综合施策，与时俱进完善国际安全架构，赋予其更强韧性。该架构的核心支柱之一应是商定并恪守在当前历史阶段和平共处的原则和规定，将国与国之间发生冲突的可能性降至最低。联合国安理会常任理事国对维护世界和平稳定负有特殊责任，更应最大限度避免冲突。

双方谴责一切形式的恐怖主义，致力于推动国际社会建立以联合国为核心的全球反恐统一战线，反对将打击恐怖主义和极端主义问题政治化、采取

"双重标准",谴责打着打击国际恐怖主义和极端主义旗号以及利用恐怖和极端组织干涉别国内政、实现地缘政治目的的行径。应对"北溪"管线爆炸事件进行客观、公正、专业的调查。

双方决心继续在地区和全球安全事务中密切协作,包括共同落实全球安全倡议,就重大国际和地区问题及时交换意见、协调立场,为维护世界和平与安全贡献力量。

双方为应对新冠疫情全球大流行、维护两国和世界人民生命安全和身体健康开展了富有成效的双多边合作。双方支持两国深化疫情信息交流,加强在世界卫生组织等平台协调配合,共同反对病毒溯源政治化图谋。

六

双方将继续密切协作,推动上海合作组织在维护所在地区和平、安全与稳定方面发挥更大作用和影响。双方将同其他成员国一道完善上海合作组织现阶段工作,有效应对新挑战和新威胁,深化亚欧地区经贸、人文领域多边互利合作。

俄方高度赞赏中方成功主办金砖国家领导人第十四次会晤。双方愿同金砖国家其他成员共同努力,落实历次金砖国家领导人会晤共识,深化各领域务实合作,积极推动金砖国家和新开发银行扩员相关讨论,积极开展"金砖+"合作和金砖外围对话,维护新兴市场和发展中国家共同利益。

双方将加强在中俄印、中俄蒙以及东亚峰会、东盟地区论坛、东盟防长扩大会等平台的协作。中俄将就深化同东盟合作加强协调,继续推动巩固东盟在地区架构中的中心地位。

双方认为,应进一步加强联合国教科文组织作为政府间人文交流普遍性平台的作用,维护真正的多边主义,推动该平台上相互尊重的专业对话,促进成员国高效沟通,达成共识,增进团结。双方鼓励联合国教科文组织同上海合作组织基于《上海合作组织秘书处与联合国教科文组织合作谅解备忘录》就共同关心的问题加强合作。

双方致力于加强在二十国集团等多边机制下相互协调,推动二十国集团应对国际经济金融突出挑战,完善公正合理的全球经济治理体系,更好反映世界经济格局，提升新兴市场和发展中国家代表性和发言权。双方支持非洲联盟加入二十国集团。

双方将加强在亚太经合组织框架下协调配合，推动全面平衡落实布特拉加亚愿景，推动 2040 年建成开放、活力、强韧、和平的亚太共同体。

双方将就支持以世界贸易组织规则为基础的多边贸易体系、打击包括非法单边贸易限制在内的贸易保护主义加强协作，就世界贸易组织改革等世界贸易组织议程加强对话，特别是推动在 2024 年前恢复争端解决机制正常运转，推动投资便利化、电子商务等联合倡议谈判成果落地，使世界贸易组织在全球经济治理方面发挥更大作用。

双方坚决谴责将多边平台政治化，以及某些国家在多边平台议程中塞入无关问题、冲淡相关机制首要任务的企图。

七

双方强调《五个核武器国家领导人关于防止核战争与避免军备竞赛的联合声明》的重要意义，重申"核战争打不赢也打不得"。双方呼吁联合声明所有签署国遵循该声明理念，切实降低核战争风险，避免核武器国家间爆发任何武装冲突。在核武器国家关系恶化背景下，减少战略风险的措施应有机地融入到缓和紧张局势、构建更具建设性的关系以及最大程度化解安全领域矛盾的总体努力中。所有核武器国家都不应在境外部署核武器并应撤出在境外部署的核武器。

双方重申，《不扩散核武器条约》是国际核裁军与核不扩散体系的基石。双方重申恪守条约义务，并将继续协作，致力于维护和加强条约，维护世界和平与安全。

双方对美国、英国、澳大利亚建立"三边安全伙伴关系"（AUKUS）及相关核动力潜艇合作计划对区域战略稳定产生的后果和风险表示严重关切。双方强烈敦促 AUKUS 成员国严格履行不扩散大规模杀伤性武器及其运载工具的义务，维护地区和平、稳定与发展。

双方对日本计划今年向海洋排放福岛核电站事故放射性污染水表示严重关切，强调日本必须与周边邻国等利益攸关方及有关国际机构展开透明充分协商。双方敦促日本以科学、透明、安全的方式妥善处置放射性污染水，并接受国际原子能机构及利益攸关国家的长期监督，有效保护海洋环境和各国民众健康权益。

双方重申早日恢复完整、有效执行伊朗核问题全面协议和联合国安理会第 2231 号决议的重要性，呼吁有关各方作出政治决断，推动全面协议恢复履约谈判取得积极成果。

双方重申《禁止生物武器公约》应得到充分遵守和不断加强，并使其制度化，达成包含有效核查机制、具有法律约束力的议定书。双方对美国在其境内外严重威胁别国并损害有关地区安全的生物军事活动表示严重关切，要求美国就此作出澄清，不得开展一切违反《禁止生物武器公约》的生物活动，不再阻挠建立公约框架内履约核查机制。

双方致力于实现无化武世界的目标，对禁止化学武器组织政治化深表关切。双方敦促美国作为唯一未完成化武销毁的缔约国加快库存化武销毁，敦促日本尽快完成遗弃在华化学武器的销毁。

中俄对美国加快全球反导体系建设并在世界各地部署反导系统、强化失能性高精度非核武器战略打击能力、推进在亚太和欧洲地区部署陆基中程和中短程导弹并向其盟友提供表示关切，敦促美国停止为维持自身单方面军事优势而破坏国际和地区安全和全球战略稳定。

中俄反对个别国家企图将外空演变成军事对抗疆域的行为，反对利用外空实现军事优势和采取军事行动。双方主张在中俄《防止在外空放置武器、对外空物体使用或威胁使用武力条约》草案基础上，尽快启动具有法律约束力的多边文书谈判，为防止外空军备竞赛、外空武器化及防止对外空物体使用或威胁使用武力提供根本和可靠的保障。双方赞同在全球范围内推行不首先在外空部署武器的国际倡议/政治承诺，以巩固国际和平，确保平等和不可分割的普遍安全，提升各国出于和平目的的外空研究和利用活动的可预见性和可持续性。

双方高度重视人工智能治理问题，愿就人工智能问题加强交流与合作。

双方反对信息和通信技术领域军事化，反对限制正常信息通信和技术发展与合作，支持在确保各国互联网治理主权和安全的前提下打造多边公平透明的全球互联网治理体系。双方欢迎联合国 2021–2025 年信息和通信技术使用安全问题和信息安全开放式工作组作为联合国在国际信息安全领域唯一进程开展工作。双方认为，应制定信息网络空间新的、负责任的国家行为准则，特别是普遍性国际法律文书。中方《全球数据安全倡议》和俄方关于国际信息安全公约的概念文件将为相关准则制定作出重要贡献。双方支持联合国特设委员会制定打击以犯罪为目的使用信息和通信技术的全面国际公约。

<h2 style="text-align:center">八</h2>

双方为应对和适应气候变化采取强有力措施，积极开展合作，建设和运行温室气体排放权交易系统，自愿实施气候项目，就减缓和适应全球变暖等议题在国家和地区间开展经验交流，作出重要贡献。

双方重申恪守《联合国气候变化框架公约》及其巴黎协定目标、原则和规定，特别是共同但有区别的责任原则，坚持真正的多边主义，推动巴黎协定全面有效实施。双方强调，加速来自发达国家对发展中国家的资金支持对强化减缓行动、处理资金获取方式不平等的问题至关重要。双方反对以应对气候变化为由设置贸易壁垒和将气候议题政治化。

双方高度赞赏中方主持的联合国《生物多样性公约》第15次缔约方大会成果，希望该成果为推动全球生物多样性治理进程作出积极贡献。双方坚定推动生物多样性国际合作与交流，积极落实"昆明-蒙特利尔全球生物多样性框架"目标，共同推动人与自然和谐发展，助力全球可持续发展。

<h2 style="text-align:center">九</h2>

双方认为，联合国宪章宗旨和原则必须得到遵守，国际法必须得到尊重。俄方积极评价中方在乌克兰问题上的客观公正立场。双方反对任何国家或国家集团为谋求军事、政治和其他优势而损害别国的合理安全利益。俄方重申致力于尽快重启和谈，中方对此表示赞赏。俄方欢迎中方愿为通过政治外交途径解决乌克兰危机发挥积极作用，欢迎《关于政治解决乌克兰危机的中国立场》文件中阐述的建设性主张。双方指出，解决乌克兰危机必须尊重各国合理安全关切并防止形成阵营对抗，拱火浇油。双方强调，负责任的对话是稳步解决问题的最佳途径。为此，国际社会应支持相关建设性努力。双方呼

吁各方停止一切促使局势紧张、战事延宕的举动，避免危机进一步恶化甚至失控。双方反对任何未经联合国安理会授权的单边制裁。

双方敦促北约恪守作为区域性、防御性组织的承诺，呼吁北约尊重他国主权、安全、利益及文明多样性、历史文化多样性，客观公正看待他国和平发展。双方对北约持续加强同亚太国家军事安全联系、破坏地区和平稳定表示严重关切。双方反对在亚太地区拼凑封闭排他的集团架构，制造集团政治和阵营对抗。双方指出，美国抱守冷战思维，推行"印太战略"，对本地区和平稳定造成消极影响。中俄致力于构建平等、开放、包容，不针对第三国的亚太地区安全体系，以维护地区和平、稳定与繁荣。

双方认为，维护东北亚地区和平稳定符合相关各方利益。双方反对域外军事力量破坏地区和平稳定，呼吁有关国家摒弃冷战思维和意识形态偏见，保持克制，不采取危害地区安全的行动。

双方对朝鲜半岛局势表示关切，敦促有关各方保持冷静克制，努力推动局势缓和，美方应以实际行动回应朝方正当合理关切，为重启对话创造条件。双方始终坚持主张维护半岛和平稳定，包括实现半岛无核化，共同倡导推动建立半岛和平与安全机制，认为制裁施压不可取也行不通，对话协商才是解决半岛问题的唯一出路。双方将继续紧密沟通协作，按照"双轨并进"思路和分阶段、同步走原则，不断推动半岛问题政治解决进程。双方呼吁有关各方积极呼应中俄劝和促谈共同努力，并在这一进程中发挥建设性作用。

双方主张维护中东地区和平稳定，支持地区国家加强战略自主，通过对话协商解决热点问题，反对干涉地区国家内部事务。双方欢迎沙特和伊朗通过对话实现关系正常化，支持在"两国方案"基础上全面、公正解决巴勒斯坦问题。支持叙利亚主权、独立和领土完整，推动由叙人主导、叙人所有的一揽子政治解决进程。主张维护利比亚主权、独立和领土完整，推动由利人主导、利人所有的一揽子政治解决进程。双方将就各自提出的海湾地区安全倡议加强沟通对接，携手构筑海湾地区集体安全架构。

双方认为，集体安全条约组织为地区安全作出积极贡献，中国同集体安全条约组织在维护地区和平稳定方面具有合作潜力。

双方愿加强合作，支持中亚国家维护本国主权，保障国家发展，反对外部势力推行"颜色革命"、干涉地区事务。

　　双方将就非洲事务加强沟通协作，维护非洲国际合作良好健康氛围，支持非洲国家自主解决非洲问题的努力，为非洲大陆和平发展事业作出贡献。中俄将继续就拉美事务进行磋商，加强沟通对话，重视发展同拉美和加勒比国家双边关系，继续促进该地区稳定繁荣。

　　双方主张北极应继续成为和平、稳定和建设性合作之地。

中华人民共和国主席　俄罗斯联邦总统

习近平　　　弗·弗·普京

二〇二三年三月二十一日于莫斯科

后 记

　　本书终于成稿即将出版了。欣喜之余，也有一些自我的深思。

　　欧亚经济联盟成立于 2015 年，也是在那个时候起，我对这个新兴的国际组织产生了浓厚的学术兴趣。欧亚经济联盟与中国存在紧密的经贸关系，是中国推进"一带一路"倡议过程中的重要合作对象，也与上海合作组织的发展建设有着密切的联系。国内关于欧亚经济联盟的相关法学研究可以说尚处于起步阶段，很多具体的研究议题都亟待挖掘，研究工作带有较大的前沿性。基于自身的学术热情，我开始了一段"勇气可嘉"的研究旅程。由于国内相关研究资料十分少，研究成果累积不多，加之欧亚经济联盟本身的快速发展变化，这些都让本书的写作变得较为困难，也让我深深体会到完成一项学术研究工作的艰辛。

　　通过阅读相关文献，在充分学习、吸收、借鉴专家学者研究成果的基础之上，我努力尝试在欧亚经济联盟法律领域进行一些学术探索。经过长时间的思考，本书研究主题也在不断清晰明确，逐渐形成了目前的研究思路与章节架构，旨在对欧亚经济联盟能源法律问题进行一种基础性的学术探讨。由于水平与能力所限，论述过程中也难免存在一些错误与疏漏，诚请专家学者们批评指正，希望将来可以对研究内容进一步提高与完善。同样期待本书能起到抛砖引玉的作用，为学界对欧亚经济联盟法律问题的研究讨论提供一些参考。

　　本书写作过程中，所在单位的领导对研究工作十分关心，提供了便利的写作条件与坚实的基础保障。宁静而又优美的校园环境，为我孕育写作灵感。特别感谢袁胜育、李新、王志华、杨昌宇、刘洪岩、庞冬梅、杨丹、毕洪业、韦进深等学者，对我提供了不同形式的指导与帮助，另有很多给予支持的专家们无法逐一列出，在此一并感谢。张警心、王竞可、王秋澄、张陶然等诸位同仁在资料搜集整理过程中同样给予了很大的助力。张警心、Гнитько Лидия Дмитриевна（俄罗斯）一同参与了欧亚经济联盟有关法规的翻译校对。

　　本书的出版得到了中国政法大学出版社的大力支持，魏星编辑一丝不苟、高效勤勉的编审工作，保证了本书的出版质量。值此本书出版之际，向以上领导、师友、同仁们表达我深深的谢意。

　　　　　　　　　　　　　　　　　　　　　　贾少学
　　　　　　　　　　　　　　　　　2023 年 9 月于上海佘山脚下